JN298776

産業立地の経済学

ロジスティクス-費用接近

流通経済大学出版会

クレアに捧げる

Translation from the English language edition:
The Economics of Industrial Location by Philip McCann
Copyright © Springer-Verlag Berlin Heidelberg 1998
All Rights Reserved

Japanese translation rights arranged with
Springer-Verlag GmbH&Co.KG Berlin Heidelberg
through UNI Agency Inc., Tokyo

目　次

訳者序文 ……………………………………………………………… v
原著者序文 …………………………………………………………… vii

序　論 ……………………………………………………………… 1

第1章　西欧と日本の産業的購入連繋の比較 ………………… 7
 1.1　西欧の購入連繋 ……………………………………………… 7
 1.2　日本の購入連繋 ……………………………………………… 10
 1.3　問題 …………………………………………………………… 20

第2章　理論としての企業立地 ………………………………… 21
 2.1　立地理論と市場圏モデル：空間的および非空間的ミクロ経済
   行動の理論的関係のモデル化 …………………………… 21
 2.2　産業の立地行動においての距離費用の実証的重要性の評価 ……… 32
  2.2.1　情報費用 ……………………………………………… 32
  2.2.2　輸送費用 ……………………………………………… 35
  2.2.3　展望 …………………………………………………… 40
 2.3　結論および理論的研究項目の方向づけ …………………… 42
 付録 ………………………………………………………………… 48

第3章　ロジスティクス-費用モデル …………………………… 65
3.1　序論 ……………………………………………………………… 65
3.2　経済的発注量(EOQ) …………………………………………… 67
3.3　単純なロジスティクス-距離モデル …………………………… 72
3.4　リアルタイムの離散的発送に関連して計算された輸送費率の
　　　性格 ……………………………………………………………… 78
3.5　再定式化されたロジスティクス-費用モデル ………………… 83
3.6　付加価値と均質的な平面上での最適企業立地の間の関係 …… 88
3.7　一般化輸送費用と空間費用の役割 ……………………………… 99
　　　3.7.1　一般化輸送費用 ………………………………………… 99
　　　3.7.2　空間費用 ………………………………………………… 102
3.8　一般化輸送費用および空間費用を内生化したロジスティクス-
　　　費用の構造 ……………………………………………………… 103
3.9　内生化された空間費用と一般化輸送費用をともなう均衡地域間
　　　賃金勾配 ………………………………………………………… 109
3.10　ロジスティクス-費用モデルの立地結論 …………………… 114
3.11　ロジスティクス-費用モデルの実証的正当化 ……………… 120
　　　3.11.1　ロジスティクス-費用の総産業費用への貢献 ……… 120
　　　3.11.2　輸送費用の観察された構造 ………………………… 124
付録 …………………………………………………………………… 127

第4章　JITのロジスティクス-費用分析 ………………………… 167
4.1　ジャスト・イン・タイム(JIT)の理論的根拠 ……………… 167
4.2　空間的状況においてのEOQモデル …………………………… 171
4.3　JITのロジスティクス-費用としての意味内容のモデル化 … 177
　　　4.3.1　設立費用削減の効果 …………………………………… 181
　　　4.3.2　投入物搬送距離削減の効果 …………………………… 183

4.3.3　多数の投入物および産出物を考慮に入れた政策 …………184
　4.4　展望と結論 …………………………………………………………191
　付録 ………………………………………………………………………194

第5章　研究の方法論 ……………………………………………………203
　5.1　序論 ……………………………………………………………………203
　5.2　地域乗数分析 …………………………………………………………204
　5.3　在庫回転分析 …………………………………………………………209
　　5.3.1　為替レートの効果 ………………………………………………211
　　5.3.2　産出量変化の効果 ………………………………………………215
　5.4　パレート分析 …………………………………………………………216
　5.5　展望と結論 ……………………………………………………………221

第6章　実証的研究：スコットランドのエレクトロニクス産業 ……225
　6.1　序論 ……………………………………………………………………225
　6.2　スコットランドのエレクトロニクス産業の背景 …………………226
　6.3　産出および雇用のデータソース ……………………………………231
　6.4　地域交易のデータソース ……………………………………………235
　6.5　産業実績の評価 ………………………………………………………241
　6.6　第1次ミクロ経済的交易連繋データ ………………………………247
　6.7　統計的方法論：線形ロジット分析 …………………………………253
　6.8　結論 ……………………………………………………………………264

第7章　結論：ロジスティクス-費用モデルの地域経済学における
　　　　　理論的および実証的問題への貢献 ……………………………267
　付録 ………………………………………………………………………274

参照文献 ……………………………………………………………………277

訳者序文

　本書はフィリップ　マッカン著『産業立地の経済学－ロジスティクス費用接近』1998年の全訳である。同書はスプリンガー社よりのシリーズ「空間科学の発展(Advances in Spatial Science)」の15冊目に当る。著者のマッカン氏(1964年生れ)は現在イギリス　レディング大学の地域経済学助教授(Reader)であり、1993年にケンブリッジ大学で地域経済学の博士号を得ている。教歴はケンブリッジ大学、ペンシルバニア大学(アメリカ)、タマサート大学(タイ)、LSE、グロニンゲン大学(オランダ)など世界各地にわたっており、2000年4～8月の間わが国の筑波大学(社会工学系)にも滞在した。研究業績は地域経済学、都市経済学を中心に多数あり、それらの分野での現在最も生産的な研究者の1人である。

　さて本書の内容であるが、著者は二つの側面で伝統的な産業立地論への訣別を志している。その第1は生産技術においての代替性の部分的否定である。生産関数の独立変数となる生産要素は中間移入物としての原材料と、資本、労働、土地などのいわゆる本源的生産要素の2種類があるが、前者については技術的代替可能性は存在しないというのが著者の立場である。すなわち異なる原材料ミックス比率から生み出された生産物は財として異なるものであり、それらを同一財として扱うべきではないと著者は主張する(第2章付録)。従ってもし本源的生産要素が遍在的(ubiquitous)であるならば、f.o.b.価格で評価した純粋の生産費用は企業の立地とは独立になり、純粋の輸送費用合計のみが立地決定の要因となるように一見思われる。これは本来のウェーバー理論への回帰であり、立地理論の新古典派理論化(例えばL.モーゼス)を不要とするものである。しかしここで著者の第2の論点が入る。財の移動に関連する費用を輸送費用に限定することには問題がある。一定期間内の生産について、企業は投入物および

産出物の移動回数を決めなければならない。それは輸送費用に止まらず在庫保有費用などを包含したフロー量としての「ロジスティクス費用」の最小化を最適立地決定の目的関数としなければならないからである。これが著者のいう「ロジスティクス費用接近」の内容である。本書の第3章から第6章では、そのようなロジスティクス費用モデルの理論的および実証的分析が展開される。

　ここで訳者は告白しなければならない。本原書は英文としても、数式展開を中心とした分析においても、きわめて難解であり、訳者に大きな負担を課すものであった。実際、訳を完了した今でも、訳者は原著者の理論を十分理解しているかどうか実は自信がない。しかし翻訳そのものは正確を期したつもりなので、これからは訳文にそって原著の理論展開をじっくり確かめることとしたい。それに際しては読者からの批判およびコメントに期待するところが大きい。

　本書の翻訳をはじめたのは1999年初であるが、訳者ははじめからリカードォの比較生産費理論を採用して、翻訳原稿は手書きで作成し、そのワープロ化は熟練者に委ねることとした。後者の役割を担ってくださったのが鬼山奈穂子さんである。鬼山さんは筑波大学第二学群生物学類の学生であった1999年はじめから、訳者の懇願によりワープロ化の作業に従事され、同大学院生物化学研究科在学の間もずっと、そして修士号を取得されて就職されたあとも変りなく作業を続けて下さった。鬼山さんと訳者の間での原稿およびワープロ・アウトプットの郵送回数は優に片道100回を越えるであろう。このような鬼山さんの粘り強い協力がなければ本訳者は決して陽の目を見ることがなかった。記して深謝の意を表したい。

　流通経済大学出版会の加治紀男事業部長は筆の遅い訳者を辛抱強く見守り、常に激励して下さった。いつもご迷惑をかけていることをお詫びするとともに、心から感謝したい。

2002年1月

坂下　昇

原著者序文

　この本を書くことの動機は既存の正統的な立地理論が現代の製造業および流通企業が典型的に直面する一連の立地-生産問題を解き明かす能力を明白に欠いているということからである。これらの問題は企業による時間の取扱いに関連しており、企業は通常時間費用を在庫費用の形で見るのである。この観点からすれば、伝統的な産業の立地および連繋分析は空間-時間の問題が統一された方法で扱いうるような形に再編成されうる。投入要素価格および市場価格が立地行動において果す役割は発送の頻度と発送の距離の間の関係に依存することになる。この接近法は固定されたあるいは変動する地方的な要素価格の条件下での企業の最適立地と企業による付加価値活動の間の関係に新しい洞察を与える。この接近法は同時に新しいジャスト・イン・タイム(JIT)生産哲学に含まれる空間的変化の問題を論ずるために拡張しうる。

　私はバーナード　フィングルトン、藤田昌久、ジェフ　ヒューイング、ジョン　マコビー、ロン　ミラー、ジョン　パー、トニー　E　スミスおよびレディング大学においての私の同僚との間での多くの有用な議論に謝意を表したい。

フィリップ　マッカン

序論

　産業間の連関と地域間交易の流れの性格は個別企業のミクロ経済的な立地行動に依存する。従って、これらの流れを形成する諸力についてのわれわれの理解そのものも、われわれが空間的産業問題をいかに定式化するかに依存することになる。本書はわれわれが企業の立地問題を理論的および実証的観点の双方において如何に論ずべきかということの再評価の試みである。企業の立地を理論的に論ずることの動機づけは、企業間連繋の組織における最近の変化（それは西欧の製造および流通企業内部できわめて広汎となってきているのであるが）の空間的効果を扱うという問題から生じている。その変化とは伝統的な西欧流の購入および配達の技術（それは財の配達価格に焦点を合わせるものであるが）より離れて、進んでジャスト・イン・タイム原理を採用することである。

　1980年代以前では、西欧企業内の産業的購入行動は、優に60年以上にわたって行われたものと同じ原理に従ってきていた。しかしながら、この10年の間に、多くの西欧企業はジャスト・イン・タイムとして知られる日本的な購入および生産の哲学―それは日本の自動車産業において発生したものであるが（オリバーおよびウィルキンソン　1989）―を採用した（ピオーレおよびサーベル　1984；ベスト　1990；西口　1994）。簡潔性の目的により、以下ではわれわれはしばしばジャスト・イン・タイムをJITと表記する。このJIT哲学の基本的原理は、一企業によって生産される産出生産物の品質は企業間連繋を含む生産連鎖内のどの点においても在庫の保有量を可能な限り少なくすることによって最大化されるというものである。この政策は単位時間当りの企業間および企業内取引の個数を最大化することによって実現される。従って地域経済学の観点からすれば、この特定現象はいくつかの疑問を提起する。

観察者によって問われた第1の疑問は：ジャスト・イン・タイムの購入哲学の採用は、より頻繁な企業間取引を含意するのであるから、取引費用を減少させるために企業間の空間的連繋の短縮を促すであろうか。多くの評論者にとって、この疑問は主として、JITの採用は集積の地域的経済の重要性の増大を導くか否かという疑問に関連している（エストール1985；セイヤー1987；ニブ1989）。中間生産物が再移入されかつ再移出される地域的製造産業においては、所与の産出水準に対してそれらの産業の比例的地域付加価値内容の増大を促すようないかなる現象も地域成長を促進する。JITの地域一般においての採用が現実に平均連繋距離の減少によって地域的集積経済の成長を増大させるのであれば、多くの評論者にとっては、これら特定の応用経済学的疑問を問うことの結果としての動機づけは政策的なものであり、停滞地域においての地域成長をさらに生ぜしめる方策ということに集中される。他方、多くの経営評論者（ションバーガー1982；バックほか1987）にとってはこれらの疑問は純粋に、企業への供給者の立地が一国の競争力にいかに影響するかを評価するという観点から提起された。確かに、日本の産業構造の観察はきわめて高い程度の空間的集中を示唆しており、それが西欧の観察者をして、JITはどの程度空間的に集中した産業構造の事前の存在に依存しているのであろうかを問わせることになった（シャード1983）。

　このトピックについての現存の議論は、今までのところおおむね中間的な結論となっている（ショーエンバーガー1987）。JITの採用に反応してある種の局地的集積効果が実現しているとのいくつかのケース・スタディ的証拠はあるけれども、それが一般的効果であるとすることに反対する有力な議論の一つとして、輸送費用というものは総産業費用のごく小さい部分であるから取引頻度のいかなる上昇も企業間連繋の空間的パターンへは無視できるほどの効果しか持たないというものがある（モーリス1988；ミルネ1990）。しかし、この議論は、この特定トピックに関する企業の関心の大きさから見れば、また立地問題一般から考えてやや逆説的に見える。しかしながら、以下で知られるように、この逆説は実は、部分的にはわれわれが距離費用について論じる仕方そのもの

に起因しているのである。現存の立地、連繋および集積の理論はこのような問題を明示的に扱うためには不適切であるだけではなく、多くの他の場合でも不適当な用具なのである。

　本書の研究の重要性は、旧来の企業間購入連繋からジャスト・イン・タイム調達法を包含するそれへの変化の効果を理論的に論ずる試みを行う場合、現存の新古典派的立地理論一般の根本的な再展開を実行することが必要である、という事実の中に存在している。その理由はこの特定のトピックを論じようと試みることによって提起される理論的問題は非空間的および空間的経済行動の間の現存の関係の全体的性格を問題とすることになり、基本的に論じられるべきことは現実にこのより根本的な関係であることが理解されるからである。実際、本書の主要な主張は現存の立地-生産理論はそれ自体、近代的な企業が直面する一般的な立地-生産問題を論ずるためには不適切かつ不適当であり、その理論は根本的に再モデル化される必要があるということなのである。その中心にある議論は企業は投入物および産出物の輸送に関する決定を配達価格の問題のみではなく取引が行われる頻度に関連した費用に基づいて行うということである。この頻度の問題は今までのところ主流の立地理論の中に組み入れられてきていないし、それが考慮に入れられるならば、この理論的接近法は企業の立地行動一般の中に新しくかつ興味深い洞察を生み出すのである。われわれは現存の立地-生産理論を、配達の流れの離散的性格を考慮に入れた時間的枠組みの中で展開するであろう。この再定式化は現存の立地-生産文献のあるものに本来的に見られる理論的制約のあるものを示唆し、さらに分析を地域間要素価格の変動が企業の立地行動におよぼす効果の問題を包含するように拡張するために用いられる。近代的な企業が直面する、空間的連繋と直接に関連した産業的費用は今まで仮定されてきたものよりはるかに大きいことが明らかにされ、この発見は産業の盛衰の一決定要因としての立地の認識上の重要性と他の企業費用成分との相対での輸送費の経験上想定されている非重要性の間の矛盾を一定程度説明するものとなる。われわれは、ジャスト・イン・タイム調達法はそれ自身の資格で興味ある研究テーマとして理論的に論ずることのできる独特の現

象というに止まらず、むしろそれはまさにすべての企業が直面するより一般的な立地-生産問題のきわめて特定された例であるということを知るであろう。われわれはまた、知らず知らずのうちに現存の諸モデルのほとんどのものが通常企業が行いまた在来のモデルがそれを説明するために構成された伝統的な種類の立地および生産の決定をモデル化したものに対してよりも、企業の立地および生産の決定に及ぼすジャスト・イン・タイムの効果をモデル化したものと実際きわめて近い結果になるという驚くべき結論に行きつくであろう。

　これらの諸問題すべての間の結び付きを提供する手がかりは輸送あるいは財の保有においての分割不可能性の存在である。これらの分割不可能性は企業をして彼等が空間を通ずる取引き活動を組織する際に負担するすべての費用に関して規模の経済を本来的に経験させるであろう。輸送費用の性格と構造を論ずることへの伝統的な理論的接近法のここで示された議論に照らしての詳細な分析は輸送費用の構造の態様についての新しい洞察をもたらすであろう。輸送費用価格形成に存する明白なパラドックスのあるものを概括する実証的研究の展望は、部分的には新しいロジスティックス-距離モデルの初期的な独立した実証テストとして役立つであろう。そしてそれは後続の実証分析の各章において包括的に検証される。

　企業の立地を論ずる現存の接近法の展望を第2章で行ったのち、本書のすべてがそれを基礎づけとするロジスティックス-費用モデルが第3章で展開される。そのことにより第4章においてJIT調達を単により広い立地-生産問題の集合の一つのきわめて特定された例として取扱うことが可能になり、かつわれわれをして伝統的な産業購入政策からJIT調達政策の変化に含まれる費用変化をモデル化することを可能にする。企業はこの政策変化にともなうであろう総体的な過度の費用増大を回避したいと望むであろうと仮定するならば、われわれはロジスティクス-費用モデルを用いて、企業が費用が拡大しないことを保証するために採用するであろう方法を示唆することができる。これらの政策の一つはそれの企業間連繋の平均的な空間距離を減少させることであると知られ、ここにおいて集積の経済の問題がJIT議論の不可欠の部分となる。その結果、

JITの採用は単に、空間的に拡散した企業間購入連繋を集中させることのきわめて特定された合理的根拠であることが示される。第5章では第4章で示唆された伝統的購入行動からJIT調達への変化にともなってわれわれが観察するであろう産業的連繋距離への効果を検定し確認するために必要な実証データについて論ずる。第6章では特定の実証的地域産業例すなわちスコットランドのエレクトロニクス産業を用いてそれらのデータについての検定を行う。ここで選ばれた実証例の重要性は、もしわれわれが現存の立地および連繋理論の一般的な教義を受け入れるならば、それはJIT調達の方向に動くとき企業間連繋距離の短縮をおよそ示しそうにない産業部門であるからであることが理解されるであろう。他方、ロジスティクス-費用理論はJIT調達を採用するすべての産業部門は、それがなされる方法は産業部門によって異なるであろうが、平均的な空間連繋の長さを減少させることを望むと主張する。実証研究による証拠はロジスティクス-費用モデルの結論を支持するように見える。最後の第7章では本書においての発見から生じうる将来の理論的および実証的研究の可能な方向が論じられる。

　次章においてわれわれの探求を始めるに当り、われわれは産業的購入への伝統的接近法を論じ、現存の連繋分析がいかに観察される態様を説明しているかを論ずる。その後われわれはそのような接近法とJITの概念を比較し、かついかに後者が発生し発展したかを論ずる。そのことにより第2章において現存の立地および連繋の理論が生産と購入についての考え方の前者から後者への転換にともなう可能な空間的効果のどの部分でも説明することができるか否かを理解することが可能になる。この吟味は現存の接近法の欠陥のある部分を明らかにし、後続の諸章においての新しい接近法の展開を導くであろう。

第1章
西欧と日本の産業的購入連繋の比較

1.1 西欧の購入連繋

　西欧の産業的購入管理の技術はすべて大量生産システムに基づいており、そのことにより西欧と日本の考え方の間には基礎的かつ根本的な差異が存する。西欧の購入に当っての考え方は歴史的に、純粋に生産物の配達価格を最小化するという問題に基礎を置いている。特定の投入物について、企業は投入物を、それが最低の品質上の要件を満たしている限り、供給点が世界のどこに立地していようとも、最も廉価な供給点と考えられるところから買う。ある顧客とある供給者の間の関係は必然的に短期の純粋に金銭的なものであり、そのことの故に企業は伝統的に複数の潜在的供給者を持ち、後者はまた継続的な提供ということについて事業間競争を行う。供給者の立地の問題は、企業とそれへの供給者の間の配達距離が増大するとき、投入生産物の供給点価格は、同生産物の配達価格が他の立地点の他の供給者のそれよりも低くなるために、十分な大きさだけ低下しなければならないという意味においてのみ重要なのである。

　個別企業は投入生産物の配達価格の問題のみを考えるのだとしても、連繋分析はこの種の購入行動が事実上特定の種類の空間的特徴を示す企業間連繋に結果するか否か、あるいは企業が立地を変更するとき何らかの注目すべき変化をもたらすか否かを検討すべく試みる。レーバー（1974）は連繋パターンの主要な説明要因は生産物の特性であると結論している。より特定していえば、それは、生産の段階に従って一般的に増大する生産物の価値/重量比率であり、それが連繋の長さとパターンの主要な決定要因となるということである。このことが仮説として提起された理由は、高価値の生産物は高い輸送費用、したがっ

て長い連繋距離を吸収できるということである。他方、生産連鎖の下の方で低い価値／重量比率を持つ基礎財を生産している企業は連繋の長さを最小化すべく普遍的に立地するとされる。何故ならこれらの種類の産業にとっては局地化の経済がなお重要であるからである。しかしながら、この仮説についての基本的な問題は産業の限界生産力および平均生産力のいずれも生産される生産物の価値／重量比率と必ずしも関係していないということである。何故なら後者は産業構造の特殊性に依存しているからである。したがって生産物の特性は連繋の長さを規定するものとはならない。何故なら高い単位輸送費用は限界利潤が低いときには排除されるからである。これに加えて、連繋分析については他の広汎な概念上の問題がある（マーシャル　1987）。連繋研究は今まで大部分が静学的かつクロス・セクション的であり、産業の動静および技術的発展に対応する連繋の変化への洞察を与えるものであった。静学的投入-産出研究（ストレイト　1969；リヒター　1969, 1970；レーバー　1972；ホアーレ　1975；ラザム　1976）は産業的連繋と地理的結合の間にはほとんど関係がないということを見出して、一般的な既存の結論を確認した。さらに、生産物の異質性と企業規模（ジェイムズ　1964）は連繋を地方的区域内に閉じこめることに反してはたらくであろう。何故ならいずれの場合も企業の非空間的および空間的市場のより大きな多様性との相互依存は増大するであろうからである。これは特に会社の目的からして支店施設は短い前方連繋と長い後方連繋を持つと考えられる多施設事業の場合そうであろう（ラットレル　1962；ハーグ　およびダニング　1952；レーバー　1972）。時間を通じてのより動学的な分析についての試みは連繋パターンの変化は静学的分析が以前予測したものよりも実際にはより多様であろうと論じてきたけれども（テイラーおよびスリフト　1982）、これらの示唆はきわめて説得力に乏しくその結果現存の実証的証拠の大部分は企業の再立地は、施設が決定作成に関して自律的（タウンロー　1975）かつ局地的（アイサードおよびダセイ　1962）である場合を別として、産業的連繋の変化とほとんどあるいはまったく関連性がないという結論を支持している。従って、成熟した製造業にとっては局地化の経済は一般的に重要でないと考えられ、

企業はどこから投入物を買い産出物をどこへ売るかについてはおおむね無関心であろうから、より付加価値の高い生産をめざす傾向はこの地理的連繋の不安定性をいっそう増大させるであろう（バスター　1980）。他方、グラズミア（1988）は、少量の規格化されない生産物を生産する企業は規格化された財を大量生産する企業よりもより短い後方連繋を展開する傾向をある程度持つということを見出した。多くの観察者によって、他の非価格的な生産物特性、例えば生産物品質およびサービスなども連繋の長さの重要な決定要因であると想定されているが、この点は未だ連繋理論にうまく取り込まれていない。

西欧産業の連繋研究からの多様な現存の証拠を要約してA型およびB型と呼ぶことのできる企業の広い意味での2類型を取り出すことができよう、各々地理的結合が重要なものと重要でないものとである。

A型：以下の特徴を持つ企業では短い投入物配達距離は一般には観察されない。
　　a）投入および産出生産物の高い価値／重量比率
　　b）規格化された生産物の大規模大量生産
　　c）産出物の複雑性に起因する投入物の生産物としての異質性
　　d）外部的な組織決定作成を行う大企業

A型企業は20世紀型製造業大企業にとって大部分の近代的形態の特性となっている。

B型：以下の特徴を持つ企業では短い投入物配達距離がしばしば観察される。
　　a）投入物および産出物の低い価値／重量比率
　　b）非規格化産出物の少量生産
　　c）産出物が複雑でないために投入物の範囲が少なくて済む企業
　　d）地方的で自律的な決定作成

B型企業は19世紀型産業であるかあるいは20世紀型の小企業下請け産業の特性である。現存の連繋分析のみでは購買連繋の上記のような特性がそもそもいかに出現したかを系統的に説明することができない。上記特性のうち（A. c）および（B. c）は生産される産出物の種類が多ければ必要とされる投入物の種

類も多くなり、そのことは企業への供給者の範囲がより拡散するという意味で距離に関連してくる。同様に（A. d）および（B. d）については、ある施設が購入に関する決定作成において自律的でなければ、そのような決定は問題となっている特定の施設への配達の経済性ということよりもより一般的な企業全体としての購入規準との関連でなされることになるであろう。このことはしばしば局地的な購入連繋の発展を抑える動きとなる。何故ならばこれらの場合供給は通常中枢化された国家的ないし国際的な共同化システムの中で組織されるからである。この点の重要性は第6章において詳しく検討される。しかしながらわれわれにはなお、特性（A. a），(A. b),(B. a),(B. b) の特性と企業がそれ自身と供給者の間の距離を長くしたり短かくしたりする傾向との間の明確な関連説明が存在しないという問題が残されている。またわれわれは現存の連繋理論を、何故われわれがしばしばきわめて短かい前方連繋ときわめて長い後方連繋を持つ「ねじ廻し」的組立て工場を観察するかを説明するために用いることができない。これらの論点は第3章で扱われる。

1.2　日本の購入連繋

　産業の購入行動に対する日本的接近法は1980年代以前に西欧経済において伝統的に行われていたものと基本的に異なっている。企業間取引の組織においてのこのような基本的差異はまた、西欧と日本の企業間連繋の空間的パターンの差異にも反映されている。これらの差異の程度と理由を理解するためには、日本的システムの特異な諸特性がそもそもいかに出現したかを理解する必要がある。

　第二次世界大戦後のアメリカによる日本占領期間中、ソ連および中国の共産主義に対する防波堤として日本経済を再構築かつ再建する必要に応えるため、アメリカ人は科学的マネージメントの考え方の普及を奨めた。ウエスタン・エレクトリック社ホーソーン工場の2人の統計学者W.エドワード・デミングとジョセフ・ジュランが統計学的品質管理の原理を説明するために、1953年に日

本へ招かれた。彼等に続いてITTからのフィリップ・ゴービィとアメリカのゼネラル・エレクトリックの品質部長アーマンド・フェイゲンバウムが来日した。アメリカにおいて統計学者の小グループが取り組んでいた問題は生産においての品質の変動の問題であった。品質変動はあらゆる製造過程の敵であるが、後者に固有のものでもある。何故なら機械的な過程は微妙に異なる生産物を生み出す傾向があるからである[1]。これらの統計学者はこの変動を分析し、それを測定し、かつ可能なかぎり変動を減少させるように製造過程を修正した。皮肉なことに、この統計的過程管理（Statistical Process Control, SPC）の政策ははじめアメリカ合衆国で展開されたのであるが、西欧の産業は全体としてこれらのアイディアをおおむね無視してしまった。これらのアイディアは日本の産業において「ヒンシツカンリ」すなわち"Quality Control"として広く採用されかつ応用された。（小林　1983, p.85）。総品質管理（Total Quality Control）の背景にある基本原理は、生産過程の末端において品質を検査する品質検査者のグループを考えるのではなく、生産過程のすべての段階の労働者が品質保証の過程に参加すべきであるということである。テイラーイズムとかフォーディズムの原理と対照的にこの原理は生産過程のすべての段階において労働者を種々の課題に関して訓練することを必要とする。従ってこれらの労働者は「品質サークル」と呼ばれるチームとして働き、それによって異なる操業を統括する過程も個別の操業のすべてについてと同じ程度の注意をともなって遂行されることを保証しようとするのである。「総品質管理（TQC）」という言葉を打ち出したのはフェイゲンバウムであったが、これらの考え方の中心にあった個人はデミングである。「デミングの輪」として知られる図（それは生産管理の仕事を表現したものであるが）は日本の産業中に回覧された。これはデミングを日本において伝説的存在とし、毎年のデミング賞は今なお日本の産業にとって最も権威のある賞とされている。

　これらの考え方が日本の産業に広く吸収されたと同じ時期に、空間の不足に

---

1. フィナンシャルタイムズ　1991.3.20　「単に始まるだけではなく流行するであろうひとつの考え方」

対応してトヨタは1984年に廃棄物除去の実験を始めた。この運動の先鋒となったのは機械店の社長であったオオノ（大野）タイチであったが、彼は板金工場と最終組立て工程の生産過程を再考することから始めた。慣習的な大量生産組織は工場の中の個別生産部門に対応する、個別生産単位を律する最大効率条件に基礎を置いた効率的生産計画指令の作成という方法を用いていた。これらの効率性規準は標準的な会計慣習によって規定されており、後者はまたすべての資本設備は、労働費用の適切な割当てによって資本投資への最大収益が確保されるようにするため完全利用の状態に置かれるべきであると決定している。このことの実行によって上流の生産部門は、それ自身の機械の操業を維持するために下流の生産部門の状況をなんら考慮せずに、下流部門へ連続的に供給する形になった。これはしばしば混雑と、下流部門に部品が累積する結果を生み（大野 1982）、大野はこの問題を大量生産に内在する欠陥の一つであると考えた。大野の考えでは、組立てラインの操業を確保するために生産物をライン上で急速に動かすという大量生産の実行は、観察されない過誤の際限ない増殖を惹起し、その結果注文喪失、品質管理による廃棄、および内部的問題解決による超過費用を生じさせる。大野による解決法は全体的な工場生産の流れは、ある程度の組立て作業に必要な正確な個数の部品はラインの正しい個所のそばに正確に適切な時間に到着しなければならないという、「適切時間」(Right on Time)原則に従って組織されるべきであるということであった。このことから、上流部門はどの時点においても下流部門によって必要とされるだけの量を生産すべきであるということが導かれる。この政策は明らかに機械が休止する可能性を許容し、従って現存の利潤基盤の慣習的な会計原則と完全に相反するものである。部品がいつ配達されるべきか、またどれだけの量配達されるべきかを示すために、大野は「カンバン」あるいは「見える標示板」として知られるシステムを考案した。それは最終組立て店のみに全体的生産計画の詳細が与えられるというものである。こうして通常の工場内輸送システムを覆えし、下流の生産部門は上流部門へ行って各個別作業にとっての正確に適切な種類と個数の部品を「カンバン」に示された通りに蒐集する。次に各上流部門は次に必要とされる

小さな配達パレットに再補給するために十分な素材のみを生産し、いま蒐集されたばかりのものに置き換える、こうして個別のカンバン情報は生産連鎖を次々と遡り、工場の外部よりの配達地点にまで達する。そこでは外部供給企業からの投入注文がとりまとめられている。各々の配達のあとで上流の作業場へ返却されたカンバンの個数は、次の予定された配達時間に配達されるべきパレットの個数を正確に示唆する。循環されるカンバンの個数を減らし、配達の必要な頻度を増加させることで、トヨタは組立て工場内に保有させる在庫の総量を意のままに減少させることができる。「ジャスト・イン・タイム」の製造業生産哲学が誕生した。

　このシステムに内在的な最初の主要な問題は、ラインの下方において生産のミス、事務上あるいは推定の過誤、不良あるいは欠陥部品、設備の故障あるいは無断欠勤等々に基づく問題が存在するとき、これらの問題はのちに下流が生産ギャップを惹起するという形で出現する[2]。この理由のために、大野はすべての作業場を支配する要綱を設定し、労働者に彼等が修復できないような問題が発生したならば直ちに全組立てラインを停止するようにという指示を与えた。そのときにはチーム全体が集って問題を解決する[3]。このような勤労上の実務が当時可能となったのは、大部分たまたま存在したデミングの影響によってであった。このような方法を用いて、トヨタによるこのジャスト・イン・タイム生産技術の経験は、財のごく小さな個別の束による配達によって、問題点を生産過程のただ中で発見しかつ直ちに処理することが可能となり、その結果最終産出物の品質が最大化されることになる。部品の個別配達量が小さくなればなるほど、在庫の壁も小さくなり、システムはどのような過誤に対しても目に見えて敏感になる。そのことは問題を直ちに修復するという動機を強くする。逆にいえば、生産過程に品質管理がより深く組込まれるほど、在庫の壁の必要性は減る。JITが単に生産においての廃棄物削除の小在庫システムであることから単純ではあるが、きわめて洗練された、生産過程の質と最終産出生産物の品

---

2. 大野 1982 p.88。
3. フィナンシャルタイムズ　1990.9.17「自動車製造においての『か細い』革命」

質の両方の継続的な"実践学習（learning by doing）"による改善を生み出す手法へと進化したことの理由はここに存する。

このシステムに内在的な第2の問題は、もしこの吸引システム―すなわち最終組立て作業から下方に向けての継起―が高度に不規則的であれば、そのことが上流においての労働および機械のきわめて不効率な使用をもたらすということである。この硬直性を克服するために、トヨタはこのとき機械を一つの生産－機械作業から他のそれへと変換する時に発生する労働時間立ち上げ費用を徹底的に減少させることを試みた。これは、組立てライン全体が一財の生産から他財のそれへと迅速に調整されうるようにするために行われた。この生産転換の考え方は組立てラインは単一財の画一化された長期的大量生産ではなくて多種類の異なる生産物の生産に当っているとしても、組立てラインをおおむね最大限利用しようということである。しかしながら、このことが可能であるためには、労働力全体は異なる生産活動の間で転換可能なように訓練される必要がある。大野のジャスト・イン・タイム生産原理とデミングの一般的労働力生産品質マネージメントの考え方のこの初期的融合はこうして、たいへん羨望されかつ大変議論された近代日本の生産における「柔軟性」の起源となった。

生産計画を内部的にバランスさせる全過程は明らかに、生産部品をトヨタへ配達する外部供給者へも決定的に依存した。大野はトヨタはそれへの供給者と共に自らの時間的に均等化された生産方法を開発することをも試みるべきだと決定した。1950年代中頃までに最初の供給者がトヨタのジャスト・イン・タイムシステムを自ら進んで採用することを始めた（セイヤー 1987）。この考え方はやがてトヨタ系列[4]全体に拡がり、その結果トヨタの主要直接供給者自身が彼等への供給者に対し、「カンバン」システムを用いてジャスト・イン・タイムに生産かつ配達することを要求するようになった。1980年代末までにトヨタはそれが主要な株主になっている35の主要な供給者を持ち、それらの中7については供給者の株式の50％以上を所有していた（ニブ 1987）。これらの供給者はすべてごく小さな個別単位量によって自ら配達を受け、生産し、かつジャスト・イン・タイム方式で配達しており、そのことにより全系列は始点から終

点まで完全なジャスト・イン・タイム連鎖となっており、生産過程のどの段階においても生産上の誤りを直ちに見付け出しかつ根絶するのである。日本国内のトヨタには搬入される部品についても搬出される生産物についてもその近代工場内に点検あるいは再作業部署を持っていない。他方ほかの西欧の大量生産自動車工場ではこれらの活動は総床面積の20％、総労働時間の25％を占有している[5]。完全なジャスト・イン・タイムシステムはしたがって内部工場生産についてのフォードのベルトコンベアシステムの組立て工場および下請け業者の全生産システムへの拡大であり（大野　1978）、そこでは部品の定常的な流れは工場内のコンベアベルトのみでなく工場間の配達トラックによって提供されている。内部においての自己規制的カンバンシステムと同様に、下請け業者もまた同じような数量と配達頻度を規定した全体的配達スケジュール情報を与えられている。今日ではこのデータの大部分はファクシミリによって伝送されている。物理的空間によって分離されてはいるが、下請け業者の生産ラインの作業リズムはこのようにして自動車製造業の組立てラインのリズムにより規制されており、その結果後者の拡大版のようなものになっているのである。

　しかしながら、これらの供給システムは、システムを継続的に発展させるためには組立て加工者は一貫して同じ供給者および下請け業者を用い続けなければならない。何故ならこの過程は長期的調和化と生産連鎖の中の異なる段階に

---

4. ケイレツ（系列）は日本の産業を支配する階層的な企業グルーピングである。大企業はそれら自身に帰属する下位組立ておよび小供給企業群を持つ。それは西欧の垂直的に結合された企業よりも構造的にはより厳密ではなく組織されているが、それでもかなりの程度の水平的統合性を持っている。これらのグルーピングは株式の相互保有および系列内の資本の流れによって相互依存的構造を維持している。三つの主要な型の系列がある。第1かつ最大のものは、ミツイ、ミツビシ、スミトモ、およびイトウ・チューである。これらはザイバツとして知られた戦前の主要な企業結合の四つの後継者である。第2の壁はフジ銀行のような主要銀行の周囲に形成された企業グルーピングである。第3の壁の系列は大きな独立会社、ニッサンやトヨタなどの周囲に形成された企業グルーピングである。オクムラ　1982；シモカワ　1985；ホースレイおよびバックレイ　1990；クラーク　1979　参照
5. MITの"国際自動車研究"。フィナンシャルタイムズ　1990.9.17「自動車製造においての『か細い』革命」参照。

おいての生産過程の統合を包含するからである。この理由により企業とそれへの供給者の間の契約関係は、価格についての詳細のみならず、数量、個別の配達数量と配達頻度、さらに中期にわたって価格低下が行われる目標"調整"率までにもわたる長期的関係となる。顧客企業は供給者に対し、顧客企業に問題なく供給するために必要なあらゆる情報と助言を与える。かくして契約は同時に組立て加工者と下請け業者の間での生産物および生産過程革新の両方に関する義務条項（commitment）となる。従って組立て加工者は、各々の主要な供給部品に関して、少なくとも最終生産物のライフサイクルが了わるまで、通常単一の供給者を持つ。供給者のあるものは彼等自身の独立なデザイン能力を完全に用いる。しかし他の供給者は顧客企業より原材料および指導をうける。供給者が独立している場合、顧客ははじめにいくつかの申し出者を見わたす。しかしながらひとたび供給者が選ばれたならば、長期契約、通常少なくとも4年間のそれが同意される[6]。顧客企業はその結果として、下請け業者が将来の発展のために投資することを可能にするような十分の利潤を確保するような価格で同意する[7]。何故なら、短期の価格低下は、生産性および品質の改善によって達成される潜在的な長期的価格低下より重要度が低いと考えられているからである。

　この特殊な生産システムをはじめに展開したのはトヨタであったが、ジャスト・イン・タイム哲学はそれ以後すべての日本の自動車生産者および大部分の日本の製造産業によって、系列構造の特性を通じて採用された（大野　1978；イケダ　1979）。われわれにとって特に興味があるのは、ジャスト・イン・タイム生産システムの明示的に地理的な産業組織の問題であり、観察によればそれは深甚の空間的インパクトを持っている[8]。これらの日本におけるジャスト・イン・タイム生産システムはおそらく世界一空間的に集中した主要生産システムであろう（ブルームフィールド　1981）。これは部分的にはこの国の地理お

---

6. アサヌマ　1985b　p.69。
7. アサヌマ　1985a　p.44。
8. このシステムの地理的な特徴はシアード（1983）で詳述されている。

および地形に由来することであり、それが現存の日本工業地帯の混み合った性格と、その結果としての潜在的工業空間の不足をもたらしている。しかしながら、空間的生産システムのこの特定の型は偶然に生まれたものではなく、日本企業の意図的な戦略の結果でもある。日本の自動車生産者は現存のケイレツ構造を用いて、ジャスト・イン・タイムの企業間関係を実行するために、全供給システムにわたる必要な制御を発展させた（シモカワ　1985）。

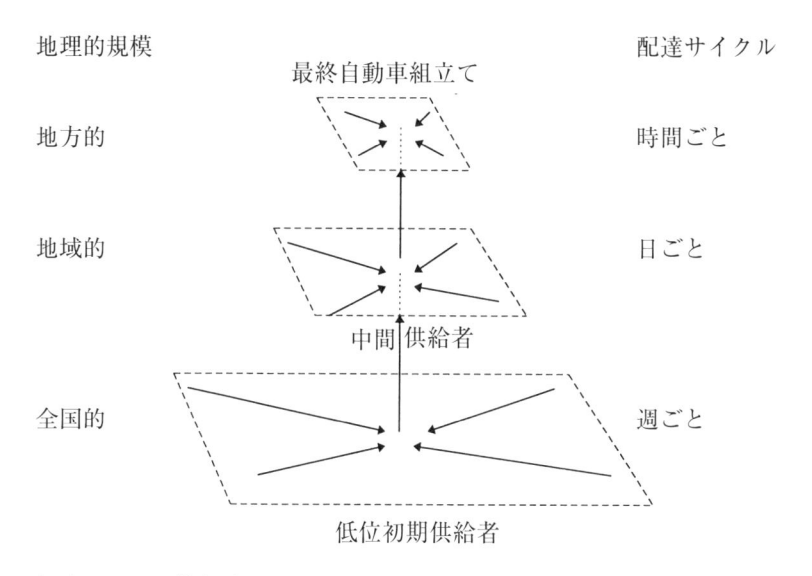

地理的規模　　　　　　　　　　　　　　　　配達サイクル

地方的　　　　　最終自動車組立て　　　　　時間ごと

地域的　　　　　　　　　　　　　　　　　　日ごと
　　　　　　　　　中間供給者

全国的　　　　　　　　　　　　　　　　　　週ごと
　　　　　　　　低位初期供給者

部分および下位組立ての流れ――――→

第1.1.図　日本のJIT生産システムの空間的および階層的組織
出典：シアード（1983）より転載。

トヨタがそのJIT製造プログラムを1950年初頭にはじめた時には、それへの供給者はその本部の50キロメートル以内に存在した[9]。1978年までにトヨタの200の供給者のうち119はトヨタ区域そのものの中に存在し残りの供給者はトヨ

---

9. フィナンシャルタイムズ　1999.9.10。「明日の注文を今日配達する」

タの工場の100マイル以内に存在した（イトウ　1978）。重要なことは、その主要な供給者のすべてが局地的に位置していたことである。この工場に近い供給者のネットワークは、こうして正確な個数の供給を少なくとも1日1回のベースで適切な時間に工場へ配達した。モンデン（1981）はトヨタへの供給者の多くがいかに1日当り数回の配達をトヨタ社へ、しばしば生産ラインの中の作業場へ直接配達したかを叙述している[10]。この形の供給行動の1例は日本電装であり、同社は1日当り22回の配達をトラックによって直接トヨタへ行った。このような供給者配達の背後にある指針は、配達はかくも少量ずつかつかくも大きな頻度で行い、顧客企業の工場の中で保持される在庫を極小規模に止めるということである。最終産出物生産企業が直接対面するのは最終生産者へ配達する高位の組立て下請け業者の最上層のみであり、次にケイレツ外の下位供給者はケイレツ内のこれらの供給者と対面するのである。

　第1.1図に見られるように、近代日本の自動車生産者は平均171の第1層直接供給者を持ち、それらは主として工場直近の地理的局地内に存在し、少なくとも毎時工場に供給している[11]。第2層供給者の数は4,700で、それらは主として同じ地理的地域内に立地しており、最上層の下請け組立て加工者へ日当りベースで供給物を配達している。最後にケイレツ外の平均31,600の小供給者は全国的に立地しており、週当りベースで最下層のケイレツ下請け業者へ配達している（シアード　1983）。かなりの程度、顧客企業へ供給しうるために十分な緩衝在庫を維持することはこれら小供給者の責任とされている。

　第1.2.a図に見られるごとく、1980年代以前では、西欧の費用最小化購入政策は空間的に拡散しかつ複雑な企業間および企業内購入連繋パターンを生み出した。そしてそれは日本の購入政策との間では哲学としても空間的な顕示としてもほとんど共通することがなかった。財の国際的な流れとしては、日本企業は第1.2.b図に見られるように、そのような流れの実現をなるべく単純化かつ

10.「円高の苦痛から利益を得る」フィナンシャルタイムズ　1989.5.20
11. このことは大変な24時間交通混雑を惹起する。ウォールストリートジャーナル　1992.5.20を参照。「平和の序曲：全面からの圧力で、強気のトヨタはその物財を切り詰める」

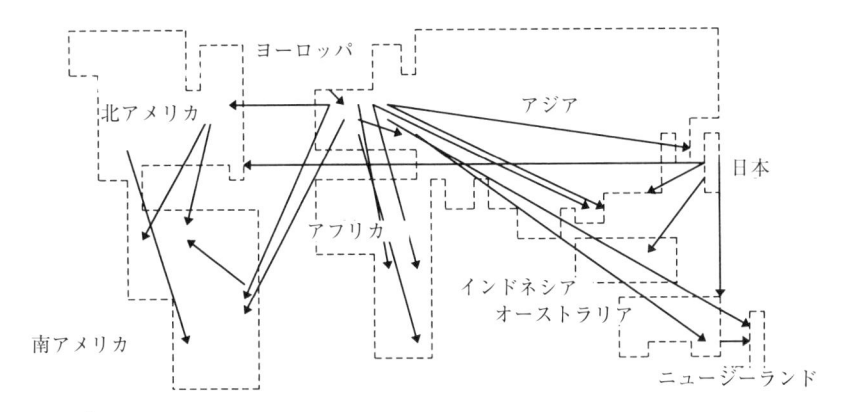

第1.2.a図　ゼネラルモーターについての企業内財の流れ(1970年代)
出展：ブルームフィールド(1981)より転載

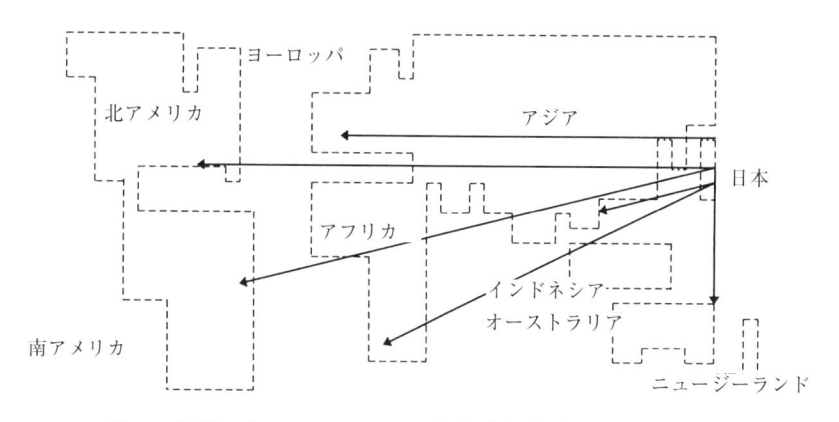

第1.2.b図　トヨタについての企業内生産物の流れ（1970年代）
出展：ブルームフィールド(1981)より転載

最小化するようにと企てた。他方第1.1図に示されるように、生産拠点の近接地方圏において企業間および企業内の財の流れの数が最大になるようにつとめた。連繋分析の観点からすれば、これらの日本的購入技術の重要な点は、それが前に概説した伝統的な西欧のそれとは基本的に異なる空間的企業間連繋の一群を生起したということである。トヨタシステムの場合、われわれが見るものは生産物の価値／重量比率が増加するにつれて中間投入物の平均搬送距離が低

下するということである。この結論は伝統的な西欧の企業間連繋—それは前の（A．a）および（B．b）において概説されたのであるが—においての結論と基本的に逆向きなのである。さらにいえば、われわれがのちに見るようにこの観察は日本の場合について、条件（A．b）の場合でさえ成立するのである。

1.3　問題

　もし伝統的な西欧の購入政策を実行しているある企業が日本のJIT購入政策を採用しはじめたとするならば、そこから起る疑問は、それの企業間連繋行動がどの程度まで伝統的な西欧のパターンに対応するものから、日本的パターンとより密接に対応するものへと変わるかということである。とりわけ本書が扱う特定の疑問は、どのような条件の下でこの政策変化が供給者と顧客企業の間の平均的な地理的連繋距離の減少をもたらすかということである。この問題を論ずるにはどうすればよいかを決定するために、次の章では、何故特定の企業が特定の地点に立地するかというより基本的な問題を論ずることがまず必要である。その理由は企業が示す企業間購入連繋はそれ自身、他の企業＋顧客の立地点との関連においての企業自身の立地に主として依存するからである。そのあとでこのような結果としての購入連繋がある特定の技術変化に反応して変化するかどうか、変化するとすれば如何にかつ何故変化するかという問題が論じられる。JITへの転換の場合については、われわれは第3・4章で連繋パターンの変化は、企業を支配する費用条件がこの転換によって如何に変化するかに依存するのみならず、これらの知覚された変化は企業の立地および連繋行動が理論的に叙述されているされ方そのものに依存するということを見るであろう。

第2章
理論としての企業立地

2.1 立地理論と市場圏モデル：空間的および非空間的ミクロ経済行動の理論的関係のモデル化

　古典的立地分析の起源は通常アルフレッド・ウェーバー（1909）にあるとされる。ウェーバーは投入資源は地理的に固定されていることを認識しており、このことが彼の定式化においては、何故異なる企業が異なる地点に立地するのかということの重要な説明を部分的に提供するものである。古典的な理由づけの他の側面は距離‐輸送費用の概念の重要性に基づいている。ラウンハルト（1885）の業績を引継いで、ウェーバーは企業の最適立地を決定するための理論的方法を確立することを試みた。企業は理論上空間の中の1点と見做され、非同質的な平面上のどこにでも自由に立地しうると考えられる。二つの固定的投入源と一つの固定的産出物市場地点より成る最も単純な2次元の場合を分析して、ウェーバーははじめ最適立地を投入および産出の運搬距離、原材料密度、および取り扱われる材料の総量に依存する総輸送費用を最小化した点として規定した。パエリンクとナイカム（1975 p.35）はウェーバー問題を次の方程式を最小化する試みとして表現した。

$$\sum_{i=1}^{3} T_i = \sum_{i=1}^{3} t_i d_i a_i M_3 \qquad (2.1)$$

ここで、

T_i = 特定の財 M_i を特定の距離 d_i だけ移動させるための総輸送費用
t_i = 単位量、単位距離あたりの輸送費用
d_i = 距離
a_i = 生産の技術係数

最終生産物 M_3 の 1 単位を生産するために必要とされる中間生産物 M_1 および M_2 の特定量 m_1 および m_2 は $m_i = a_i M_i$ によって規定され、産出係数 a_3 は 1 に等しいと仮定される。

　総輸送費用を最小化する実際の立地はベクトル分析によって数学的に求めることもできるし、あるいはバリグノンの枠組みによって機械的に求めることもできる。その結果は"等費用曲線"(isodapane) 分析[1]を通じて変化する労働および集積の費用と結合することができる。すなわち「立地は最小輸送費用の点からより有利な労働立地点へと、もしこの新しい場所によって可能になる労働費用の節約がそのことによる追加的な輸送費用よりも大きいときのみ移動されうる。」(ウェーバー　p.103)。この分析においてウェーバーは生産投入物および産出物の価格の問題を無視したので、実際に結果される最適立地は生産においての重要事項の中での輸送および労働費用の相対的重要性のみに依存することになる[2]。しかしながら、最終的な立地を決めるためには、生産関数を通じた投入物の技術的な関係に関する仮定を立てることがやはり必要である。所与の固定投入係数を仮定すれば企業の最適立地は輸送および生産の総費用を最小化するところである。この立地は暗黙裡には利潤最大化立地と同義であると仮定されるが（ティッセ　1987）、ウェーバー的分析が固定された投入-産出係数の仮定に依存しているという事実は、この特定の立地方法論が常に主流派の非空間的ミクロ経済分析の領域の外にあることを意味している。何故なら後者は代替の原理に基づいているからである。

　立地理論と経済理論の他の分野を結合する可能な方法をはじめて示唆したの

---

1. ウェーバー　p.102
2. ウェーバー　p.110

はアンドレア プレドール（1928）である。"彼（プレドール）が言及した一般的経済理論はワルラス、パレートおよびカッセルによって次々と解説された一般均衡の相互依存的価格および数量の理論である。彼は立地がどこまで価格問題であるか、すなわち価格理論としての立地理論を探求した。"（アイサード 1956 p.22）この新古典派的接近法の基本的な考え方は、最適投入結合、価格比率および企業の最適立地の同時決定がありうるであろうというものである。いい換えれば一般立地理論は経済理論の他の側面と同じ方法で、企業家が種々の生産要素への支出と立地の選択を結合することに代替分析を適用することによって展開しうるというものである。企業が所与の産出量をそれ自身と市場の間の所与の固定された距離において生産しているというきわめて限定された部分均衡の場合について、プレドールは生産等量曲線に沿ってのシフトと企業の立地のシフトを単一の枠組みの中に統合することができた。その後アイサード（1951）はウェーバーの幾何学的方法論をプレドールの原理を、要素投入そのものの間の代替可能性ではなく、種々の立地点からの原材料の輸送費の間の代替可能性を評価することによって組み合わせようと試みた。3角形の各端点において、企業が他の端点に向って移動することによって総投入プラス輸送費用が減少するならば企業は内点の最適立地を見出すであろう（クスモト 1984）ただし、多くの場合結果は端点解となることが知られる。アイサードの部分均衡分析はまたこれらの立地モデルが非線形輸送費用を含む問題を解くとき直面する困難を浮かび上らせた。古典的立地理論を主流の非空間的新古典派ミクロ経済理論の内部に、連続的代替と利潤最大化の原理に基づきつつ、最終的に取り込んだのは、モーゼス（1958）、カリリほか（1974）およびミラーおよびジェンセン（1978）の仕事であった。

　モーゼス（1958）はウェーバー的枠組みを生産の標準的理論の中で展開し、そこでは投入の連続的代替の可能性が許容され、かつ投入物の限界費用への輸送費のインパクトに焦点が当てられる。c_1およびc_2が投入物M_1およびM_2のトン当たり供給点価格であるならば、生産点Kにおいての投入物の配達価格は $(c_i + t_i d_i)$ として定義される。投入物点M_1およびM_2と産出物市場点M_3で

規定されるウェーバー3角形の中で、立地は市場点 M_3 への距離が一定の弧 IJ に沿って変化するとき投入物 M_1 および M_2 の相対価格は供給点価格への単位当り輸送費マークアップ $t_i d_i$ が変ることによって変化する。その理由は運搬距離 d_1 および d_2 は変化する角度 θ の関数であるからである。

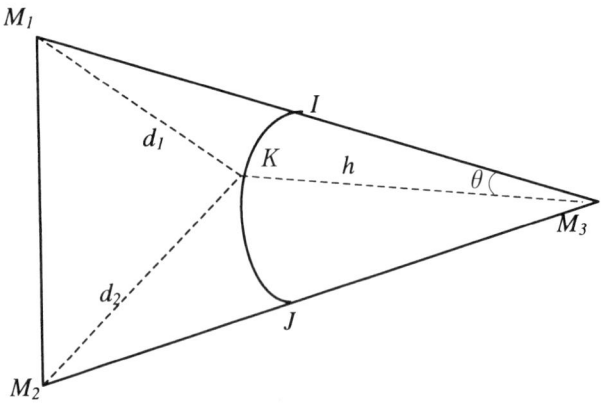

2.1図　ウェーバー・モーゼスの立地3角形

　正統的な効率性条件は、投入物の配達価格の比率と投入物の限界生産力の比率が一致することを要求する。c_1、c_2 および t_1、t_2 が不変であると仮定すれば、そのとき最適立地は産出量から独立となる。すなわち、産出量が拡大しても用いられる投入物の比率および d_1/d_2 が一定である限り d_1 および d_2 は変化しないからである。このことはレオンチェフ生産関数あるいはホモセティックないし1次同次である生産関数によって満足される。モーゼスは誤って産出量から独立な最適立地問題の解は1次同次の生産関数の場合であると論じた。しかしながら、モーゼスの仮定を所与とすれば、生産関数は1以上の任意の次数において同次であればよく（ブラッドフィールド　1971）、さらにはホモセティックでもよい（ジーグラー　1986）、ただしこのことは一定の投入物輸送費とゼロ産出物輸送費の存在に依存している（エマーソン　1973）。興味の乏しい後者の場合を無視すれば、一般的な結果の主要論点は、所与の産出量と投入物比率に対して、さらに投入物および産出物の輸送費が固定されていると仮定すれ

ば、固定係数生産関数であれ可変係数比率のそれであれ、「・・・最適立地は・・・最適化された生産係数についての輸送費用最小化立地になっている」ということである（エマーソン　1973）。

　カリリ、マズアおよびボーデンホーン（1974）は、市場への距離hもまた変数である場合について、産出量制約の下での費用最小化立地を検討した。彼等の結論は産出量制約の下、また投入物および産出物の輸送費率がいずれも一定かつ正であると仮定すれば：（ⅰ）hが固定されているとき線形拡大経路は、最適立地が産出水準より独立であるための十分条件である。および（ⅱ）hも変数であるとき、単一の最適立地のための必要十分条件は生産関数が1次同次であること、であった。彼等の結果はのちに利潤最大化モデルを用いたミラーおよびジェンセン（1978）によって確認された。これらの条件のいずれにおいても、連続的代替がある限り、輸送費最小化立地と利潤最大化立地とは"事後的"に同じ立地となる。しかし明らかに最適投入結合は"事前的"には未知である。（ティッセおよびペルール　1977）。

　われわれがもし完全競争的な線形の世界から離れるならば、ティッセおよびペルール（1977）、ハーター、マーティニックおよびヴェンタ（1980）、およびエスワラン等（1981）、のすべては輸送費率が搬送距離に依存する場合にはこれらの一般的結論は同じく成立することを示す。これは当然のことである。何故なら「輸送費率が距離のみの関数であるとき、産出量および投入量の変化は相対的限界輸送費を変化させず、従って市場と原材料供給点の相対的吸引力は影響を受けない。従って最適立地は産出量水準から独立である。しかしながら輸送費率が距離および数量の関数であるときは、投入の変化は相対的限界輸送費用を変化させる。市場と原材料供給点の相対的吸引力は影響を受けるかも知れない。従って1次同次の生産関数は最適立地が産出水準より独立であることを保証する上で十分ではない」（ギレイ、シエーおよびウィリアムス　1988）[3]。これらの条件下で最適立地が産出水準から独立であることを保証するためには、

3.　p.237〜238

数量についての輸送費率の弾力性が一定かつ共通であることと、限界輸送費用と限界生産物の比率が両方の投入物について等しいことの両方が必要であり、その結果投入物および産出物の各々について相対的なトン-マイル総費用が一定に止まることになる（オブライエンおよびシエー　1989；オルスンおよびシエー　1990）。

　以上とやや異なるが関連のある論文の伝承は1次元の空間において立地-生産分析を展開することを試みた坂下（1967）の仕事を追うものである（マズア　1979；マイおよびシエー　1984；ローガンおよびシエー　1989；ボサート　1989）。これらのモデルの一般的結論は中間的な最適立地解は存在しないとするものである。しかしながら、エマーソン（1973）による二つの接近法を融合しようとした試みにも関わらず、1次元および2次元の新古典派的立地モデルは、坂下の結果が1次元空間の仮定に制約されているために（エマーソン　1973, ブラウン　1979）未だ何か異質のものとされている。

　これらの新古典派立地モデルすべてが達した一般的結論は企業の最適立地は生産関数が1次同次であるときのみ産出量より独立でありうるということである（ヒープス　1982）。ウェーバー3角形の最も単純な2次元の場合の結果に続いて、このような生産関数はまたn個（n＞2）の投入物を含む多角形空間の中の産出量より独立な最適立地問題への解をもたらす（エスワランほか　1981）[4]。この一般的な理論的結論の背後にある直観的説明は新古典派的な立地の理由づけの基礎となる仮定そのものに基づいている。企業の立地決定をそれが行う他のいかなる決定とも区別するために仮定される基本的項目は、投入物および産出物両方の輸送費用を評価される費用条件の中に組み込む必要があるという問題である。しかしながら、企業がひとたびすべての関連する空間的および非空間的費用条件に基づいて、一つの最適立地を選んだならば、産出物生産の水準が変化しても、投入物と産出物の輸送費用の間の関係が変化しない限り、企業がその立地を変更すべき理由はないであろう。1次同次である生産関

---

4. この条件は絶対に必要なものとはいえない。というのは多角形空間内の問題についてはホモセティック解がありうるかも知れないからである。

数の特異な性質は投入および産出の量的な関係は、産出物の任意の水準において変化しないということである。各々の投入物および産出物に対応する単位輸送費用が変化しないと仮定すれば、定義によって1次同次である生産関数においては各々の投入物および産出物の相対的な総輸送費用は変化しないことが意味されることになる。生産および輸送の両方について線形な新古典派の完全競争的世界では、もし資源賦存と市場点について歴史的に与えられ外生的に固定された立地が仮定されるならば、生産技術において生産関数を変えるような、あるいは輸送技術において資源および市場の立地への近接性に影響するような長期的変化がない限り企業の移動あるいは空間的産業配置の変化のいずれに対しても動機のあるはずがないということである。このような技術的変化を別にすれば、産業風景の絶えざる空間的進展は、従って、資源あるいは消費者への近接性においての不断の市場不完全性か、産業の興隆と衰退か、あるいは市場の不確実性のいずれかによって惹き起こされていると考えるしかない。

　完全に競争的な世界からの乖離は新古典派的立地理論へカッツ（1984）およびファンおよびマイ（1990）によって導入された。カッツ（1984）はウェーバー-モーゼス問題の中に不確実性を包含した。またファンおよびメイ（1990）は寡占的共謀の可能性を導入した。前者においては不確実性は市場立地を増大させるという結論が導かれ、一方後者ではそれは規模に関する収益逓減の場合にのみ実現しうるとされた。もし生産の大きさが少しでも規模に関する収益逓増に結びついているならば、共謀は企業をして市場から離れさせるであろう。しかしながら、これらの結論のいずれも関連するモデル特有の仮定に大きく依存しており、一般的な原理であると考えることはできない。これらの新古典派的生産-立地モデルについての一層の発展は、立地上の決定を投資決定と結合する試みを包含している（ウィットモア　1981）、そこでは収益および時間選好が課税のインパクトとともに扱われている（マーティニックおよびハーター 1985）。これらの現象はすべて純粋に競争的な経済では排除されているのであるが、近代の製造工業においてしばしば見られる相互依存的な独占あるいは寡占行動を示唆するものである。

情報と企業間相互依存のこの問題ははじめウェーバー的モデルは完全知識と共謀の両仮定が明示されない限り、観察される集積の存在を説明できないことによって提起された（パランダー　1935）。従来、すべての市場はありきたりのウェーバー平面上の点として扱われ、企業は需要条件を市場によって外生的に設定されたものとしていた。しかしながら消費者への配達市場価格が企業と消費者の間の配達距離に関連しているならば、産出物需要条件とその結果としての当該企業によって手当てされる市場の2次元空間範囲は同企業の生産および輸送費用のみならず、競争者となる他企業の相対的立地にも依存する。しかしながらスティーブンスおよびライデル（1966）が論じたように、空間的独占の存在は、非空間的独占力が需要の弾力性に反比例的に関連するとき、消費者が空間的に拡散することによって個別企業の観点からは需要はより弾力的になるというパラドックスを導く。従って空間的独占の存在を正当化するためには空間的および非空間的市場の間の関係が明示的に扱われなければならない。

　このような状況を分析する試みは、はじめホテリング（1929）、パランダー（1935）、レッシュ（1954）およびフーバー（1937,1945）の仕事によって展開された。このようなモデルへの現実の個別解は競争者の同時的あるいは逐次的決定作成の性格に関してわれわれが置く仮定に対してきわめて敏感である（ウェッバー　1982）[5]。例えば、ホテリング（1929）の完全に非弾力的な需要条件の下での1次元複占の分析は企業間競争は中心点での集積に結果することを示したが、のちにこのことは価格下限がなければ起りえないことが示された（アスプレモントほか　1979）。この問題は不連続性を除去しても（ガブゼビッツおよびティッセ　1986）、ある程度弾力性をもったより一般的な需要関数を導入しても解くことができない（マクロード　1985）。拡散した安定的市場均衡のみが可能性である（ダスダプタおよびマスキン　1986；イートンおよびリプシイ　1975）。その理由は、企業の相互依存に由来する不確実性は、立地が

5.　例えば、アンダーソンおよびネーベン（1990）、ウォン（1990）、ハミルトンほか（1989）、ノーマン（1989）、ベン－アキバほか（1989）、アンダーソン（1989）、スティーブンス（1985）を見よ。

価格問題であるのみならず価格もまた立地問題である故に安定的な均衡解を不可能にしてしまうからである。加えて、生産過程においてのいかなる不可分割性の存在も常に企業に新しい立地均衡を求める動機を与え、その結果競争条件の下では安定的な一般的立地均衡を達成するいかなる可能性も排除されるのである。

　このような研究の伝統からの広汎な結論は企業の立地政策は彼等の市場戦略、競争企業の市場戦略および輸送費用による価格嵩上げに反応しての消費者需要の性格と態様に関する情報の性格と水準に同時的に依存するということである（アイサード　1966；アイサードおよびスミス　1967）。しかしながら、きわめて制約的な場合（デブレトグロウ　1967）を除いては、このような形式的市場圏モデルは、企業が異なる産出物の全体を生産しており空間的市場の分け前が排他的市場圏においての独占的支配に関連しておらずむしろ一般的空間圏内での相対的な市場の分け前に関連しているような（ベックマン　1971）現実世界の状況を明示的に扱うことが出来ない。従って、このような形式的かつ明確に規定された市場圏モデルがどれだけ現実への近似でありうるかについてはなお疑問が残るのである。局地的な経済活動にきわめて敏感な小さい小売商店に関しては、ごく局地的空間規模においてこのようなモデルは分析上適切であるかもしれない。しかしながら、これらのモデルが近代的な製造工業の立地分析に分析上適切である空間規模がいかなるものであるかは、はるかに不明瞭である。多くの工業による価格政策が一国内のあらゆるところでの均一 c.i.f.[6] 配達価格を許容しているという事実は、輸送費用は無視できるほどの重要性しか持たないという事実と結びついて、次のことを意味する。すなわち再立地費用と利潤マージンの双方がきわめて小さいのでない限り、多種生産物の生産と市場の空間的なあいまいさの存在はこれらのモデルをしてその実証的説明力をかなり弱いものとしている。おそらくその例外はレッシュ型の完全競争的な農業市場分析か、競争的小売商店の立地へのごく限られた適用のみであろう。しかしなが

　6.　費用、保険、運賃（cost, insurance, freight）。

ら再立地の費用はしばしばきわめて高く、また寡占的および独占的市場の不確実性および空間的価格シグナルの地理的規定の欠如による情報のあいまいさと結びついてそれは何故競争が即時的かつ連続的な空間的調整を導かないかということの基本的理由を提示している。このことは産業の再立地は一般的には頻繁には起らずかつ企業の競争的環境の長期的変化に反応してのみ起るものであることを示唆する。これらの理由により、「行動的」諸モデル（サイモン　1952；ボーモル　1959；サイアートおよびマーチ　1963）が立地分析に組み込まれた（プレド　1967, 1969；ダニングの「折衷的」理論　1971；タウンロー　1971, 1972；ディケン　1977）。それは企業の全体的な決定作成過程をその組織的構造、その多様で相矛盾する目標、およびその情報獲得能力と関連させようとする試みである。しかしながら、実証的観点からすれば、以上のような展開はなお産業立地分析に対して何らの凝集された理論的費用方法論を提供するものではない。

　古典的および新古典的立地モデルの伝統は明確に規定された費用規準に対応しての最適化原理に基づいているけれども、そのような理論的問題は現実世界を最適化の過程として完全に叙述することを排除するものではない。アルキアン（1950）は観察と最適化理論の間の弱い方法論的関係という問題を、不確実性の条件の下での「事前の」適合的個別企業行動と「事後の」環境的適合過程の実証的観察を区別することによって解決した。もしわれわれが大規模の集計的企業行動を、例えば地域のレベルで観察するならば、上記の用語法によれば、不確実性の条件の下での競争的行動は、企業をしてある種の相互模倣に導くかもしれないけれども、最終的な結果はなお現存している。また発生して来る費用制約に依存し、その結果「事後の」観察は「事前の」未知の最適であったものを現わすであろう。しかしながら、アルキアンの結論は「閉じ込め」の問題に悩ませられる（デービット　1985；アーサー　1990；1994）というのは「事後の」最適が多時点的で広域の最適であるか局所的な最適であるかということは不可能だからである。その理由は過程は歴史的なものであるからである。すなわち、定義によって失われた市場はわれわれがすべての過去、現在、および

将来の情報を時間の1点に押し込めることはできないことを意味している、いい換えればわれわれは完全情報を持っていないのである。従って、現存の構造的慣性の中での現在および将来の現象の理論的および実証的分析の両方に関して、われわれは歴史的に導出された「事後の」最適を現在の広域的"最高最適"（optimum　optimorum）として扱わなければならず、それからのいかなる乖離も局所的最適であると性格づけなければならない。

　第1章で述べたことを想起するならば、個別企業の立地行動を支配すべき理論的条件を議論することの目的は、われわれをして観察される西欧流の企業間連繋の空間パターンが何故実現するのか。またそれらはJIT購入哲学と結びついたパターンとどのように関連しているかを説明できるようにするためである。しかしながら、既存の立地理論に関するわれわれの議論によっては、われわれはいかなる明快な予測もすることができない。何故なら、既存の立地理論は主として、伝統的な西欧の購入理論がそうであるように、配達価格の最小化の問題に基礎をおいているけれども、われわれはなお、空間的効果というものは主として輸送費用の役割によるものか情報費用のそれによるものかを考慮すべきか否かを決定しなければならないのである。その理由は、もし前者の場合にはJIT購入行動の採用の距離費用への効果を新古典派的枠組の中で、われわれが伝統的な西欧的購入連繋を論ずるのとほぼ同じやり方で議論することが原則的に可能であるからである。そうではなくて、もし近代的企業においては物理的な距離費用が情報獲得費用との比較において重要でないのならば、JIT購入の企業間空間連繋の長さへの可能な効果についてのいかなる議論も主として現存の情報環境をモデル化することについてのわれわれの能力に依存することになるが、それは既に見たとおり達成がきわめて困難な条件なのである。

　われわれの目的にとってアルキアンの結論は非常に重要である。その理由は、われわれは企業の購入行動は最適化すなわち配達価格の最小化の原理に基づいていると仮定することができるから、顕示された企業間空間行動の直接の観察は一般的に情報獲得費用と輸送距離費用の個別企業にとっての相対的重要性を示唆するはずであるからである。

2.2 産業の立地行動においての距離費用の実証的重要性の評価

2.2.1 情報費用

　前述の観察‐理論の観点からすれば、多くの集計的空間分析は伝統的に「成長拠点」（ペロー　1950）の概念と仮説として置かれた空間的集積の経済の間の関係に基づいてきた。後者は基本的には、各企業にとって、単位取引費用の水準は明らかに個別企業の市場行動にとって外生的であるが、集計的空間経済のパターンにとっては内部的であるという理論化であるが、その経済性は空間的産業集中の規模が増大するときには低下するとされるのである。ペローのシュンペーター的「成長拠点」概念は抽象的な経済空間に発している。彼の図式では、経済的エージェントは彼等が他の経済的エージェントとの間で持つ貨幣的関係の強さと程度によって規定され、これらの資金的連繋は異なる企業間の影響経路としてはたらくことになる。成長拠点仮説ではこれらの資金的連繋はその決定を通じて影響の強力な領分を持つ企業によって決定される主要な焦点を有利にする一定の極性を表示する。この貨幣的影響は情報アクセスに依存する。何故なら情報シグナルは価格シグナルであるからである。ブードビル（1966）はペローの「経済地質学的（geonomic）」空間概念に反対して、成長拠点概念を明示的に地理的、特に地域経済空間と結び付けた。この新しい空間的枠組では、情報的連繋は大きな主要革新的企業および産業に支配されるものとされ、空間の"磨擦"（ヘイグ　1926）の物理的および情報的両面での克服に必要な費用は貨幣的関係を一般的には拠点への地理的近接性を有利とする形に変えるものと見られている。空間的成長拠点のこの概念は、従って地理的距離は本当に単位生産費用の主要な決定要因であるという仮定に決定的に依存している。マーシャル（1925）が観察したように、空間的密集は、情報の溢出および専門家供給者および熟練労働プールの存在によって情報取引費用の減少を生じさせることができる。これらの効果はのちに部門内および部門間の違いによって局地化経済および都市化経済に分類された。フーバー（1937，1948）、

リヒテンベルク（1954）およびジェーコブス（1960）がそれに当る。われわれは産業の空間的集中を「産業の経済規模を増大させ特化の利益を達成するための一つの方法」であると見ることができる。それによって企業間の密接に結びついた活動を調和させる費用を減少させうる。他方「緊密な協同作業を行わなければならない補助的ないし補完的諸産業は互いの距離が離れていては決してうまく行かないのである」（スティグラー　1951，p.189）。フェイス・トゥ・フェイスの情報伝達が重要な場合、この意味での局地化は実際、情報の内部化の目的での統合の問題ではなく、企業がその諸活動を調和させるために立地点で垂直的統合を行うのとほとんど同じやり方で、人々の物理的移動の費用を減少させる方法として見ることができる（ウィリアムソン　1970）。しかしながらこのような理論化はなお、何故集積は、内部的な規模の経済を達成する単一の垂直的に統合された企業の存在によって規定されるとは限らないのかという疑問を残すのである。スティグラー（1951）はその理由を内部的および外部的取引費用は必ずしも常に等しいとは限らず、産出と集積の異なる水準は内部的および外部的に調整された活動の異なる水準によって規定されるからであると示唆している。外部的取引費用が場合によって異なることは、空間的密集が増大するにつれて起る局地的な労働および土地価格の変化によるものであり、このような都市化の経済の存在は、現実の生産技術が規模に関して収益一定であっても、企業にとっての総体的規模収益は非線形であろうことを含意する（ゴールドスタインおよびグロンベルク　1984）。

　他方ミルス（1980）は、集積の経済の過去明白とされた使益の大部分はその性格において純粋に統計的なものかも知れないと論じた。それは主として大数の法則の適用の結果であるというのである。異なる産業の状況においての不完全に相関した季節的、循環的および不規則な変動は空間的グルーピングの結果としてより高い雇用水準を導く結果になる。同時に、このことは誤った価格シグナルを導くであろう。すなわち結果される市場の失敗は最終的には混雑と上昇する産業費用によって明示されるのである。実際、現代の実証分析が一般的に示すところでは多くの場合製造工業の企業にとって利用可能な潜在的都市化

経済はそれ自体ますます乏しくなっており、ついには近代の産業集積はしばしば集積の純不経済に至りうるところまできている。その結果として観察される都市から農村へのシフト・パターンは、技術-空間関係の変化（フォザーギル、キトソンおよびムンク　1985；フォザーギルおよびグッジン　1982）、要素投入費用（タイラー、ムーア、およびローズ　1988）、通信技術の変化（ガーニックおよびレンショウ　1980）、生産物ライフサイクルの変化（ブラックレイ　1986）、および資本-労働関係の深化（マッセイ　1984；ストーパー　1988）などの要因により説明されてきた。

　ここで展望された産業的密集についての文献は一般に、主として情報の交換を可能にするための近接性の役割を強調している。しかしながら最近の電信に基礎を置く情報技術の広汎な出現は多くの場合についてこれらの議論の適用可能性に疑問を投げかけるものである。情報と価格シグナルを空間経済全体に瞬時に伝達しうるこの技術は地理的近接性と情報的近接性は互いにもはやバーノン（1966）がかつて叙述したような形での同義語ではないことを意味しているのである（ヘップワース　1986）。ギレスピーおよびヘップワース（1986）は公共的電話通信インフラストラクチャーの不均等な地域投資はある種の金融サービス部門の空間的分布と実績に影響するであろうと指摘している。しかしながら、この事例および日本で展開されつつあるような、いまだ試みられていない「知識センター」（カステルおよびホール　1994）の概念を離れて考えても、立地と無関係に通信できるこの能力は多くの近代製造工業の企業にとって、競争力の決定要因としての空間的近接性の重要性を完全に排除するもののように見える（ギルモア　1974）。これは、情報の交換と獲得について主としてフェイス・トゥ・フェイスに依存しているような産業の特殊化された場合を除いて、産業の密集は主として、歴史的に産業集中を経験した地域においてのより質の高いあるいは安い労働およびサービスの大きなプールの履歴効果（クルーグマン　1991a, b；カーリノ　1980）およびスピンオフする企業が創造されるための動機（チニッツ　1961）から起る経済性によって惹き起されるということを意味する。その結果は、製造工業内部での空間的密集の地域では、地方的な情

報交換はしばしばきわめて低位であるということである（マッカン　1995）。もし輸送費用もまた相対的に重要でないとすれば、財およびサービスの支出の形での地方的投入産出連繋の全体的な価値もまた、しばしばごく小さいであろう。われわれはここで輸送費用の重要性についての実証的解明に転じよう。

2.2.2　輸送費用

輸送費用という概念にはどこか不明確なところがある。それは一般的には生産点と消費点の間の財の移動に要する支出を意味するものとされている。しかしながら「・・・輸送費用部門の他の属性が重要である。スピード、信頼性、便利さ、梱包の問題、および輸送サービスを生産過程の中に統合することの可能性などである・・・」（チショルム　1971, p.213）。そしてこれらの定性的な要素もまた費用的な意味をも持っている。しかしながら、単純で標準的な移動費用定義を所与とすれば、輸送費用のミクロ経済的な費用成分としての重要性の経験的な証拠は輸送サービスへの支払い量を測定し、それが運搬距離に対応していかに変化するかを評価することによって取り出すことができる。ここでの問題は輸送費用は、「自己勘定」輸送サービスあるいは第三者運搬者に対してなされた相対的な実際の支払いによって測られるということである。自己勘定輸送サービスとは企業によって内部的に組織され、その企業の生産過程の中に含まれる財の移動をまかなう輸送サービスのことである。しかしながら、企業はしばしば自己の内部輸送サービスを組織化することよりもその輸送ニーズを運送企業へと外部下請けする。1974年のスコットランド投入産出表（スコットランド経済公報 No.22, 1981）よりの証拠によれば大多数の企業は通常外部への配達のための輸送費用のみ支払う。それの意味するところは、供給者企業は外向けのc.i.f価格づけを採用するので大多数の投入物は輸送費用こみの価格になっているということである。従って、明らかに特定の生産物の配達価格は一定の境界の中では（例えば一国内では）顧客の立地から独立になる。この価格づけの仕方は投入物配達の中の輸送費用成分を評価することをきわめて困難にする。何故ならそれは輸送費用成分を分離する理論的な f.o.b.(free on board)

価格づけ法を実証研究に応用することを困難にするからである。[7] ボサム（1980）は、f.o.b 価格づけは小さな競争企業群によって支配されている経済に最もふさわしいものであり、他方 c.i.f. 価格づけは企業が広告および生産物差別化に基礎をおく企業間競争をともないつつ、一つの立地点から国家市場全体に供給するといった状況により適していると指摘している。もし経済が大きな寡占企業によって性格づけられているならば、そのことの立地的な意味内容は、企業は、他の条件を一定として、潜在的輸送費用を最小化するであろうということである。しかし投入物への近接性は、それらが立地と関わりなく、どこでも同じ価格で入手しうるために、問題ではなくなる。

輸送費用の実証的重要性ははじめ、1961年のスコットランド議会へのテュートヒル報告の中で論じられた。それによれば企業の広汎なサンプルの63％は輸送費用は総売り上げの2％より小さいと報告している。輸送費用が費用成分として経験的に重要でないことのいっそうの証拠は1974年年次生産調査（ACOP）および購入調査により、また1974年スコットランド投入産出表（スコットランド経済年鑑 No.22, 1981, p.27）によって示されている。それらによれば、平均的に輸送費用は粗産出の2～2.5％、また粗付加価値（GVA）の6～6.5％程度ということである。ここでも数字の幅は広く、GVAの5から10％、粗産出の2から3％という結果になっている。SIC（1968年分類）VIIIの器具工業およびIX電気工業のいずれでも輸送費用の数字は粗産出の2％以下の記録となっている。輸送のACOP定義の弱点はそれが連合王国内の貨物移動のみに限られており、国外への搬出は除外されていることである。ある種の産業では後者は総輸送費用の大きな割合を占めており、そのため上記の数字は輸送費用の重要性をかなりの程度過小評価しているかも知れない。しかしながら、エドワーズ（1970）は、上述の制約はあるものの、輸送費用はなお対象とされた産業の売り上げのせいぜい約3.5％を計上するに過ぎないことを見出している。ここで売上げは総生産費用の近似として用いられている。一方、エドワーズは彼の発

---

7. f.o.b.価格づけは販売価格が輸送費用マークアップを含んでいない「作業前」価格づけと同じである。

見について、それが上記の数字が輸送費用の真の重要さを過小視しているかも知れないと二つの注意点を指摘している。第1にある産業の生産物の最終的な分配は通常流通交易によって実行されるがそれは1963年 ACOP では把握されていない。第2に輸送費用は財の外向きの動きの中で計算されている。しかしながら、販売の価値は財が売られる度ごとに包含されるので財の価値が最終統計の中に一度以上含まれるという形の二重計算が起るかもしれない。これら二つの理由により、エドワーズはよりよい測度は販売の価値マイナス購入に対する比率としての輸送費であろうと示唆しており、かつ「・・・この基準によれば、輸送費は製造工業その他の産業の純産出価値のほぼ7％を占める。これに流通交易によって負担される輸送費への考慮（それは現在推定しかできないのであるが）を加えれば、輸送費は生産と流通の総費用の少くとも9％に当るといってもよいであろう」（エドワーズ　1970 p.269）。

　輸送費の純産出の総価値に対する比率は産業間で大幅に異なるようである。エドワーズ（1970 p.271）が「中高位」階層と呼ぶ5～10％比率の産業は主として中間需要（例えば化学製品、金属、紙など）のための財を生産する産業である。ある種の産業は、しかしながらきわめて低い比率となっている。それらの中には MLH388事務機械、MLH351科学等器具、MLH363電信電話装置、SIC（1968年分類）Ⅷ器具工学およびⅨ電気工学—これらすべては2％以下の比率である。しかしながら輸送費の付加価値に対する比率といった比率を用いることにともなう分析上の困難は、定義によって、比率はある産業の付加価値の水準に依存するということである。高付加価値生産過程は、輸送費／純付加価値といった指標の相対輸送費成分を減少させる傾向がある。このことはまた平均運搬距離の差異による総輸送費の変動があいまいにされることを意味している。エドワーズ（1970, p.268）は運搬の長さは、企業が自己輸送サービスを用いるか、外注輸送サービスを用いるかについての主要な決定要因であることを見出した。より短い平均距離運搬は自己輸送サービスになる可能性が大きい。中距離および長距離運搬については、道路輸送車によって送られる貨物の56％、鉄道で送られる貨物の71％が100マイル以上の距離であり、製造業者の自己車輌

で送られるもののそれが12％であることと対比される。この距離要因は付加価値／輸送費比率において、トン当り生産費への輸送費比率とトン・マイル当りの費用とを異なる産業について比較することにより考慮に入れることができる。工学および電気財はどちらの基準によっても高費用産業であるとされる。しかし高付加価値成分は純付加価値のパーセントとしての輸送費の比率が低いことを意味する。同様に、化学製品および金属製品は低い生産物輸送費用を持つ。ただしそれらはより低い付加価値に対して測られている。われわれはここでも、これらの輸送費用比率は注意深く取り扱われなければならず、また輸送費用の重要性を推定するために用いられる比率は他の詳細事項、例えば生産の性質や生産物の性質を考慮しつつ理解されなければならないことを知るべきである。実証的研究は、一般的には輸送費用は産業費用の重要ならざる成分であることを示唆するのみならず、空間的な意味においてもこれらの費用の地域的変動もまた重要でないことを示している。エドワーズ（1975）は1963年 ACOP よりの追加データを分析して、輸送費用の地域間格差は製造工業部門の付加価値の2～3％に過ぎず、販売価値に対しては1％以下であることを発見した。PEIDA（1984）研究も同じような結論に達している。しかし同時に周辺地域は産業立地の意味ではきわめて不利な立場にあると考えられることを見出した。このパラドックスを解くための試みがいくつかなされている。

　a）もし平均利潤が低ければ、低輸送費用は限界利潤性に大きなインパクトを与える故に、決定作成においてなお重要な費用成分であるであろう。しかしながら、もし輸送費用が他の潜在的な立地要因、すなわち地価、家賃および公共料金、および地方の賃金水準などよりも小さければ、限界的費用要因としては輸送費用は第一義的なものではないであろう。

　b）エドワーズ（1975）が指摘するように、地域的輸送費用の低い絶対水準は、それのきわめて小さい地域間変動と結びつけても、「輸送費用が産業人にとって重要でないことを意味しない。第1に現在の諸発見は「事後的」状況、すなわち輸送費用が輸送費用を最小化しようとした企業による工場の立地および地域間交易等々に影響したあとの状況を示していることを認識しなければな

らない。従って地理的周辺性は大口委託貨物あるいはより効率的な配送システムを通じて輸送費用を減少させることへのいっそうの取組みを促すであろう。さらにいえば、「周辺立地は市場や生産が高輸送費用を持つ産業からシフトすることを意味しているのかも知れない。この仮説によって距離は関税障壁と同じようにはたらき、地域を輸入から保護し、地方産の生産物の販売を地方域内に集中させるという傾向を与える」（スコットランド経済広報 No.22,1981）。

c) 輸送費用は全体としてより広い流通費用の観点から見られなければならない。後者は広範な物材取扱いと貯蔵(それらはすべて物理的な搬送距離によって影響されるのであるが) を包含する。これらの意味で、ゴードン（1978）は輸送費用は総距離費用のせいぜい10～15％に過ぎないであろうと示唆した。一方物的流通マネージメントセンター（CPDM）の1983年搬送者流通費用調査は、輸送費用は総流通費用の約30％程度になることを見出した。他の流通費用成分は、貯蔵27％、在庫利子費用19％、事務費用24％等である。

d) 輸送費用は、ACOPに記録されるような輸送サービスへの直接の支払いというよりは、一般には投入物の価格形成において反映される。何故なら配達c.i.f.価値づけが投入物に関しては標準的だからである。PEIDA研究では「・・・周辺地域にある企業は中心地区の企業よりも投入物に対し通常より高い価格、あるいはより高い価格と配達料金の組合せを支払っている。しかしながら、投入物購入の地方的適応の程度および輸送料金の規模を考慮すれば、この面よりする企業にとっての費用格差は小さいものと思われる・・・」(PEIDA 1984 p.88)。さらに、彼の1963年ACOP資料の再評価においてチショルム（1971）は、輸送サービスへの総支出の1/2ほどは、本来地方的市場に供給する産業によるものであることを示唆した。従って、ある地域が周辺に位置していることによって地域間投入物価格におよぼされる輸送費用の増加は全体的な総地域輸送費用にごく小さい効果を与えるのみである。この効果は、総輸送費用の中の地方的地域内部分の比率は短距離搬送はトン‐マイル当りでは長距離搬送よりも高くつくという貨物輸送料金の構造の故により長距離の地域間搬送との相対である程度水増しされているであろうから、いっそう減少させられるであろう。

以上に概述された注意点にも拘わらず、ここで概観された諸研究のすべては、一般的にいって総輸送費用は、古典的立地理論にとって中心的なものであるけれども、実証的には企業が直面する全体的費用を説明する上で相対的にはきわめてわずかな意味しか持っていないことを示唆している。この理由によって、スローウェ（1981）は財の物理的移動にともなう費用について利用可能なすべての証拠は、他の費用成分との相対で、地域内および地域間の距離はいずれも連合王国の規模の国においては無視できるほどの経済的意味しか持たないことを示唆していると結論している。この結果として、ブラウン（1969 p.778）は次の結論に達した。「この分野においての考え方の趨勢は、輸送費用は大多数―そしてその数は増えつつある―の産業において相対的には重要ならざるものであること、訓練可能な労働の適切な供給（ある種の目的のためには、またある種の産業にとっては、すでに訓練された労働のそれ）が最高の重要性を持つこと、・・・顧客、供給者、下請け業者、同業者および種々の専門的サービスとの連絡の役割が大きくなっていること、および周辺の快適さが重要であること等の実感へと向かうものであった。最後の二つは立地決定を行う人々にとって特に重要である。」

2.2.3 展望

以上論じたところにより、古典派および新古典派立地理論においての輸送費用の強調は、今なお土地に根ざす重い原材料投入物に主として依存している産業、あるいはその生産物にとって輸送費用が相対的にきわめて重要な全体的産業費用成分であるような産業について産業立地および連繋-距離パターンを説明するためにのみ適当であるように見える。実際、この伝統の起源は輸送費用に大きく依存していた19世紀および20世紀初頭の産業の立地行動の観察によるものである。前章で採用されたわれわれの連繋アプローチの観点からすれば、この理論的な輸送費用の立地上の強調が分析上適切であるためには、要素価格が立地点によって大きく変化しない場合、あるいは企業の平均および限界生産力がきわめて低い場合を除いて、企業による生産物の価値／重量比率がきわめ

て低いということでなければならない。しかしながら、それ以外のより一般的な状況では企業は高い価値／重量比率の投入物を買い生産物を生産するのであり、そのとき輸送費用の産業立地決定要因としての重要性は地方的な生産要素価格変動の問題との対比では無視可能のように思われる（タイラーほか　1988；ポンフレ　1991）。実証的観点からすればこれはこの種のモデルには限られた分析視野しかないことを意味する。

　空間的な情報伝達費用も多くの現代製造企業にとって無視可能な費用である。しかしながら、情報の獲得はまったく異なる問題である。特定の活動が情報を獲得しかつ提供するとともに契約をまず成立させるために、多かれ少なかれ絶えざるフェイス・トゥ・フェイスの接触を必要とする場合には、そこで必要な事務処理はそれらの潜在的供給者および顧客企業が互いにごく近接して立地することを要求する。これは多くの競争的下請けおよびサービス活動にとって典型的な行動であり、この種の空間的行動の分析はしばしばゲーム理論的アプローチを導く（ラスミュッセン　1989）。この種の企業にとっては、他の潜在的な顧客への空間的近接性の欠如は大きな競争力喪失につながり、このことはけわしい機会費用勾配をともなう利潤性のきわめて狭い空間的マージンの形で明白となる。他方、かかるフェイス・トゥ・フェイス接触に依存しない企業が、きわめて低い価値／重量比率を持たない投入物を買い生産物を生産する場合には、そのような企業は輸送費用最小化立地を外れていることによって特に重大な影響を受けない。何故なら外れていることの機会費用はそれほど大きくないからである。このことはこれらの企業にとって利潤性の空間的マージンは大きな規模のものとなり、その勾配はごく小さいことを意味する。従って、例えばシリコンバレーの半導体企業（アルメダおよびコグート　1997）、あるいは小規模の競争的な短期下請け企業の場合のように、情報獲得活動が主として個人的なフェイス・トゥ・フェイス接触に依存している場合を別として、現代製造企業にとっての立地決定要因としての地域的距離の経済的重要性は多かれ少なかれ無視可能である。連合王国のように小さな国の場合は特にそうである。

2.3 結論および理論的研究項目の方向づけ

　産業立地は一般的にかなりの埋没費用をともなう。すなわちいったん企業がある立地を選択すると、それは高度の立地的慣性を具現する。この理由により、空間的産業パターンもまたかなりの程度の慣性を示し、一般的にはきわめて重大な費用変化に対応してのみ変化を現すことになる。このような慣性とともに、本章では広い範囲の現代企業にとって空間を克服するための費用は、あらゆる立地決定で認識されなければならない他の費用との比較において、無視可能であるということが示された。

　輸送費用の観点からすれば、産業立地への現存の理論的アプローチは伝統的な西欧的購入アプローチから JIT 哲学への変換は現代企業の空間的購入あるいは立地行動に対し、いかなる重要なインパクトを与えるものではない。その例外は供給者への空間的近接性が、その産業内の企業にとっての利潤性の空間的マージンの程度に示される形で企業にとってすでにきわめて重要であるような場合である。その理由は企業によって購入される投入物の一回当り平均配達サイズの減少と、それにともなうこれらの投入物の配達頻度の増加は、現代企業が直面する他の主要な産業費用成分との相対での輸送費用の全体的重要性に対していかなる意味でも、ほとんどあるいはまったく差異をもたらさないようである。その理由は配達価格の輸送費用分マークアップの水準および偏弾力性のいずれも生産物の供給点価格との関係ではきわめて小さいからである。ただし企業によって購入される、あるいは生産される生産物の価値／重量比率がきわめて低く、企業とそれへの供給者の間の地理的統合がすでに最も重要な立地要因である場合は別である。換言すれば、輸送費用の重要性に関する新古典派的立地仮定が明らかに、企業が立地に関する決定作成の基盤とする主要な規準である場合には、JIT 購入技法の採用は空間的密集をいっそう促すかもしれない。他方、そうでない場合には、このような JIT 局地化経済の発展が情報獲得という理由以外のことで促されるべきであるということに理論的理由はないように

見える。

　立地が企業の情報獲得および提供能力の一つの重要な決定要因であるような企業のタイプについても既に述べられている。しかしながら、われわれが第1章で見たように、ジャスト・イン・タイム購入法の基本的な教義の一つはいかなる連続的で競争的な下請け提供契約も行わないということである。それに代えて、継続的な生産情報の双方向的交換が許されるような長期的顧客-供給者間企業間契約が締結される。このことは、企業がひとたび特定の投入物を供給する特定の供給者を選んだならば、他のいかなる企業の立地もこの特定の購入関係に影響すべき理由はまったくないということを意味する。おそらく地方においての競争的下請けと結びついた都市化の経済を達成するための企業間の空間的密集を良しとする根拠は、従ってJIT購入政策が採用されるや否や消滅するのである。同じように、顧客と供給者の間の空間的近接性は、局地化された情報利益の故にJIT的企業間購入連繋が設定される可能性を増加させるであろうことがしばしば示唆されている。そのことの理由は、かかるJIT購入連繋の初期の展開と引き続く発展は、生産、購入、および企業間配達業務を伝統的なものからジャスト・イン・タイム原理に再編成することから生ずる諸問題を克服するために両方の企業からの顧問格の技術職員が頻繁に「現場において」交流することを必要とするからであるとされる。もしJIT操業の初期の立ち上げが事実そのような技術的問題を抱えていたならば、すべてのJIT購入連繋は、フェイス・トゥ・フェイス接触の必要とされる水準を維持することが出来るのに十分なほど小さい、同様の空間的規模において行われるであろう。しかしながら、企業が世界的規模において、きわめて複雑な加工品の生産と交易を含む伝統的な購入政策を実行することが可能であるとして、二つの疑問が生じる。第1に何故JIT購入関係は初期の、および引き続く企業間フェイス・トゥ・フェイス接触を、従って空間的近接性を必要とするのか、第2にこのような近接性はどれほどの空間的規模において規定されるべきか。産業職員の時間費用を含む旅行費用は貨物運賃費用との比較においてさえ重要なものではないという事実は、JIT購入政策の採用にともなうかかるフェイス・トゥ・フェイス接触の

必要が、一般的な企業間連繋は空間的には連合王国の大きさほどの一国内に限られるべきであることを意味すべきとする理由は存在しないことを示唆する。他方、ある供給企業は他の供給企業よりも、大きな技術的調整の問題に直面するということもあり得よう。もし顧客企業がどこか別のところにこれらの問題に直面しない交代的供給者を見出すことができないのであれば、そのような場合には、これらの問題の克服がかなりの程度フェイス・トゥ・フェイス接触によって助けられるのであれば、JIT購入連繋の特定された地方的展開は、最大級の技術的調整問題を含むこれら特定の企業間関係に集中されるであろう。しかし、個別企業が直面する技術的調整問題は必ずしも生産される生産物の価値あるいは産出量生産の数量に関連していないから、これらの問題は定性的なものである。これが意味するところはもしわれわれがこの特定の情報仮説を地方的JIT購入連繋の展開の可能な論拠として受け入れるならば、現存の立地理論はこの現象をモデル化することがいかにして可能かということに関して何の導きにもならないといわなければならない。

　JIT購入政策が顧客と供給企業との間の空間的近接性を促すべきであるという理由が、それは継続的かつ競争的な情報の獲得と伝達という理由、あるいは少数の事例を除いて輸送費用最小化という理由のいずれについても、理論的にはいっさい論拠がないということになれば、われわれは理論的袋小路に入ったように見える。現存の立地理論は、JIT連繋の性格あるいは発展を費用、価格、価値および数量の標準的な経済的パラメーターを用いて空間的距離の枠組の中で理論的に議論するしかたをさし示すことができない。その結果それはジャスト・イン・タイム購入政策を採用することの空間的インパクトの、伝統的な西欧購入連繋に対しての比較を提出することが不可能のように見える。何故なら立地理論およびミクロ経済理論一般によって用いられる標準的な分析の枠組みはこのような比較に適切であるとは思われないからである。その理由は現存の立地理論は伝統的な購入理論と同じ線に沿って展開されており、明らかに基本的に異なる原理に基づいている購入システムを説明することはいかにも不可能と思われるからである。このことはこのような問題のいかなる議論もおそらく

第 2 章　理論としての企業立地　45

行動論的あるいは組織論的枠組みの中でのみ行われうることを示唆しているように思われる。これは実際手に入る文献の中で今まで起ってきたころであり、不幸にしてこれらの方法論の多くに固有の一貫した分析的枠組みの欠如ということが序章に述べたごとくこのトピックについての多くの相矛盾する見解を導いてしまった。

　この問題を迂回する一つの可能な方法は、ポッパー流の考え方に沿って、少なくともいくつかの可能な理論的シナリオを排除することを可能にするために直接的観察に頼ることである。われわれが既に見たように一つの理論的立場は、JIT購入関係の採用と結びついたいかなる潜在的な技術的調整問題もそのような企業間連繋は十分なフェイス・トゥ・フェイス企業間接触を可能にするために必らず空間的に制約されることを意味するであろうということである。しかしながら、1988年間に詳細な現場でのインタビューが本研究の目的に特定して英国の異なる地方に立地している34の異種製造業企業内の上級生産および購入管理人員に対して実施された。これらの企業の規模は従業員150人から13,500人の範囲であった。これらの企業のすべてはJIT企業間購入連繋の初期の設立と引き続く発展の両方に積極的に取り組んでいた。その上、これらの特定の連繋は全国内に立地している企業間に止まらず、連合王国内に立地している企業と他の国々の企業との間にもおよんでいた。各々の供給者が顧客に対し必要な要請された最低品質基準のみならず製品配達の適時性をも保証しうる限り、企業はしばしばきわめて長距離にわたって、例えば日本からの供給まで含めて、JIT購入関係を結ぶ用意があった。ただし通常の最小配達価格基準が、生産物品質および配達の適時性の要請された基準を同じように保証しうる他の供給者との関連において充足される限りにおいてである。これらの観察は、従って、かかるJIT購入関係はフェイス・トゥ・フェイス接触の理由によって、一般的には空間的に地域規模に限定されるであろうという考え方の誤りを証明するものである。要請される投入物の品質と配達基準が満たされる限り、企業間連繋の長さという問題は、伝統的な西欧的購入技術の場合そうであったのとまったく同様に生産物の配達価格の全体的問題の部分を別として、購入あるいは立地

の決定作成基準そのものとしては明らかに重要性を持たないのである。従って、もし購入連繋が、ここでも顧客企業によって規定される最低品質と配達規準が満たされるという問題に従いつつ、なお投入物の最小配達価格の観点によって主として決定されるのであれば、伝統的な西欧的購入哲学からJIT購入哲学への変化は、投入物の供給点価格と輸送技術が変化しないと仮定すれば、企業購入連繋の長さおよびパターンにまったく何のインパクトも与えないということになるであろう。しかしながら、重要なことはインタビューされた諸会社はそれでもなお可能な限り地方的な供給機会を発展させることを積極的に求めていたのである。本書の主張は、企業にとって、情報の獲得と交換という理由によって、それへの供給者への地域的空間近接性を持つことは基本的には必要ではないという事実にも関わらず、また企業はなお、最低の要請された品質と配達サービスを達成するという条件の下で、最低の配達価格生産物を提供しうる企業から買うであろうという事実にも関わらず、伝統的な西欧購入からJIT購入哲学への変化は、他の事情を一定として、一般的には企業をしてそれらの投入の空間的連繋の長さを減じさせるということである。輸送技術がいっさい変化しなかったと仮定すれば、これは輸送費用が生産物の価値のきわめて小さい部分に過ぎない場合でさえそうなるであろう。その理由は、表面上顧客企業の購入規準はおそらくより高い最低投入物品質基準を要求する以外は事実まったく変化しないけれども、より頻繁な投入物配達を要求する購入政策のこの変化はそれ自身、遠い供給企業は、それの供給点価格が他の競争供給者のどれよりもなお低いとしても、その投入物についてより地方的な競争供給者と比べて常により低い配達価格を達成することがもはやできなくなるからである。何故ならば輸送費用は、現代企業が空間的連繋の長さに直接依存する唯一の産業費用成分ではないし、配達価格マージンを論ずる場合、それらの他の費用成分との間の相互作用を考慮に入れることも必要だからである。第3章において、このような費用の相互作用の手がかりとなるのは投入物あるいは産出物の配達頻度であり、かつJIT購入の場合には、投入物の配達頻度の変化はきわめて重要な全体的空間取引費用の増加を導き、それはそれ自身企業間購入の空間的連繋の長さの短

縮を導くということが示される。現存の立地および連繋理論は、それが配達頻度の変化の問題を論じはじめることもできないので、このような行動のいかなるものも説明することができない。しかしながら、より重要なことはJITは単にすべての企業が直面する空間費用の相互的関連性のより一般的な連続体のひとつの極端な事例であるに過ぎないが、それは伝統的な立地および連繋理論では見落とされてきたものであるという事実である。これらの特定の状況下で空間的問題を論ずるためには、従って立地理論一般を、新しく再定式化された理論的方法をJITの採用と関連するあらゆる可能なインパクトを分析するために用いうるように、再規定かつ再展開することが必要である。われわれは現存の理論は無価値なものではなく、個別企業のレベルにおいて距離、費用および技術的変化を分析するための新しいより適切な理論的方法が現存の立地および生産モデルを再モデル化することによって展開可能であるということを知るであろう。新しい連繋モデルは、慣習的な代替関数を技術的生産関数と融合させた数量および価値生産関数に基づくものであり、それは次に明示的に空間的次元の中に置かれる。明らかにされる基本的問題は、現代企業が直面する、連繋空間距離に直接関連する全体的産業費用は、現存のデータで示唆されるものよりはるかに広汎なものであること、およびこのことが、産業の盛衰を決定するについての、輸送費用の実証的な非重要性と立地の中枢理論においての重要性の間の明らかな矛盾のみならず、JITが何らかの空間的インパクトを持つか否かについてのあいまいさをも説明するということである。次の章は輸送費用立地問題の理論的に誤った定式化が、これらの理論と実証の間の明白な不整合性の原因であること、およびこの矛盾は首尾一貫した形で解決しうることを提示するであろう。最後に、このモデルはJIT的産業技術の適用の立地理論的意味内容を分析するために用いられるであろう。

　第3章において、われわれは企業により購入消費される投入物の重量と生産される産出物の重量の間の関係として、レオンチェフ的投入-産出生産関数を仮定する。何故ならば、現実においては企業は購入される投入物に対する需要を時間期間当りに生産される産出物の期待量の線形派生需要関数によって計算

するからである。この制約はわれわれが到達する潜在的な立地-生産に関する結論の内容の豊富さを狭めると論ずることもできよう。しかしながら、この古典的接近法を採ることによってわれわれは、同じ財を同じ技術によって生産し続け、その立地を財の積出しの頻度においての変化に反応してのみ調整する企業の立地-生産行動を比較することができる。第2に既に述べられた立地-代替パラダイムそのものはそのようなモデルが立地-生産問題の基礎として採用されたならば識別の問題を生じさせる。この点は以下の附録で論じられる。

付録2.1：新古典派立地理論の意義およびそれの応用研究の基礎としての有用性に関するノート

最近刊行のペーパーズ・イン・リージョナル サイエンス誌第73巻（1）およびインターナショナル・リージョナル・サイエンス・レビュー誌第17巻（3）はともに、地域科学の理論的発展とそれらの理論的洞察の多くの実際的有用性の間に拡がっているギャップを示唆する一群の論文を掲載している。そこでは土地利用計画者および政策決定者はしばしば、多くの理論モデルを行動の適切な方向を設計するための基礎として用いることができないということが論じられている。このことの一つの理由は、あるモデルの方法論的構成と特定の現実世界の空間的問題の実際の文脈を調和させることがしばしばきわめて困難なことにある。従って、ある場合には一つのモデルが、特定の応用例によって政策解明のための適切な発見的用具であるか否かを決定することが容易でないということがありうる。ビッカーマン（1994, p.35）が指摘するように「・・・私は変化の過程について沢山のことを明らかにする理論的モデルを書き上げることができる・・・しかし必要とされるのは注意深い解説者なのである。」本節では地域経済学全体とりわけ企業の立地論について基本的な、よく知られた理論的モデルの場合においてこのような教育方法上の問題が存在することを示したい。

すべての立地問題の基礎にあるのは、投入‐産出生産の階層構造の性格と安定性に関する潜在的疑問である。従って、現実世界の文脈を論ずる時には、こ

のような潜在的仮定はモデルが有用でありうる程度を評価するために徹底的に明示化されなければならない。その理由は新古典派の立地モデルにおいてはすべての生産要素および購入された投入物の代替可能性の特性は正確に同様なものとして扱われているが古典派のモデルではそうではないことにある。前者の接近法は識別の問題を導く。何故ならば現実世界の応用例の文脈においてあいまいさのない立地上の結論を導出するためには相互代替の意味内容について(a)生産要素、すなわち土地、労働および資本（それは機械、建築物、およびエネルギーのような資本サービスを含む）間の代替であるか、(b)購入された商品投入物の間のそれであるか、および (c)生産要素と購入された商品投入物の間のそれであるか、を明確に区別することがなお必要であるからである。多くの応用された現実世界の事例では、実は古典派立地モデルの方が新古典派立地モデルよりも用いられるべきより適切な発見的用具なのである。

　ここでのわれわれの目的からすれば、当面指摘することが必要なことは、新古典派モデルが実行可能であるためには、二つの条件が必ず満たされなければならないということである。第1の条件は、ウェーバー-モーゼスの枠組の中で、m_1 と m_2 の関係を表す等量曲線が必ずしもスムーズでないとしても、それは原点に対して凸でなければならないということである。第2の条件は、産出物 m_3 は m_1 と m_2 のただ一つ以上の組合せによって生産しうるのでなければならないということである。これら二つの条件が成立するかぎり、モデルは有用な分析用具として役立ちうる。

　古典的立地接近法の理論的結論が新古典派立地モデルのそれらと基本的に異なる重要な問題群がある。それは企業Kの最適立地がいかに投入物の供給点価格 c_1 および c_2 の値の相対的変化および投入物の輸送費率 t_1 および t_2 の変化によって影響されるかということである。古典的な立地接近法では、原材料の相対価格は企業の最適立地に影響しない。一方、一つの投入物の輸送費率の相対的低下は企業の最適立地が、あいまいさなしにその投入物から遠ざかり他の投入物の方へ動くということを意味する。他方新古典派的立地接近法では、c_1, c_2 および t_1, t_2 の値の相対的変化に対応しての企業最適立地の変化は、企業の

生産関数の性格のみならず、搬送重量および搬送距離に関しての輸送費率の構造にも依存する。その理由は任意の立地において投入物の配達価格が c_1, c_2 および t_1, t_2 の変化によって変更されるならば、企業は投入物の最適消費を相対的により安い財を多用する方向に調節するからである。この新古典派的代替効果は、上述の古典派的吸引とは逆方向に働き、実際に結果する最適立地はこの二つの反対方向の働きの相対的重要性に依存する。多くの場合、投入原材料の供給点価格の変化あるいはこれらの投入財を輸送する費用の変化の理論的な立地インパクトはこの二つのパラダイムのどちらが採用されるかに依存して違ってくる。

　これらの異なる構成法よりくる立地行動の差異はそれ自身の権利において興味深い理論的問題である。しかしながら、このような結果を一定の地域あるいは都市政策発議の企業行動へのありえそうな現実世界の立地インパクトを考えるための可能な基礎として解釈する場合には、このような方法論的差異は重大である。例えば、計画者は企業をして第2.1図の M_1 立地点付近の地域へと動かすよう働きかけることを望むであろう。そのとき、彼が直面する問題は、産業的土地補助金あるいは輸送インフラへの投資戦略が望まれる結果を最も良く産み出すかどうかを決定することである。もし産業立地分析が分析の一つの基礎として選ばれたならば、一地域の中の M_1 にある生産者への産業的土地補助金の適用は c_1 の c_2 に対する相対価格を変更するものとして考えられる。M_1 の地域の新しい輸送インフラへの投資は t_1 の t_2 に対する値を減少させるものと考えられ、最終的に他の企業の立地行動は K のそれにともなう行動によって規定される。これらの戦略のどちらが他の企業が M_1 に近く立地あるいは再立地することを促すかを期待できるかどうかは、われわれが古典的立地接近法をとるか新古典派的それをとるかに依存する。新古典派的接近法を用いるならば、われわれは、古典派の予想とは反対に、これらの戦略のいずれも、輸送費の構造および当該企業の生産関数に依存しつつ、多くの場合望まれた結果を産み出しうるであろう。この説明は、しかしながら、本当に注意深く扱われなければならない。その理由は、理論的新古典派立地モデルが現実世界の空間で観察さ

れた現象に関してそもそも何かをわれわれに教えることができるかの程度について、一つの基本的な哲学的問題があるからである。このことについては詳細な説明が必要である。

　企業は生産のための実在として規定できよう。企業は結合された生産要素の活動によって産出物を生産する。そして企業の非空間的理論においては、企業はそれが行うことによって定義される、すなわちそれが作り出すものによって定義される。これは個別の市場がそれによって定義される基準点（reference point）である。何故ならば、いかなる市場の「供給サイド」もすべての生産企業、あるいは生産しうる企業、当該財より構成されるからである。そして「需要サイド」はその特定財を消費することを望むすべての人々である。従って、われわれをして産出物の価格および数量、価格弾力性および市場構造を論ずることを可能にするのは生産された財の性質である。従って個別市場間の関係を規定するのは生産された生産物の性質である。何故ならば生産物の物的な特性がそれの補完財、代替財を決定するからである。そうであるから、ある企業が生産するものの変化は、企業が異なる市場へ移動したかどうかを規定する。同じように、企業が多くの異なる生産物を生産する場合には、生産される産出物の範囲および分布における変化は同じことを結果する。このことの理由は特定の財に対する市場は付加価値生産と消費の階層的連鎖の中の特定の結びつきであるに過ぎないからである。財市場の異質性は、その財が中間財か最終消費財かに関わりなく生産連鎖の異質性を含意する（ウィリアムソン　1975）。空間的経済理論はこの接近法を一歩進める。非空間的経済理論においては基本問題は何が一つの結合点で生産され消費されるかであるが、空間的経済理論に関しては二つの基本問題がある。何故ならそこにはもう一つ、この結合がどこで行われるかという同時的かつ追加的な問題があるからである[8]。これこそ立地理

---

8. 一般均衡分析へのアロー・デブリュー接近法においては、各市場内の物理的に同一の商品に関しては価格の均一性が成立する。しかしながら、このような商品が異なる場所で取引きされるときには物理的に同一の商品の間でも価格差は存在しうる。というわけで、異なる立地点で同時に取引きされる同一の商品は、異なる市場で交換される異なる財として扱われる。空間と時間は同じ方法で扱われるのである。

論が答えようと試みている二重の問題である。

　この二重の問題に答えるためには問題を規定する分析上の基準点からはじめることが重要である。非空間的経済学においてはこの基準点は取引きされる財の性質であるのに対して、空間的経済学においては基準点は取引きされる財の性質であるか、あるいは連繫が起りうる空間の点であるかである。前者の接近法の例は2次元空間においての新古典派およびウェーバー立地理論のそれである。この場合、分析上の基準点は企業 K によって生産された、あるいは生産されるべき生産物の性質である。これがどの投入物供給点 M_1 および M_2 が、またどの産出物の消費点 M_3 が問題の構成の中に含まれうるかを規定するものである。このときこれらの点が現実の空間内のどこに存在するかは無関係なことである。というのはそうでなくとも分析上の手続きは企業の最適立地の問題を解くことができるからである。理論的空間問題が経済的意味を持つために必要なことのすべては、点 M_1 および M_2 が生産連鎖において K のすぐ下に位置すると規定され、また点 M_3 が K のすぐ上にあると規定されることだけである。M_1 と M_2 は財 M_3 を生産することができないと仮定すれば、M_1, M_2 と M_3 との間には何の直接の連繫も存在しない。そうであれば、企業 K なしでは M_3 において財 m_3 への市場は成立しない。従って企業 K の存在理由はまさにそれが二つの中間市場—すなわち M_1 および M_2 と K の間に財 m_1 および m_2 のための市場を、さらに K と M_3 の間に m_3 のための市場—を設定することにより M_3 において欠けていた市場を埋めることにある。K の存在は空間内のこの特定の消費連鎖を完結させ、K の最適立地を見出す問題は、従って、特定の生産物連鎖を設定するのみならず、それの空間内配置を調節することによってその効率性を最大化する問題なのである。

　後者の接近法の1例は、われわれが空間的立地を分析上の基準点とし、それからその空間的に立地した企業が生産するものが変化したときの効果を論じる場合である。この接近法は、特定の地域はどの財の生産に特化すべきかという交易理論の問題への立地理論の対応物である。換言すれば、このときわれわれは部門間の要素可動性を仮定するが地理的地域間では要素非可動性を仮定して

いるのである。次にわれわれは地方的要素投入の費用と生産物市場価格についての情報を各々の特定の生産物に関する市場および競争企業の立地についての情報と結合する。空間が分析上の基準点であり、生産物の階層関係が特定の空間的配置の効率性を最大化するように選択される。この特定の場合では、われわれは異なる潜在的な生産体系、すなわち異なる潜在的市場および階層的な生産および消費の連鎖を分析するけれども、われわれがなお同一の企業について論じていることを知っている理由は企業は特定の生産物階層においてではなく空間の中に位置しているものとして規定されてきているからである。

　空間経済分析においては、これらの基礎的問題、"何を"か"何処で"かの恒常的存在が、なぜ観察される現象が生ずるかを説明するモデルの構築のためには常に必要であり、新古典派的立地理論にともなう哲学的問題はこの分析上の基準点の基本的要請が満たされていないということである。そのモデルはそれ自身の仮定によって矛盾してくる、というのはそのモデルは数学的には完全に成立するが、現実世界の経済的意味はほとんどないということである。問題の中心は新古典派理論においての生産関数の定義にある。

　モーゼスの原論文では、M_1 および M_2 においての投入物の相対供給点価格の変化は消費される各投入の比率の変化と同時に企業立地の一投入物供給点へ向けての、また他の投入物供給点より遠ざかる変化を誘発する。同様に、企業がその産出物への需要の拡大に対応して投入物のより大きな量を購入するとき、もし生産関数において、一定の投入物供給点価格の下で m_1 と m_2 の間の最適関係が変化するならば、同じことが起る。しかしこの定式化の背後にある潜在的な仮定は消費される投入物 m_1 および m_2 の相対比率を変化させても M_3 で販売される生産物の性質は変化しないということである。物的な財の生産の場合には、この仮定は一般原理としてはまったく非現実的である。

　物的生産物はそれらの物的構成と特性、すなわち容積、重量、形状および物質内容によって規定される。こういった特性の特定の組合せが、特定の生産物を他の生産物から区別するのであり、財の価格とはこの特定の組合せの特性および特質の単位重量に対して消費者が与える価値なのである。ある生産物は、

他の生産物と正確に同じ比率で物質的内容を持つが、その形はまったく違っているかも知れない。そのときこれらの二つの生産物の各々は異なる特性の束を持っていることになる。同様に一つの生産物の形と外見は他の生産物のそれと同じであるけれども、もしそれらが異なる原材料から、あるいは同じ原材料の異なる組合せから作られているならば、それらの物質的性質、すなわち耐久性、強度、信頼性などは異なるであろう。短期的には生産物は他の生産物と同じであると偽わることができるかも知れないが、消費者が財の耐久性、強度および信頼性などの性質を見出すことがいつも不可能であるということでなければ、財の物的構成の変化は財そのものおよびそれにともなう効用規定上の特質を変化させるという結論は維持される（ランカスター 1966）。さらに、価格は消費される全体の量とともに変化するという事実もまたこの原理に影響しない。何故なら消費される数量はなお、一定の特性の集合を体現した特定の財の倍数であるからである。従って、消費者に関する限り、これらの特性や性質の差異は一財の市場条件を他財から区別して決定するものであり、その結果、特定の企業が生産する財の同じ特性および性質が企業にとっての潜在的供給者や消費者を決定するのである。その理由は財の定義が一企業がその時点で存在している価値付加と消費の階層を規定しているからである。特定の産出財の所与の量を、資本および労働の生産要素投入から区別されたものとしての代替可能な投入物から、産出財そのものを変化させることなく生産することは不可能である。ウェーバーの3角形で規定される単純な2投入物-1産出物のモデルにおいて、企業の立地および企業によって消費される購入投入物の相対比率の双方の同時的変化は企業の立地およびそれが生産する生産物の<u>両方とも</u>変化したことを意味する。さらに、立地においてのすべての側道的変化、すなち相対的に一つの投入物供給点へと近づき他のそれから遠ざかるという動きは生産される生産物の変化をともなうのであり、また生産物の変化は立地の変化をともなうのである。一方は他方をともなわずには決して起らない。

　これらの条件の下では、われわれはいかにして、空間点 M_1 および M_2 と M_3 がなお、企業 K がその中にあり、それに対してわれわれが空間的次元を測定

する価値付加と消費の階層的連鎖の中において、すぐ前の先行点でありまたすぐ後の後発点であると知るのであろうか。簡単な答えはわれわれは知らないということである。物的な財は本質的に質的性格を持っており、物的な財を純粋に重量あるいは容量のような数量的単位によって規定することは、何が生産されたかを示すわれわれの能力を失わせてしまう。もしわれわれが何が生産されたかを示すことができなければ、われわれは市場についても階層についても論じられなくなる。そこにはあまりに多くの変数があり、設定されたモデルは、われわれが特定の生産物を生産する特定のタイプの企業が生産要素の場合と同じ可変比率特性を示さないことを観察するのは何故かを議論するためのものとしては非常に脆弱なものになってしまう。労働投入と資本財の間の関係の生産上の能力、あるいは消費財の効用規定的性質を議論するときの連続的あるいはさらに偏代替の仮定についての逓減的限界収益による哲学的正当化は購入に適用されたときには要するに成立しない。このことの理由は生産能力および消費者効用は抽象財である一方、購入財は異質的な物的財であるからである。抽象財のみが本質的に数量的次元を持ち、質的次元は行われる行動の性質をも特定することによってのみこのような財に与えることができる。製造業に関しては、企業によってどの特定の財が生産されるかを見分けることによってこれは規定される[9]。

<u>可能なモデル擁護論</u>：応用分析に関する限り、この哲学的問題はわれわれに真の方法論的問題を提起する。地域計画者は、われわれが現実には M_3 に居る消費者は、K が二つの立地点 M_1 および M_2 の間で動いたとしても K によって生産される財の物的内容に対して無差別である、と明確に仮定しうるのでなければ、新古典派モデルを発見的な手段としても用いることができないであろう。従って、どのような場合にこのような接近法が適切な分析用具であるかを決定するためにはこのような状態が本当に成立する、あるいは少なくともそれが現

---

9. 同様の理由付けを規模に対する収益の問題にも適用することができる。章末注を見よ。

実への密接な近似であるような状況を認識することが必要である。モデルを観察して、モデルが応用上の意味で適用可能であるとしうる状況を示唆するいくつかのやり方がある。われわれは順次そのような擁護論を検討しよう。

（1）モデルの現実世界問題への適用可能性を擁護するための第1の方法は、定義された連続的さらには偏の意味での m_1 の m_2 に対する代替可能性、およびその結果としての M_1 および M_2 を可能な投入物供給点として選ぶことの正当化は、M_3 に居る消費者は m_3 が m_1 および m_2 によって成立している限り、m_3 の実際の物的構成に関しては完全に無差別であるためであるということである。この条件の下では、M_3 の消費者は財 m_3 に対してそれの m_1 および m_2 による構成に関わらずなお価格 c_3 を支払うであろう。換言すれば、m_1 と m_2 の異なる混合が同じ財と見做しうるか否かを決めるのは消費者なのである。この意味では産出財の同質性は企業の生産技術に依存するのではなく、むしろ消費者の選好に依存するのである。従って、現実世界への適用の意味で新古典派の立地モデルは一般的にこの条件が成立する状況では一つの分析用具として用いることができる。従って、明らかにわれわれに残されたことはこの状況を認識するということである。しかしながら、モデルのこの第1擁護論には五つの問題が存在する。

（ⅰ）われわれが既に見たように、新古典派立地パラダイムのすべては等生産量曲線の凸性の仮定に依存している。さらにこのことは、もしわれわれが購買物間の連続的というより、単に制限的な代替可能性のみ認める場合にも適用される。しかし、もし企業の最終財の同質性が企業の生産技術ではなく消費者の需要同質性の仮定によって決定されるのであれば、モデルを操作可能にするためには、一つの見えない仮定が必要となる。必要な見えない仮定とは、消費者が無差別に止まることを許す等生産量曲線もまた常に凸でなければならないということである。この仮定が潜在的ではなく明示的になされなければならないことの理由は、消費者の効用関数が正則（well-behaved）であるという仮定は、消費者が無差別に止まることを許す関連した生産関数もまた正則であることを意味しないからである。

この点は非常に重要である。何故ならばもし消費者が投入物の組合せの一定の範囲において単一財の物的構成に対して無差別であるならば、そのことは消費者に関する限り投入物それ自身は互いに完全な代替物であることを意味する。しかし完全な代替物は、その限界代替率が値域上において一定である有限の選択集合を表す等生産量曲線によって定義される。この場合、新古典派的立地・代替のメカニズムは実現せずモデルは内点の立地解といったものを持たない。さらに、もし m_1 と m_2 が M_3 に居る顧客に関する限り完全な代替物であるならば、われわれはまた $m_3 = f_1(m_1)$ および $m_3 = f_2(m_2)$ と表すことができ、この条件の下ではわれわれが定義したような企業 K についても、設定された立地問題についてもそれらの存在の根拠がない。従って、新古典派的立地パラダイムのすべては必ずこの新しい仮定、すなわち消費者が無差別に止まることを許す等生産量曲線もまた常に凸であるという仮定に基づかなければならない。しかし、この仮定についての問題は、この仮定についてはわずかな現実世界の場合を除いては、この仮定を理論的にあるいは実証的に正当化するものは何もないということである。以下の（ⅲ）において見るように、大部分の場合においてこのような仮定は要するに維持できないし、現実世界の現象の記述としては、新古典派立地モデルは古典派立地モデルよりもはるかに制約された分析用具である、と論ずることができる。

（ⅱ）モデルの第1擁護論の正当化を試みるための第2の接近法は、等生産量曲線に沿っての動きが「小さい」限り、新古典派的立地‐代替メカニズムモデルは現実世界の現象をある程度説明しうると示唆することである。このように論ずることの理由は、もしある財の投入物組合せがごくわずかのみ変化するのであれば、われわれは現実には消費者は財の物的内容に関して完全に無差別であると仮定することができるからである。しかしながら、これはなおわれわれに（ⅰ）で概説された問題：消費者が産出物の物的構成に関して無差別であることを確実にする等生産量曲線上の許された動きとは、正確にどれだけの"小ささ"であるかという問題を残すのである。多くの応用された現実世界の場合では仮定された新古典派生産関数が実際レオンチェフ関数から本当に違ってい

るかどうかを決定するのは非常に困難となる。さらに、もしわれわれが本当に等生産量曲線に沿っての小さな変化のみを扱うのであれば、何故それが少しでも立地上のインパクトを持つかを理解することもまた困難になる。いかなる立地上の変化を促すのも、等生産量曲線に沿っての大きな動きのみであると仮定する方がはるかにより合理的であるように見える。これら両方の理由によってしばしば新古典派的立地モデルが観察される現象の分析上の指針として古典派モデルよりもすぐれているという状況を決定することができないという同じ方法論的問題がわれわれに残されてしまうのである。

(ⅲ)(ⅰ)および(ⅱ)で概述された認識の方法論的問題を克服するためのモデルの第1擁護論を正当化する第3の可能な接近方は実証的な観察に頼ろうとする試みである。ここでの議論は産業の観察によれば、現実には、異なる投入物が種々の比率で組み合されて同じ最終生産物が生産される多くの生産過程が存在し、従って新古典派立地モデルが事実広汎な現象の本質を把えていることが示唆されるというものである。ここでの実例は化学工業、精錬および熔解のプロセスであり、そこでは投入物はその物的構成を変化させるために熱処理その他の処理を受ける。これはフーバーおよびジアラターニ(1985)、アイサード (1975, p.97〜96) およびハンターおよびマーティニッチ (1989) がとった観点である。フーバーおよびジアラターニ (1985) とアイサード (1975) は既存のモデルの一般的な適用可能性を製鋼工場の例をとって正当化しようと試みる。そこでは銑鉄あるいは屑鉄のいずれかが金属投入物として用いられる。この場合...「屑鉄が安いときには屑鉄の比率を高めかつ屑鉄をそれが相対的に安いと期待される立地点でより大きな比率で用いるように炉を設計することができる。<u>ほとんどすべて</u>[10]の製造業のプロセスにおいて、事実、投入物の相対費用の差に反応する少なくともある程度の余地が存在する。」(フーバーおよびジオラターニ 1985, p.32)。しかしながら、鋼鉄生産に用いられるこれら両投入物は多少形は異なるが基本的には同じ財であり、熔解の特定のプロセス

---

10 アンダーラインは本書の原著者による。

は投入物の形を変化させて産出物である鋼鉄を生産する。ハンターおよびマーティニッチ（1989）はボール紙製造の例を用いる。それはいくつかの異なる繊維投入物―木材片、紙屑あるいは屑ボール紙―の種々の組合せを消費してボール紙の特定タイプ―例えばミルク紙容器を生産する。もし鋼鉄あるいはボール紙の生産において消費される投入物それぞれの間の（連続的あるいは制限的な）代替可能性が凸な等生産量曲線で表現されうることが示されるならば、新古典派立地モデルは、そのような場合、実際有用な分析手段となるであろう。しかしこのような立地問題が新古典派的伝統の中で分析できることの理由は、投入物の物的構成は、正確に同じ最終生産物を生産するために生産プロセスによって変化するからである。従って消費者は生産の等生産量曲線が凸であったとしても m_3 に含まれる m_1 および m_2 の諸混合の間で無差別であることが確かである。消費者に関する限り、m_1 と m_2 は基本的に互いの完全代替物なのである。

　上記の二つの例は、しかしながら、製造業に一般的に適用できる代替原理を示唆しない。その理由は製造産業で消費される投入財の大部分は完成された成分財であるからである。これらの成分財は最終産出財を生産するために組み立てられ、後者は家計あるいは他の産業的消費者へ販売される。成分投入物の物的性質は製造プロセスにおいて変化させられず、そして消費される成分投入物の構成の変化は生産される産出財の物的性質を変化させる。消費者は彼がこのような変化をきちんと知覚することができないのでなければ、このような変化に対し無差別ではない。生産物差別化に基づく競争についての広汎な理論的関心は、家計および産業による生産物評価に関する研究の急増とともに、われわれが消費者は常に情報不足の状態にあるのではないかと仮定することを当然とする。従って、m_3 の生産に用いられる投入物 m_1 および m_2 の組合せを変更しても消費者が無差別であるという仮定は、鋼鉄や紙の生産の場合のように投入物が変換されても同じ財を生産しうる場合、あるいは投入物が実際互いの完全代替物である場合にのみ維持できるのである。後者の場合は、われわれが既に見たように、内点においての新古典派的立地解は存在しない。従って、われわれが新古典派立地モデルが実際産業生産プロセスの類型のための良好な分析手

段であると確信できる唯一の現実世界の場合は (a) 投入財のいずれもが,同質の産出生産物を生産するために変換され組み合される (b) 同時にその生産プロセスが広く凸な等生産量曲線を描く種々の投入物の組合せによって実行されることわれわれが知っている、ときのみなのである。これは上に述べられた鋼鉄および紙生産の例にうまく対応する。しかしそれは自動車あるいはコンピュータの特定のモデルのような明確に規定された生産物の生産には対応しない。またそれは多くの化学製品の生産にさえ対応しない。従って、フーバーおよびジアラターニ (1985)、アイサード (1975) およびハーターおよびマルティニッチ (1989) が新古典派立地モデルの分析上の接近法としての一般的適用可能性を示唆するために用いた観察に基づく実例のタイプは、実はそのような接近法が観察あるいは実証的データによって正当化されうる唯一の事例なのである。他方、古典派的理論モデル—そこでは投入財についてレオンチェフ関数を仮定するのであるが—は他のすべての事例において現実世界の観察された現象を論ずるための分析上の基礎として正当化できるのである。

(iv) 第1の擁護論を正当化する第4の可能な方法として、現実には二つあるいはそれ以上の異なる投入物（例えば化学製品）の相異なる組合せが正確に同じ産出生産物を生産する多数の場合があるであろうという示唆がありえよう。この場合われわれは m_1 および m_2 の可変的な比率を、企業 K が消費することのできる異なる投入物の異なる組合せの異なる重量を表すものとして扱うことができよう。しかしこのことは弧 IJ 上の可能な立地の各々について、企業は m_1 と m_2 の組合せの複数の組合せに直面することを意味する。立地と投入物組合せは同時的かつ一意的に決定されず、モデルは現実世界の観察を分析する上での手助けとしては不決定なものとなる。さらに、モデルは集計的な投入‐産出関係を反映するものと考えうるという議論に基づいた他のモデル擁護論もまたおなじように不決定的である。（章末注を見よ）

(v) モデル擁護の最後の方法は、ここで提起された方法論的および認識の問題は現実には基本的重要性を持たないと論ずることである。ここでの議論は大多数の現実世界の場合では産出生産物あるいは需要が m_1 と m_2 の混合を変

えることによって影響されないという仮定は維持できないとしても、そのように非現実的な仮定は必ずしも理論の弱点ではないとすることである。その理由はモデルが応用分析のための発見的基礎として用いられるような分析結果を生み出すためには、理論上の企業は現実にある企業の特性に直接的に基礎をおくものである必要はないということである。しかしながら、新古典派立地モデルの潜在的仮定をこのフリードマン（1953）的な手段主義者的（instrumentalist）接近法によって擁護することはできない（ブローグ　1992；カルドウェル　1982）。その理由は企業の非空間的定義によれば、完全に競争的な、あるいは独占的な企業という仮設的な構成概念は、<u>システム</u>全体があたかも各企業はそのようなミクロ経済的概念に対応するものであるかのように行動すると論じうる故に正当化できる。しかしながら、新古典派的立地理論においては、固定された投入物供給点および産出市場という理論的特定化はそのようなシステム的接近法を排除する、何故なら定義によってわれわれは価値連鎖を設定するからである（ポーター　1990）。これこそ、企業の立地と購入材の代替の間の、<u>凸</u><u>な</u>等生産量曲線に沿いつつ消費者需要の同質性の性質をみたすのに十分な、モーゼス型の関係が、（ⅲ）に述べられたわずわずかな事例を除いて、入手可能な実証的証拠をまったく欠いていることの理由である。

　方法論的および認識の問題は収入関数接近法を採用してもなお矯正できないことも容易に示しうる。

応用実証分析のための基礎としての新古典派立地‐生産モデルの適用可能性についての結論

　ウェーバー、アイサード、モーゼスの伝統の中で、ここでの議論は投入物m_1およびm_2は原材料投入財の組合せを表しており、生産要素の組合せ、あるいは生産要素と投入商品の組合せを表してはいないという明示的な仮定に基づいている[11]。この枠組みの中では、古典派および新古典派の<u>理論的</u>立地モデルの基礎にある方法論は、問題の企業によって生産される生産物の定義的な安定性、すなわち消費者選好についての同質性性質の潜在的仮定に本質的に依存す

る。これらの状況の下においてのみ企業がその中に存在する生産および消費の階層性もまた安定的であると仮定できる。しかしながら、われわれが財と企業が価値連鎖によって結びつけられていることが明らかな応用研究を考えるとき、多くの場合標準的な新古典派モデルを分析上の用具として用いることは困難になる。その理由は、最終消費者が財の物的組成に対し、使用される投入物の比率如何に関らず無差別であるとする仮定は最終消費者が投入物は互いに完全な代替物であると知覚していることを意味するからである。この仮定はあまりにも厳しく現実世界の技術的投入 - 産出生産階層構造の中では機能しえない。例外は投入物の物的性質が生産プロセスの中で変化して同一の産出物を生み出す場合のみである。しかしながら皮肉なことに、このように例外的な場合は何人かのきわめて有名な著者によって、モデルが現実においてより一般的に適用可能であることを示すための実例として用いられてきた。

　ここでの主張は新古典派立地モデルは教育的な目的には有用であるけれども、このようなモデルを応用的な意味で現実世界の現象を論ずるための分析的基礎として用いることには最大限の慎重さが必要であるということである。その理由は大多数の場合われわれは単純に消費者の需要同質性の仮定を満たす生産の等生産曲線が凸であると先験的に仮定することができないからである。他方、もし投入財に関する生産関数が古典派的立地モデル仮定であるレオンチェフ型であるとされるならば、われわれはこの要請が充足されると仮定することができる。後者の接近法によってもわれわれはなお生産要素投入物、すなわち資本、労働および土地の相互間代替可能性を認める正則な生産関数を仮定することができる。われわれは従って、これらの条件の下で同時的認定問題に直面するこ

---

11. ウェーバー，アイサード，モーゼスの伝統の中では、すべての生産要素、すなわち資本および資本サービス、労働および土地はどの地点でも自由に利用可能であると仮定される。ただしそれらの価格は空間的に変化するかも知れない。この接近法は応用分析において正当化される。何故なら M_1 あるいは M_2 にある投入物のひとつが資本、機械あるいは労働を表しているのであれば、それは企業の立地行動は現実に、工場の存在期間を通じて機械が生産点に連続的に搬送されること、あるいは労働が物の商品に代替されうることを意味することになる。これらの仮定のいずれも現実的ではない。

となく現実世界の立地問題を常に解くことができる。

　付録2.1への末尾注　モデルの第2の可能な擁護論は、単一の特定された産出財 m_3 に対して、モデルのパラメータ m_1 および m_2 は M_1 および M_2 で生産される単一の特定された投入産出物の重量ではなくて、単に M_1 および M_2 点の各々で生産され K へ搬送される任意の原材料の総重量を表すものとすることである。このシナリオでは M_1 および M_2 にある企業は多種類の財を生産することができ、価格 c_1 および c_2 は単に M_1 および M_2 から K へ搬送される財の（加重された）バースケットの平均供給点価格を反映するのである。しかしながら、応用分析のための基礎としては、このシナリオもまたモデルを機能不可能とする。これには二つの理由がある。第1に各々の投入物供給点から搬送される相対数量が変化するとき、われわれは加重された平均供給点価格が不変に止まるか否かということを知ることができない。第2に、企業 K の生産関数はいまや生産された産出物の重量との関連においての消費される投入物の重量によって定義されることになる。しかし、もしこれらの投入物が単に合成商品の集計された重量であるならば、K の生産関数の特性は投入物企業の生産における柔軟性にすべて依存することになる。そうであれば K はそれ自身の独立の生産関数を持たないことになり、従って一企業としての経済的意味を持たない。

　モデルの第3の可能な擁護論としては、用語 m_3 は乗用車一般とかコンピュータ一般のように総括的な財を表すのであると示唆することができるかも知れない。しかし、この水準の一般性では、われわれには企業の定義が空間の精密な定義との関連においてあまりにも広過ぎるという問題が残される。例えば、この特定の場合では現実には自動車を生産する企業と、航空機、コンピュータ、義肢あるいは補聴器を生産する企業とを区別できなくなるからである。何故ならこれらの財はすべて大むね同じ種類の基礎原材料から製作されるのであり、従ってこれらの企業が経験する相対的なトン-マイル当りの投入物および産出物輸送費用はきわめて似通っているであろう。従って、もし M_3 にある財

の定義が個別産業部門に対応するほどに一般的になってしまうと、K が製造業企業一般を表すということ以上に特定したことがいえなくなってしまうのである。立地に関する限り、われわれはヘクシャー‐オーリン理論以上に進めなくなってしまう。

　同じような理由づけは規模に対する収益の問題を論じる場合にも用いることができる。企業によって生産される特定の生産物について、産出物および購入物が重量の単位で定義されている時、購入物について収益逓増あるいは逓減がいかにして生じうるであろうか。確かに、企業の生産プロセスに体化した技術の水準が上昇するならば購入物の収益の増大が達成されるうるであろう。この現象の実例としては、化学製品を変換あるいは結合する新しい触媒方法の場合があり、そのとき化学的廃棄物は減少するであろう。あるいは投入物包装の新しい方法が捨てられる材料の重量を減らすといった場合である。しかしながらこれらは規模に対する収益の問題そのものではない。それらは時間およびおそらく企業規模（もしそのような技術への投資費用が高いのであれば）にともなう技術変化である。ある時点において、かかる技術変化は投入‐産出生産関数においての不連続性として現われ、そこでは一度かぎりの効率性の増大が起る。しかしながら、生産技術の任意に与えられた水準においては企業の原材料購入に関する生産関数は生産される各々特定された産出財の線形関数以外にはあり得ない。このことがカッツ（1984）で用いられたモデルによる結論を制限するものとなる。

第3章
ロジスティクス-費用モデル

3.1 序論

　産業立地および連繋分析についての伝統的な理論的焦点は、空間を通じての取引きが空間内の諸点の間での市場行動にいかなる効果と影響をおよぼすかという問題である。このような取引きは空間および時間の両方の中で行われるのであるが、時間は空間および立地モデルにめったに組み込まれることはなく、もし組み込まれるとすればそれは通常二つの間接的な方法のいずれかで行われる。第1の方法は労働市場が効率的であると仮定することにより、二重決定仮説（クラウァー　1965）の形においてである。この観点によれば、旅行1マイル当りの余暇時間の限界効用（すなわち時間当りの賃金率を1時間当りの旅行マイル数で割ったもの）をマイル当り輸送費用への上乗せとして加算することができる。第2の方法は、ウェーバー-モーゼスの伝統に従う企業の空間内立地-生産モデルによって採用されるものであるが、潜在的に歴史的時間を理論的時間で置き換えることによるものである。時間のこのような特性化の中では、空間の中と同じように、時間をどちらの方向へも動くことができる、従ってわれわれは、現在行われているパラメーターによって決定される交代的な状態の比較静学を論ずることができる。（モローニ　1992 p.32～37）

　現実には、生産と企業間および企業と消費者の間での取引きは現実の地理的空間内と現実の歴史的時間内の両方において行われる。時間は費用の諸次元のうちの一つである。生産と取引きの技術はその時間次元がそれらの技術によって影響される変数の一つであるようなプロセスの中で採択される。<u>事前的比較静学</u>では、われわれは生産の技術の特定の選択において実現する費用に焦点を

当てる。しかしながら、もしわれわれの事前的生産分析がリアルタイムに設定されるならば、任意の特定の生産および取引き技術の時間期間当り総費用は各々の生産および取引き作業の費用およびこれらの作業の各々が時間期間当りで実行される回数の両方に依存するであろう。

　リアルタイムに設定される費用の問題は立地分析にとって重要な意味内容を持っている。その理由は地理的空間と空間を克服するために負担される総費用との間の関係、すなわち空間の経済的距離は、取引きが空間を通じて行われる頻度に依存するからである。さらに経済的費用と地理的距離の間の関係は、地理的距離が変化するとき、配達の頻度それ自身が地理的距離にともなってどのように変化するかに依存するであろう。従って、リアルタイムにおいての企業の理論的最適立地を評価するには、経済的および地理的空間がこの取引き頻度の問題を通じて正確にはいかに結びついているかを決定することが必要である。

　財を生産し発送する企業にとっては取引き頻度の問題は、企業が負担する総距離費用は、部分的には時間期間当りになされる配達旅行の回数に依存することを示唆する。中心的な問題は従って時間期間当り旅行回数を決定するものは何であり、かつそれは地理的距離にともなってどう変化するかということである。本章の目的は旅行頻度、従って経済的費用と地理的距離の間の関係は、企業の在庫行動に依存することを示すことである。任意に与えられた空間的および非空間的費用の下で、企業はそれの総ロジスティクス-費用を最小化する最適在庫政策を決定し（マッカン　1993）、そのことはまたそれが財を空間を通じて発送する最適頻度を決定する。このことは経済的発注量(Economic Order Quantity, EOQ)として知られている最適個別発送量を計算することによって行われる。立地理論は伝統的に企業による総輸送費用を最小化する試みに焦点を当ててきたが、これに対しEOQ原理は企業が輸送費用はその一成分である総ロジスティクス費用を最小化することを試みることを示唆する。このことにより、ここで提起されるモデルは企業はその総輸送費用を最小化するように立地するのではなく、むしろ立地はその総ロジスティクス費用を最小化するという企業の全体的目標の中で考えられなければならないというものである。従っ

て、この標準的な在庫行動の観察は現実の企業にとっての経済的空間と地理的空間の間に存在する典型的な関係を示唆するのである。この関係の性質を吟味することによって伝統的な静学的モデルによって生み出されるものとは異なる多くの新しい立地に関する結論を導出することが可能になる。特に、財の産出拠点価格と産出市場価格は企業の最適立地の決定において独立な役割を持つという、伝統的なモデルでは認識されなかった事実が示されるであろう。さらに、この新しい形の分析は、伝統的な距離-立地理論では明らかに説明不可能であった経験的に顕示された現象、例えば輸送費の構造および輸送費が最小の産業費用成分であるとしても距離の立地費用成分としての重要性、などを解決するのに用いうると論じられるであろう。最後にこのモデルは企業による伝統的製造工業技術からJIT生産哲学へ転換するという決定の理論的な立地インパクトを分析するために用いられるであろう。

3.2 経済的発注量(EOQ)

経済的発注量（Economic Order Quantity，以下EOQと表示）の概念は20世紀のはじめまで遡るものであり在庫管理理論の大部分の基礎であった[1]。EOQ原理はきわめて単純である。もし財がより大きな個別束の規模で発注されるならば、工場の中の平均在庫量はより大きくなる。在庫の持越し費用は通常その場所に保有される在庫の平均価値の一定比率として計算されるから、配達の束の大きさが増大すれば、購入された投入物について支払われる保険および利子の持越し費用はより高くなる。従って、これらの在庫持越し費用を節約するためには、財はより小さな束の大きさでより頻繁に配達されなければならない。他方、束のより頻繁な発注はまたそれ自身別の費用負担となる。財の調達において発生する費用は購入部分が発注され配達される度に発生する費用でありそれは個別の配達される束の大きさからは独立である。これらの費用は購入組織

---

1. 例えばラブ 1979；ジョンソンおよびカプラン 1987；ションバーガー 1982；ボウモル 1977；ブン 1982；バーロウ 1985参照

において行われる送り状作成や発送にともなう事務上の労働費用プラス資本設備を入ってくる原材料を適切な仕様に仕上げることができるように転換するのに必要な機械の立ち上げに含まれる労働費用を包含している。後者の費用は重要であるかも知れない。何故ならばこの過程はしばしば試験的な操作や再立ち上げ等を含むからである。これらの費用は個別の配達束の大きさから独立であるけれども、それは常に時間期間当りになされる配達の回数と直接に関連している。このようにして、時間期間当りの総調達費用は個別の配達束の大きさと逆の関係を持つのである。従って、投入物購買の一定量を買う企業にとっては、投入物の直接購入費用とともに、同企業は財の調達および保有の費用から成る総ロジスティクス費用を負担することになる。これらの二つの費用成分は互いに直接の相反関係にあるから EOQ の原理とは購入連繋の中に含まれる総ロジスティクス費用を最小化するような配達束の最適な大きさを見出すことである。このような計算はリアル時間費用、すなわち時間期間当り費用の形で行われる。単位価格 c の時間期間当り m の投入量を買う企業にとって、時間期間当り企業によって負担される総ロジスティクス費用は：

$$\text{総ロジスティクス費用} \qquad TLC = \frac{mS}{Q} + \frac{IcQ}{2} \qquad (3.1)$$

となる。ここで、

TLC ＝時間期間当り総ロジスティクス費用
Q ＝個別配達束のサイズ
S ＝調達費用
I ＝在庫持越し費用係数、それは利子プラス保険料の和

　3.1式の第1項は時間期間当りに負担される総調達費用を表し、第2項は時間期間当り総在庫持越し費用を表す。

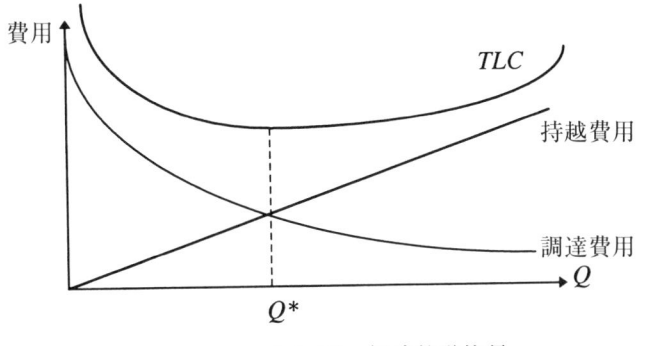

3.1.図　経済的発注量

TLC を Q に関して微分してゼロとおけば EOQ 最適配達規模の表現が与えられる。すなわち；

$$\frac{\partial(TLC)}{\partial Q} = -\frac{mS}{Q^2} + \frac{Ic}{2} = 0 \qquad (3.2)$$

従って

$$Q^2 = \frac{2mS}{Ic} \qquad (3.3)$$

すなわち、

$$Q^* = \sqrt{\frac{2mS}{Ic}} \qquad (3.4)$$

ここで Q^* は経済的発注量であり、最適配達頻度 f、すなわち時間期間当たり配達回数は $f = m/Q^*$ で与えられる。
(3.4) を (3.1) に代入することによって最小総ロジスティクス費用の表現が：

$$TLC = mS\sqrt{\frac{Ic}{2mS}} + \frac{Ic}{2}\sqrt{\frac{2mS}{Ic}} = \sqrt{2IcmS} \qquad (3.5)$$

として得られる。不確実性の確率的条件の下でも、この原則はなお成立するが、付録4.1で見るように、このときは基本的EOQ配達の積み上げとして加えられる安全緩衝在庫のある水準を決定することが必要になる。(バン 1972 p.53；ラブ 1979 p.31およびp.61を見よ) 投入の流れを支配する一般的な最適化ルールとしては、この原則が乱される唯一の状況がある。それは確率的な需要が「集塊的」であり、配達頻度比 m/Q^* が整数に近くない場合である。これらの状況の下でラブ(1979 chp.6)は異なる最適解法を用意した。しかしながら、異なる投入量と単位価格のいずれについても大きな変動範囲の中で、これらの不可分割性は無視可能なものとなり、全体的な集計的および平均的な購入行動は時間単位当りの平均的集計的な需要に適用されたとき、EOQ原則によって反映されるものとなる(バン 1982 p.51〜54)。従って、基本的なEOQの枠組みはそれ自身ロジスティクス問題の単純化であるけれどもここで重要な点は確率的な不確実性および「集塊的」需要の場合であっても、配達を制御するために複雑なコンピュータ・パッケージが使用されるか否かに関わらずEOQ原則はなお正しく成立するということである。ここから先ではロジスティクス費用-距離モデルの中に基本的なEOQ原則を、不確実性の存在が何らかの形でモデルの中で中心的な教義を駄目にしてしまうというおそれなしに、発展させることが正当化されうる。これが意味することは、単純性と明快性の理由によって、われわれは一企業に対する平均的集計的な需要は、当該時間期間を通じて一定であると仮定することができるということである。

　経済的発注量原則は、需要される投入物の費用および数量が与えられたとして、またそれらの投入物を配達してもらうための調達費用が与えられたとして、一企業はその総ロジスティクス費用を最小化するような個別の発送サイズにおいて供給物を注文するということを示唆している。バン(1982 第3章 p.46)によって用いられた例はわれわれをして距離輸送費用はEOQ費用最小化計算に入ってくる諸費用成分の一つに過ぎないことを理解させる上で有用である。「・・・ある衣服製造業者は1年当り900ロールの布地を必要とする一定の生産率で操業している。もし彼が織手に少なくとも3週間前に予告を与えるならば、

布地は正確に必要時に配達されうる。1ロールの価格は£500、一つのトラック貨物（40ロールまで積める）の輸送費用は£50である。業者は在庫を賄うのに必要な資本に対し年当り15％の利子を支払い、平均在庫価値の年間保険料は5％である」

われわれの前掲の用語を用いれば：m＝900（年あたり）、S＝£50（1配達あたり）、I＝15％＋5％＝20％＝0.2、c＝£500。

従って：

$$Q^* = \sqrt{\frac{2 \times 50 \times 900}{0.2 \times 500}} = 30$$

従って、最適配達回数は、900/30＝30、すなわち1.7週おきに1回の配達である。このバン（1982）の例から出て来る二つの重要なポイントがある。第1に、最適配達束のサイズは配達車輌の積載能力より小さいということである。換言すれば企業は必ずしも輸送費用の最小化を目標とはしないということである。その理由は、もし企業がそれをしようとすれば、それは輸送車輌の最大効率能力利用を目標とすることになり、すなわち車輌は各々のトリップについて40ロールの能力いっぱいまで積載することになる。こうすれば30回配達ではなくて900/40＝22.5回配達（すなわち23回）となる。輸送費用が最小化されない理由、従って配達束のサイズが車輌サイズ制約のもとで最大化されない理由は、より大きな束のサイズはより大きな在庫保有費用を意味するからである。もしこの場合輸送費用が最小化されるならば、総ロジスティクス費用は不必要に拡大される。この例から出てくる第2のポイントは輸送費用はロジスティクス費用の一成分であり、それ自身最適配達束のサイズおよび最適配達頻度の両方の決定要因であるということである。この例では輸送費用は総配達費用項Sの中に含まれており、これはいかに輸送費用が生産技術者によるロジスティクス費用計算の中に組み込まれるかである[2]。これはきわめて重要な論点であり、われわれはEOQ問題を空間的枠組みの中に位置づける以下の諸節の中でこの点を詳しく論ずるであろう。

3.3 単純なロジスティクス-距離モデル

　立地論モデルでは、「本船積み渡し」（free on board, f.o.b.）あるいは「作業前」（ex works）価格づけ取決めが、配達価格の輸送費用成分の性格を明示するために採用される価格づけ方式の通常の形である。このことの理由は、配達費用プラス保険プラス運賃（c.i.f.）価格は輸送費用の分析をきわめて困難にするからである。何故ならば生産費用と輸送費用は見積もられた配達価格の中で込みにされているからである。従って、今後われわれの分析は理論的モデルで用いられる標準的な f.o.b.「作業前」価格づけ方式を採用するが、それを上で概述されたロジスティクス費用計算の中でなされる計算のタイプに関し適切であるような形として展開するであろう。

　m_i の1単位あたり供給点価格が c_i である投入物の m_i という量を購入し、それをトン-マイルあたり輸送費用 t_i で d_i という距離を配達される企業にとって、負担すべき総輸送費用は：

　　　$t_i d_i m_i$

で表され、また配達された c.i.f. 価格は：

　　　$c_i + t_i d_i$

と表される。これはわれわれの EOQ 分析では在庫の個別単位の価値を表している。

　投入物配達連繋に関して、当該企業が直面する年間の総ロジスティクス費用は（マッカン　1933；1996）：

---

2. ベーコン（1984　p.30）はこの原則を、単なる消費者による輸送費用最小化行動に基づいた形ではなく消費者のロジスティクス行動に基づいて市場圏を決定するというレントネックほか（1981）の分析の拡張を試みた際に用いた。しかしながら、後に示されるように彼による輸送費率パラメータの取扱いには、以下の諸節で概説されるような根本的な問題があり、われわれは立地モデルで通常用いられるようなトン-マイル当り輸送費率あるいはトン-マイル当り輸送費用のような型のものを最適化された搬送サイズの計算に単純に含めることができないのである。

総ロジスティクス費用 $\text{TLC}_i = \underbrace{\dfrac{m_i S_i}{Q_i}}_{\text{調達費用}} + \underbrace{\dfrac{IQ_i(c_i + t_i d_i)}{2}}_{\text{在庫保有費用}} + \underbrace{t_i d_i m_i}_{\text{輸送費用}}$ (3.6)

となり、そこから EOQ は：

$$\frac{\delta(TLC_i)}{\delta Q_i} = \frac{-m_i S_i}{Q_i^2} + \frac{I(c_i + t_i d_i)}{2} = 0 \qquad (3.7)$$

より：

$$Q^* = \sqrt{\frac{2 m_i S_i}{I(c_i + t_i d_i)}} \qquad (3.8)$$

となる。

従って、一つの投入連繋に対する最小の総ロジスティス費用は：

$$\begin{aligned}
TLC_i &= m_i S_i \sqrt{\frac{I(c_i + t_i d_i)}{2 m_i S_i}} + \frac{I(c_i + t_i d_i)}{2} \sqrt{\frac{2 m_i S_i}{I(c_i + t_i d_i)}} + t_i d_i m_i \\
&= (2IS_i)^{\frac{1}{2}} m_i^{\frac{1}{2}} (c_i + t_i d_i)^{\frac{1}{2}} + t_i d_i m_i
\end{aligned} \qquad (3.9)$$

と表される。

これらの表現より、われわれは総ロジスティクスの各成分は、第2章で示唆されたように、すべて輸送費用に依存することを知る。

産出物についてもわれわれは同じ接近法をとることができる。唯一の違いは価格づけの方法が工場で保有される産出物在庫の純価値でありそれは市場においての配達 c.i.f. 価格 c_o マイナス産出物の輸送費用となるということだけである。これは $c_o - t_o d_o$ で表され、ここで t_o は産出物のトン-マイルあたり輸送費用であり d_o は産出物の配達距離である。産出物の配達についての総ロジスティクス費用表現は：

$$TLC_o = \frac{m_o S_o}{Q_o} + \frac{I(c_o - t_o d_o) Q_o}{2} + t_o d_o m_o \qquad (3.10)$$

となり、それの最適化より

$$Q_o^* = \sqrt{\frac{2 m_o S_o}{I(c_o - t_o d_o)}} \qquad (3.11)$$

および

$$TLC_o = (2I S_o)^{1/2} m_o^{1/2} (c_o - t_o d_o)^{1/2} + t_o d_o m_o \qquad (3.12)$$

が得られる。

総ロジスティクス費用を含む新しい総利潤モデルは、

$$\begin{aligned}\pi = & m_3 c_3 - (c_1 + t_1 d_1) m_1 - (c_1 + t_1 d_1)^{\frac{1}{2}} (2I S_1)^{\frac{1}{2}} m_2^{\frac{1}{2}} \\ & - (c_2 + t_2 d_2) m_2 - (c_2 + t_2 d_2)^{\frac{1}{2}} (2I S_2)^{\frac{1}{2}} m_2^{\frac{1}{2}} \\ & - (c_3 + t_3 h)^{\frac{1}{2}} (2I S_3)^{\frac{1}{2}} m_3^{\frac{1}{2}} - t_3 m_3 h \end{aligned} \qquad (3.13)$$

となる。ここでm_1, m_2, およびm_3は各々個別のEOQにおいて配達されると仮定し、添字$i = 1, 2$は投入財を添字3を産出財を表し、また産出物配達距離d_oはモーゼス論文のようにhで表されている。パエリンクおよびナイカム（1975 p.35）の枠組みを総ロジスティクス費用のそれに適合させるならば、ウェーバー-モーゼスの3角形（第2.1図）によるウェーバー問題は（3.13）式の値の最小化ということになる。しかしながらわれわれは今、われわれのウェーバー-モーゼス立地問題をこれらのロジスティクス表現によって再定式化する立場にあり、その場合には企業の最適立地は問題とされている物質の特性のすべてに依存するのであり、財の重量容積比率が相対的輸送費を決定し、また物質価値-容積比率が相対的保有費用を決定する。費用最小化モデル（カリリほか 1974）でも利潤最大化モデル（ミラーおよびジェンセン 1978）でも解は同じである。従ってわれわれは利潤最大化モデルを用いる。π利潤関数を生産関数$m_3 = f(m_1, m_2)$の制約の下で、モーゼスの3角形問題のm_1, m_2, θ_1, およびhについて偏微分することにより、利潤最大化の第1次条件が得られる。

第3章　ロジスティクス-費用モデル　　75

$$\frac{\delta \pi}{\delta m_1} = c_3 \frac{\delta m_3}{\delta m_1} - c_1 - t_1 d_1 - m_1 d_1 \frac{\delta t_1}{\delta m_1} - \frac{1}{2} m_1^{\frac{-1}{2}} (c_1 + t_1 d_1)^{\frac{1}{2}} (2IS_1)^{\frac{1}{2}}$$
$$- \frac{1}{2} (c_1 + t_1 d_1)^{\frac{-1}{2}} (2IS_1)^{\frac{1}{2}} m_1^{\frac{1}{2}} d_1 \frac{\delta t_1}{\delta m_1} - \frac{1}{2} m_3^{\frac{-1}{2}} (2IS_3)^{\frac{1}{2}} (c_3 - t_3 h)^{\frac{1}{2}} \frac{\delta m_3}{\delta m_1}$$
$$- t_3 h \frac{\delta t_3}{\delta m_3} \frac{\delta m_3}{\delta m_1} + \frac{1}{2} (c_3 + t_3 h)^{\frac{-1}{2}} m_3^{\frac{1}{2}} (2IS_3)^{\frac{1}{2}} h \frac{\delta t_3}{\delta m_3} \frac{\delta m_3}{\delta m_1}$$
$$= 0 \tag{3.14}$$

$$\frac{\delta \pi}{\delta m_2} = c_3 \frac{\delta m_3}{\delta m_2} - c_2 - t_2 d_2 - m_2 d_2 \frac{\delta t_2}{\delta m_2} - \frac{1}{2} m_2^{\frac{-1}{2}} (c_2 - t_2 d_2)^{\frac{1}{2}} (2IS_2)^{\frac{1}{2}}$$
$$- \frac{1}{2} (c_2 + t_2 d_2)^{\frac{-1}{2}} (2IS_2)^{\frac{1}{2}} m_2^{\frac{1}{2}} d_2 \frac{\delta t_2}{\delta m_2} - \frac{1}{2} m_3^{\frac{-1}{2}} (2IS_3)^{\frac{1}{2}} (c_3 - t_3 h)^{\frac{1}{2}} \frac{\delta m_3}{\delta m_2}$$
$$- t_3 h \frac{\delta t_3}{\delta m_3} \frac{\delta m_3}{\delta m_2} + \frac{1}{2} (c_3 + t_3 h)^{\frac{-1}{2}} m_3^{\frac{1}{2}} (2IS_3)^{\frac{1}{2}} h \frac{\delta t_3}{\delta m_3} \frac{\delta m_3}{\delta m_2}$$
$$= 0 \tag{3.15}$$

$$\frac{\delta \pi}{\delta \theta_1} = -m_1 t_1 \frac{\delta d_1}{\delta \theta_1} - d_1 m_1 \frac{\delta t_1}{\delta d_1} \frac{\delta d_1}{\delta \theta_1} - \frac{1}{2} (c_1 + t_1 d_1)^{\frac{-1}{2}} (2IS_1)^{\frac{1}{2}} m_1^{\frac{1}{2}} d_1 \frac{\delta t_1}{\delta d_1} \frac{\delta d_1}{\delta \theta_1}$$
$$- \frac{1}{2} (c_1 + t_1 d_1)^{\frac{-1}{2}} (2IS_1)^{\frac{1}{2}} m_1^{\frac{1}{2}} t_1 \frac{\delta d_1}{\delta \theta_1} - m_2 t_2 \frac{\delta d_2}{\delta \theta_1} - d_2 m_2 \frac{\delta t_2}{\delta d_2} \frac{\delta d_2}{\delta \theta_1}$$
$$- \frac{1}{2} (c_2 + t_2 d_2)^{\frac{-1}{2}} (2IS_1)^{\frac{1}{2}} m_1^{\frac{1}{2}} d_2 \frac{\delta t_2}{\delta d_2} \frac{\delta d_2}{\delta \theta_1} - \frac{1}{2} (c_2 + t_2 d_2)^{\frac{-1}{2}} (2IS_1)^{\frac{1}{2}} m_1^{\frac{1}{2}} t_2 \frac{\delta d_2}{\delta \theta_1}$$
$$= 0 \tag{3.16}$$

$$\frac{\partial \pi}{\partial h} = -m_1 t_1 \frac{\delta d_1}{\delta h} - m_1 d_1 \frac{\delta t_1}{\delta d_1} \frac{\delta d_1}{\delta h} - \frac{1}{2} (c_1 + t_1 d_1)^{\frac{-1}{2}} (2IS_1)^{\frac{1}{2}} m_1^{\frac{1}{2}} t_1 \frac{\delta d_1}{\delta h}$$
$$- \frac{1}{2} (c_1 + t_1 d_1)^{\frac{-1}{2}} (2IS_1)^{\frac{1}{2}} m_1^{\frac{1}{2}} d_1 \frac{\delta t_1}{\delta d_1} \frac{\delta d_1}{\delta h} - m_2 t_2 \frac{\delta d_2}{\delta h} - m_2 d_2 \frac{\delta t_2}{\delta d_2} \frac{\delta d_2}{\delta h}$$
$$- \frac{1}{2} (c_2 + t_2 d_2)^{\frac{-1}{2}} (2IS_2)^{\frac{1}{2}} m_2^{\frac{1}{2}} t_2 \frac{\delta d_2}{\delta h} - \frac{1}{2} (c_2 + t_2 d_2)^{\frac{-1}{2}} (2IS_2)^{\frac{1}{2}} m_2^{\frac{1}{2}} d_2 \frac{\delta t_2}{\delta d_2} \frac{\delta d_2}{\delta h}$$
$$- t_3 m_3 - m_3 h \frac{\delta t_3}{\delta h}$$
$$+ \frac{1}{2} (c_3 - t_3 h)^{\frac{-1}{2}} m_3^{\frac{1}{2}} (2IS_3)^{\frac{1}{2}} t_3 + \frac{1}{2} (c_3 - t_3 h)^{\frac{-1}{2}} m_3^{\frac{1}{2}} (2IS_3)^{\frac{1}{2}} h \frac{\delta t_3}{\delta h}$$
$$= 0 \tag{3.17}$$

われわれは以上の四つの第1次条件を整理かつ単純化して以下を得る：

$$\frac{\partial \pi}{\partial m_1} = \frac{\delta m_3}{\delta m_1}\left[c_3 - \frac{\sqrt{2IS_3}\sqrt{c_3-t_3h}}{2\sqrt{m_3}} - \frac{\delta t_3}{\delta m_3}(t_3h + \frac{\sqrt{2IS_3}\sqrt{m_3h}}{\sqrt{c_3-t_3h}})\right]$$
$$- d_1\frac{\delta t_1}{\delta m_1}(m_1 + \frac{\sqrt{2IS_1}\sqrt{m_1}}{2\sqrt{c_1-t_1d_1}}) - \sqrt{c_1-t_1d_1}(\sqrt{c_1-t_1d_1} + \frac{\sqrt{2IS_1}}{2\sqrt{m_1}})$$
$$= 0 \tag{3.18}$$

$$\frac{\partial \pi}{\partial m_2} = \frac{\delta m_3}{\delta m_2}\left[c_3 - \frac{\sqrt{2IS_3}\sqrt{c_3-t_3h}}{2\sqrt{m_3}} - \frac{\delta t_3}{\delta m_3}(t_3h + \frac{\sqrt{2IS_3}\sqrt{m_3h}}{\sqrt{c_3-t_3h}})\right]$$
$$- d_2\frac{\delta t_2}{\delta m_2}(m_2 + \frac{\sqrt{2IS_2}\sqrt{m_2}}{2\sqrt{c_2-t_2d_2}}) - \sqrt{c_2-t_2d_2}(\sqrt{c_2-t_2d_2} + \frac{\sqrt{2IS_2}}{2\sqrt{m_2}})$$
$$= 0 \tag{3.19}$$

$$\frac{\partial \pi}{\partial \theta_1} = m_1\left[\frac{\delta d_1}{\delta \theta_1}(t_1 + d_1\frac{\delta t_1}{\delta d_1})\right] - m_1^{\frac{1}{2}}\left[\frac{\sqrt{2IS_1}}{2\sqrt{c_1-t_1d_1}}\frac{\delta d_1}{\delta \theta_1}(t_1 + d_1\frac{\delta t_1}{\delta d_1})\right]$$
$$m_2\left[\frac{\delta d_2}{\delta \theta_1}(t_2 + d_2\frac{\delta t_2}{\delta d_2})\right] - m_2^{\frac{1}{2}}\left[\frac{\sqrt{2IS_2}}{2\sqrt{c_2-t_2d_2}}\frac{\delta d_2}{\delta \theta_1}(t_2 + d_2\frac{\delta t_2}{\delta d_2})\right]$$
$$= 0 \tag{3.20}$$

$$\frac{\partial \pi}{\partial h} = -m_1\left[\frac{\delta d_1}{\delta h}(t_1 + d_1\frac{\delta t_1}{\delta d_1})\right] - m_1^{\frac{1}{2}}\left[\frac{\sqrt{2IS_1}}{2\sqrt{c_1-t_1d_1}}\frac{\delta d_1}{\delta h}(t_1 + d_1\frac{\delta t_1}{\delta \theta_1})\right]$$
$$- m_2\left[\frac{\delta d_2}{\delta h}(t_2 + d_2\frac{\delta t_2}{\delta d_2})\right] - m_2^{\frac{1}{2}}\left[\frac{\sqrt{2IS_2}}{2\sqrt{c_2-t_2d_2}}\frac{\delta d_2}{\delta h}(t_2 + d_2\frac{\delta t_2}{\delta d_2})\right]$$
$$- m_3(t_3 + h\frac{\delta t_3}{\delta h}) - m_3^{\frac{1}{2}}\left[\frac{\sqrt{2IS_3}}{2\sqrt{c_3-t_3h}}(t_3 + h\frac{\delta t_3}{\delta h})\right]$$
$$= 0 \tag{3.21}$$

はじめモーゼス（1958）により、続いてカリリほか（1974）およびミラーおよびジェンセン（1978）によって論じられた産出量から独立な最適立地問題に関しては、(3.18)〜(3.21)式で示される第1次条件への同次解に対し、($\partial m_1/\partial m_2$) の比率は m_3 にともなって m_1 および m_2 が増大するとき変化しては

ならない。(3.18) および (3.19) を再整理することによって、われわれは ($\partial m_3 / \partial m_1$) および ($\partial m_3 / \partial m_2$) の表現を得る。さらに ($\partial m_3 / \partial m_2$) を ($\partial m_3 / \partial m_1$) によって割ることによって、われわれは ($\partial m_1 / \partial m_2$) の表現を得る。モーゼス (1958) およびカリリほか (1974) の場合のように輸送費率が一定、すなわち：

$$\frac{\delta t_1}{\delta d_1} = \frac{\delta t_2}{\delta d_2} = \frac{\delta t_1}{\delta m_1} = \frac{\delta t_2}{\delta m_2} = 0$$

であるならば、この比率は一定であるほかない。いい換えればもしすべての m_3 に対して $m_1 = m_2$ かつ $c_1 + t_1 d_1 = c_2 + t_2 d_2$ であれば同次的あるいはホモセティックな生産関数の存在が可能である。さらに、もし $c_1 = c_2$, $t_1 = t_2$, および $d_1 = d_2$ であるならば、これらの条件はまた (3.20) を満たす。しかしながら、同次関数に対しては、一定輸送費率の条件下では (3.18) ～ (3.21) 式を完全に満たすのはただ一つの費用条件の組しか存在せず、それはここでの許容可能な解ではない[3]。他方、他のいかなる条件、例えば $m_1 = km_2$ (ここで k は 1 でない定数)、の場合あるいは輸送費率 t_1 および t_2 が運ばれる距離および重量に関して変化しうる場合、などの下で (3.18) ～ (3.21) 式が完全に満たされるかどうかをいうことはできない。そのことの理由は、これらの方程式の中での t_1, t_2 および t_3 の特定の値は、取り扱われる原材料の特定の量に対する適切な最適ロジスティクス解においての輸送費率であるということである。ここで直ちに示されることは、<u>ロジスティクス費用モデル</u>においては t_i ($i = 1, 2$) および $t_0 = t_3$ の値はそれら自身 d_1, d_o および m_i, m_o の双方に関して絶えず変化するということである。このような状況の下では EOQ 公式は一般的には t に基づいて計算することはできない。なぜなら t は Q の関数であるが、Q もまた t の関数であるからである。従って、立地上の最適および関連する生産関数についてはいまだ何もいわれてないということである。そこで何らかの解が用意される前に、ロジスティクス費用モデルの中でのパラメータ t の性質と動きについて

---

3. 証明は付録3.1でなされる。

調べる必要があり、かつそれが運ばれる原料の距離および重量に関してどのように変化するかを確かめなければならない。

3.4 リアルタイムの離散的発送に関連して計算された輸送費率の性格

　モーゼス（1958）およびカリリほか（1974）のような多数の立地モデルに共通の接近法は、トン-マイルあたり輸送費、t を分析の単純化のために一定とすることである。そのとき搬送距離と重量の双方に関する輸送費率弾力性はゼロとなる。ミラーおよびジェンセン（1978）のような他のモデルではパラメータ t は同一モデルの中で搬送距離と重量の双方に関して可変である。パラメータ t のこのような性格の多様性は、時間次元が明示されていない立地モデルでは完全に可能である。立地問題が現実のフロー時間の中で設定され、財が離散的な束で配達される可能性のある場合には、われわれはすぐ後で見るように、t の固定された値を論じうるのは二つの状況においてのみであり、そのいずれも現実に観察される通常の条件への近似とはなりえない。さらに立地問題が現実のフロー時間において設定されるならば、われわれは立地-生産モデルにおいてしばしばなされるパラメータ t が搬送距離に対しては非ゼロの弾力性を持ちながら、搬送重量に対してはゼロ弾力性を持つ、あるいはその逆である可能性を論じることができない。このことには二つの理由がある。第1はリアル-タイムモデルにおいての非線形性の存在であり、第2は離散的発送輸送に固有の不可分割性の存在である。このことは詳細に説明されなければならない。

　先行の研究の多くでは、輸送費率は運ばれる重量とは独立であると仮定されていた。すなわち輸送における規模に対する収穫一定ということであり、その理由は以前ギレイほか（1988）で概説されている。これが実際に意味することは、トン-マイルあたりの輸送費用は運ばれる財の絶対量から独立であるということである。束による配達（batch　delivery）の場合、この状況は起きえない。財はトラック、列車、航空機等の輸送形態で運ばれる。このときのトラッ

ク（最大）積載量、列車積載量、航空機積載量等は潜在的な配達束サイズの上限を表している。束あたりの財の量がこれらのサイズ限界を越えて増加するならば、輸送費率は段階的な形で上昇する。何故なら固定的な間接費用が上昇するからである[4]。しかしながら、もしわれわれがとりあえずバン（1982）が用いた例のようにこれらの束積載量が特定の輸送モードの物理的上限を越えることはないと仮定するならば、われわれはとりあえず輸送費用は運ばれる量から独立であると仮定できる。特定のトラックというように輸送機器の特定の形態とサイズを用いるとき、そのトラックを単位距離 d だけ動かす費用は空トラックによる戻りの行程を含めての消費される燃料プラス関連労働時間の費用である。このマイル当り移動費用を v とよぼう。ここでわれわれはとりあえず、トラックが m の1単位を距離 d だけ運んだとしても、m の100単位を距離 d だけ運んでも v の値には無視できるほどの差しか生じないと仮定してもよい。いい換えれば、束のサイズ Q がトラックの物理的サイズを越えないかぎり、束 Q を単位距離輸送する総費用は束のサイズから独立である。各々の束 Q に対する輸送の総移動費用は従って vd で与えられる。明白なことは、与えられた輸送機器について、総輸送費用は距離と比例するということである。

　われわれは固定距離 d の間隔にある2点を考えることができる。1点は投入物の供給点であり、他の点は市場点であり、トラックは投入物供給点から市場点へ財 m の一定量をこれら2点間で搬送すべく往復している。このトラックの期間当り総移動距離は $f \times 2d$ であり、ここで f は搬送の頻度、すなわち時間期間当りの配達回数である。もし市場が1日当り m の100単位を必要とするとすれば、またすべての単位は単一の発送委託で配達されるとすれば、すなわち $Q = m = 100$ であれば1日当りの総移動費用は vd_i となる。もし m の各々の単位が、連続的なフローで、あるいは純粋の JIT メカニズムで配達されるならば、1日当りトラックの総移動距離は $100 \times 2d$ となり、総輸送費用は $100vd$ である。ここで理解されるのは時間期間当り搬送される原材料の m の固定さ

---

[4] 付録4.3を見よ。

れた総量について配達頻度が増加するにともなって、運ばれる m の単位当り総輸送費用もまた増加するということである。この特定例では、この比率は時間単位当りの配達回数が1から100に増加するのにともなって、(vd_i/m) から $(100vd_i/m)$ へと増加する。われわれが前に用いた定式化によればパラメータ t はトン-マイル当りの、すなわち単位重量-単位距離当りの輸送費用を表す。いい換えれば t は1単位の m を距離 d の1単位だけ輸送する費用を表す。上の例でいえば、1日当り1回の配達のみある第1の場合は、$t=v/100m$ であるのに対し、1日当り100回の配達がある第2の場合では、$t=v/m$ となる。いい換えれば、原材料 m の固定された総量に対し、トン-マイル当り輸送費用 t は個別配達束のサイズ Q に依存する。ここでの、個別輸送機器の運搬能力が超過されないという特定の場合には、われわれは $t=v/Q$ という一般的な表現を得る。このことの理由は任意の固定された地理的配達距離に対して、配達頻度の変化は m の単位当りの束総移動距離が変化することを意味するからである。いい換えれば、経済的距離と地理的距離の間の関係は発送頻度に依存するのである。何人かの著者は潜在的にこの問題を知っていた・・・「輸送費用関数の形は、われわれが頻度が変数となることを許すならば、重要な役割を果たすことになる。輸送費用が束のサイズに比例的である（都市経済学で通常仮定される場合）ようなモデルは完全に不満足な結果を生み出すので、それを放棄して輸送費用が束のサイズにかかわらず固定されているようなモデルにすべきである。この結果は、われわれは通常なされるように需要を配達価格の関数として書くことができないことを意味する。その代りより複雑な関数が生ずる。そこでは供給点価格と単位輸送費用では需要される量との関係が違ってくるのである」（ベーコン 1884 p.115) 伝統的な立地理論はこれらの問題を処理することができない。何故ならばそこでのモデルでは固定された量の原材料が一時点で、すなわち時間期間当りで配達されると仮定されているからである（イートンおよびリプシィ 1982 p.59；レントネクほか 1981 p.363) 他方、現実のフロー時間の中では、経済距離と地理的距離との間の関係を決定するためには最適化された発送頻度 $f=m/Q^*$ が m あるいは d との関連でどのように変化

第3章　ロジスティクス-費用モデル　　81

するかを知る必要がある。しかしながら、可変な配達頻度はまた立地理論においての単純な限界計算を排除する。従って立地と配達頻度の同時決定に代えて、ベーコン（1984 p.115）は、これらの問題が逐次的に扱われるべきであると示唆する。すなわち立地が最初の選択であり、配達頻度が第2の選択である。これはまさに本章で述べられた在庫および購入の最適化技法による接近法である。

以上の議論からわれわれはロジスティクス費用問題を解くためにロジスティクス計画家により用いられ、上述のバン（1982）の例に反映されているような標準的方法を、立地理論家によって採用される典型的なモデル構成と部分的に調和させることができる。その方法は $t = v/Q$ という表現をわれわれのロジスティクス費用方程式に代入することである（マッカン　1993）[5]。もしわれわれが $t_i = v_i/Q^*$ を（3.6）の t_i に代入するならば、

$$TLC_i = \frac{m_i}{Q_i}S_i + \frac{IQ_i(c_i + t_i d_i)}{2} + t_i d_i m_i = \frac{m_i}{Q_i}S_i + \frac{IQ_i c_i}{2} + \frac{IQ_i t_i d_i}{2} + t_i d_i m_i \tag{3.6}$$

は次のようになる。

$$TLC_i = \frac{m_i}{Q_i}S_i + \frac{IQ_i c_i}{2} + \frac{IQ_i v_i d_i}{2Q_i} + \frac{v_i d_i m_i}{Q_i} \tag{3.22}$$

そして：

$$TLC_i = \frac{m_i}{Q_i}(S_i + d_i v_i) + \frac{IQ_i c_i}{2} + \frac{Id_i v_i}{2} \tag{3.23}$$

となり、前と同じように微分してゼロと置くことにより、

$$\frac{d(TLC_i)}{dQ_i} = -\frac{m_i}{Q_i^2}(S_i + d_i v_i) + \frac{Ic_i}{2} = 0 \tag{3.24}$$

が最小を与える。従ってわれわれの投入物 EOQ は：

---

5. 分析上の単純化のために、ここでわれわれは EOQ 計算は、それの輸送能力が最適化された発送サイズ Q^* を越えないような単一の輸送機械の使用に基づいていると仮定している。しかしながら、われわれはこの仮定を本章のすぐあとで、また附録4.1で緩和するであろう。そしてわれわれはこの単純化はわれわれの分析上の全体的な正当性あるいは分析上の結論に影響しないことを知る。

$$Q_i^* = \sqrt{\frac{2m_i(S_i + d_i v_i)}{I\, c_i}} \tag{3.25}$$

と与えられ、投入物についての最小総ロジスティス費用方程式 TLCi は：

$$TLC_i = (2Ic_i)^{\frac{1}{2}}(S_i + d_i v_i)^{\frac{1}{2}} + \frac{Id_i v_i}{2} \tag{3.26}$$

となる。同様に産出物については：

$$TLC_o = \frac{m_o}{Q_o}(S_o + hv_o) + \frac{IQ_o c_o}{2} + \frac{Ihv_o}{2} \tag{3.27}$$

が与えられ、産出物 EOQ は：

$$Q_o^* = \sqrt{\frac{2m_o(S_o + hv_o)}{I\, c_o}} \tag{3.28}$$

で与えられ、産出物についての総ロジスティクス費用方程式 TLC_o は

$$TLC_0 = (2Ic_o)^{\frac{1}{2}}(S_o + hv_o)^{\frac{1}{2}} + \frac{Ihv_o}{2} \tag{3.29}$$

となる。現実のフロー時間費用がとられたとき、輸送費用率が典型的にはどのように動くかを見るために、われわれは $t = v/Q^*$ が m および d に関してどのように変化するかを観察することができる。(3.25) および (3.28) 式から、われわれは最適束サイズは m の平方根および d の平方根との関連で増大することを知る。従って d が一定に保たれるならば、最適配達頻度 m/Q^* は $\sqrt{m}$ に比例して増加し、m の単位当りの総束輸送距離は $1/\sqrt{m}$ との関連で低下する。従って m が増加するにともない、t の減少は $1/\sqrt{m}$ との関連で起る。これは数量割引の性質である。同様な筋道での理由づけは投入物供給点と企業の立地点との間の距離 d の変化の t におよぼすインパクトを分析するのに用いることもできる。原材料の固定量 m が時間期間当りに d という距離を移動させられると仮定すれば、われわれは d の増加にともない、最適束のサイズは $\sqrt{d}$ との関連で減少し、その結果パラメータ t の値も減少する。従って距離の増加は、束のサイズの上昇によってある程度相殺される。これは距離の経済性の性質である。t のこの減少は d の値が十分大きくなってすべての財が時間期間当り単

一の束で搬出されるところまで続く[6]。このとき輸送の総費用は総在庫保有費用よりも大きくなる。これは端点解である。d がこの臨界値を越えて増加するならば、配達の頻度はもう減少することできないし、従って t の値もこれ以上減少できずこの点から先では一定値に止まる。従って、すべての財 m が単一の束配達において搬送されるならば、d が変化しても t は一定かつ最小値に止まる。

3.5 再定式化されたロジスティクス-費用モデル

輸送費率のこの特定の定式化によって、ウェーバー-モーゼスの3角形内において、われわれはいまや再定式化された利潤関数：

$$\pi = c_3 m_3 - c_1 m_1 - (2Ic_1)^{\frac{1}{2}} m_1^{\frac{1}{2}} (S_1 + d_1 v_1)^{\frac{1}{2}} - \frac{I d_1 v_1}{2}$$
$$- c_2 m_2 - (2Ic_2)^{\frac{1}{2}} m_2^{\frac{1}{2}} (S_2 + d_2 v_2)^{\frac{1}{2}} - \frac{I d_2 v_2}{2}$$
$$- (2Ic_3)^{\frac{1}{2}} m_3^{\frac{1}{2}} (S_3 + h v_3)^{\frac{1}{2}} - \frac{I h v_3}{2} \tag{3.30}$$

を持つ。

第1次条件は

$$\frac{\delta \pi}{\delta m_1} = \frac{c_3 \delta m_3}{\delta m_1} - c_1 - \frac{1}{2} m_1^{\frac{-1}{2}} (2Ic_1)^{\frac{1}{2}} (S_1 + d_1 v_1)^{\frac{1}{2}}$$
$$- \frac{1}{2} m_3^{\frac{-1}{2}} \frac{\delta m_3}{\delta m_1} (2Ic_3)^{\frac{1}{2}} (S_3 - h v_3)^{\frac{1}{2}}$$
$$= 0 \tag{3.31}$$

---

6. 付録3.7参照。

$$\frac{\delta \pi}{\delta m_2} = c_3 \frac{\delta m_3}{\delta m_1} - c_2 - \frac{1}{2} m_2^{-\frac{1}{2}} (2Ic_2)^{\frac{1}{2}} (S_2 + d_2 v_2)^{\frac{1}{2}}$$
$$- \frac{1}{2} m_3^{-\frac{1}{2}} \frac{\delta m_3}{\delta m_2} (2Ic_3)^{\frac{1}{2}} (S_3 - hv_3)^{\frac{1}{2}}$$
$$= 0 \tag{3.32}$$

$$\frac{\delta \pi}{\delta \theta_1} = \frac{-1}{2} (S_1 + d_1 v_1)^{-\frac{1}{2}} v_1 \frac{\delta d_1}{\delta \theta_1} (2Ic_1)^{\frac{1}{2}} m_1^{\frac{1}{2}} - \frac{\delta d_1 I v_1}{\delta \theta_1 2}$$
$$- \frac{1}{2} (S_2 + d_2 v_2)^{-\frac{1}{2}} v_2 \frac{\delta d_2}{\delta \theta_1} (2Ic_2)^{\frac{1}{2}} m_2^{\frac{1}{2}} - \frac{\delta d_2 I v_2}{\delta \theta_1 2}$$
$$= 0 \tag{3.33}$$

$$\frac{\delta \pi}{\delta h} = -\frac{1}{2} (S_1 + d_1 v_1)^{-\frac{1}{2}} (2Ic_1)^{\frac{1}{2}} m_1^{\frac{1}{2}} v_1 \frac{\delta d_1}{\delta h} - \frac{I v_1 \delta d_1}{2 \delta h}$$
$$- \frac{1}{2} (S_2 + d_2 v_2)^{-\frac{1}{2}} (2Ic_2)^{\frac{1}{2}} m_2^{\frac{1}{2}} v_2 \frac{\delta d_2}{\delta h} - \frac{I v_2 \delta d_2}{2 \delta h}$$
$$- \frac{1}{2} (S_3 + hv_3)^{-\frac{1}{2}} (2Ic_3)^{\frac{1}{2}} m_3^{\frac{1}{2}} v_3 + \frac{I v_3}{2}$$
$$= 0 \tag{3.34}$$

となり、それらを再整理し簡単化すれば

$$\frac{\delta \pi}{\delta m_1} = \frac{\delta m_3}{\delta m_1} \left[c_3 - \frac{1}{2} m_3^{-\frac{1}{2}} (2Ic_3)^{\frac{1}{2}} (S_3 + hv_3)^{\frac{1}{2}} \right] - \frac{1}{2} \left[2c_1 + m_1^{-\frac{1}{2}} (2Ic_1)^{\frac{1}{2}} (S_1 + d_1 v_1)^{\frac{1}{2}} \right]$$
$$= 0 \tag{3.35}$$

$$\frac{\delta \pi}{\delta m_2} = \frac{\delta m_3}{\delta m_2} \left[c_3 - \frac{1}{2} m_3^{-\frac{1}{2}} (2Ic_3)^{\frac{1}{2}} (S_3 + hv_3)^{\frac{1}{2}} \right] - \frac{1}{2} \left[2c_2 + m_2^{-\frac{1}{2}} (2Ic_2)^{\frac{1}{2}} (S_2 + d_2 v_2)^{\frac{1}{2}} \right]$$
$$= 0 \tag{3.36}$$

$$\frac{\delta \pi}{\delta \theta_1} = \frac{\delta d_1}{\delta \theta_1} \frac{v_1}{2} \left[(S_1 + d_1 v_1)^{-\frac{1}{2}} (2Ic_1)^{\frac{1}{2}} m_1^{\frac{1}{2}} \right] - \frac{\delta d_2}{\delta \theta_2} \frac{v_2}{2} \left[(S_2 + d_2 v_2)^{-\frac{1}{2}} (2Ic_2)^{\frac{1}{2}} m_2^{\frac{1}{2}} + I \right]$$
$$= 0 \tag{3.37}$$

$$\frac{\delta \pi}{\delta h} = -\frac{v_1}{2}\frac{\delta d_1}{\delta h}\left[(S_1+d_1v_1)^{\frac{-1}{2}}(2Ic_1)^{\frac{1}{2}}m_1^{\frac{1}{2}}+I\right]$$

$$-\frac{v_2}{2}\frac{\delta d_2}{\delta h}\left[(S_2+d_2v_2)^{\frac{-1}{2}}(2Ic_2)^{\frac{1}{2}}m_2^{\frac{1}{2}}+I\right]$$

$$-\frac{v_3}{2}\left[(S_3+hv_3)^{\frac{-1}{2}}(2Ic_3)^{\frac{1}{2}}m_3^{\frac{1}{2}}+I\right]$$

$$=0 \qquad (3.38)$$

となる。

前と同じく、(3.35) および (3.36) を再整理することにより、われわれは ($\partial m_3/\partial m_1$) および ($\partial m_3/\partial m_2$) の各々についての表現に達する。($\partial m_3/\partial m_2$) を ($\partial m_3/\partial m_1$) によって除することにより ($\partial m_1/\partial m_2$) についての表現に達する。これらの方程式に対する同次解に関しては、この比率は m_1 および m_2 が m_3 とともに増大するとき一定に止まらなければならない。これらの方程式に対する唯一可能な同次解は従ってすべての m_3 に対して $m_1=m_2$、$S_1=S_2$、$c_1=c_2$、$d_1=d_2$ かつ $v_1=v_2$ の場合である[7]。しかしながらこのような条件は、M_1、M_2 および M_3 で構成される3角形が M_1 および M_2 の供給点において等しい角度を持つ2等辺3角形でなければ、方程式 (3.37) を同時には満たさない。この場合: $d_1=d_2$ であるので

$$\frac{\delta d_1}{\delta \theta_1}=-\frac{\delta d_2}{\delta \theta_1} \quad \text{かつ} \quad \frac{\delta d_1}{\delta h}=-\frac{\delta d_2}{\delta h}$$

である。方程式 (3.35) ～ (3.37) を満たすとともに、これらの一意的な条件は方程式 (3.38) が次のように書き換えられることを許す[8]。

$$-v_1\frac{\delta d_1}{\delta h}\left[(S_1+d_1v_1)^{\frac{-1}{2}}(2Ic_1)^{\frac{1}{2}}m_1^{\frac{1}{2}}+I\right]-\frac{v_3}{2}\left[(S_3+hv_3)^{\frac{-1}{2}}(2Ic_3)^{\frac{1}{2}}m_3^{\frac{1}{2}}-I\right]=0$$

$$(3.39)$$

---

7. このことの証明は付録3.2に含まれている。
8. 方程式 (3.39) において添字1を持つすべてのパラメータは、添字2に変えることができる。何故ならそれらは同値であるからである。

(3.39) を再整理すれば

$$m_1^{\frac{1}{2}} k_1 - k_2 = m_3^{\frac{1}{2}} k_3 + k_4$$

が得られる。ここで k_1, k_2, k_3, および k_4 は S_1, S_2, S_3, I, c_1, c_3, v_1, v_3, d_1 および h がすべて定数であるのですべて次のような定数である：

$$k_1 = -(S_1 + d_1 v_1)^{\frac{-1}{2}} (2I c_1)^{\frac{1}{2}} v_1 \frac{\delta d_1}{\delta h}$$

$$k_2 = I v_1 \frac{\delta d_1}{\delta h}$$

$$k_3 = \frac{v_3}{2} (S_3 + h v_3)^{\frac{-1}{2}} (2I c_3)^{\frac{1}{2}}$$

$$k_4 = \frac{I v_3}{2}$$

これらは方程式 (3.35) − (3.37) を満たすために必要なホモセティック条件である。ウェーバー‐モーゼス問題への可能な同次解の性質を決定する上で、もしわれわれが $-k_2 = k_4$ と置くならば、われわれには：

$$m_3^{\frac{1}{2}} k_3 = m_1^{\frac{1}{2}} k_1$$

という関係が残される[9]。それ故

$$m_3 = m_1 \left[\frac{k_1}{k_3} \right]^2$$

である。従って、すべての m_3 に対して $m_1 = m_2$, $S_1 = S_2$, $c_1 = c_2$, $d_1 = d_2$, かつ $v_1 = v_2$ の特別の場合には、そしてまた：

$$v_1 \frac{\delta d_1}{\delta h} = -\frac{v_3}{2}$$

であり、かつ M_1, M_2 および M_3 から構成される3角形が2等辺3角形であるな

---

9. k_2 自身の符号は $\partial d_1 / \partial h$ という比率がマイナスの符号を持つことのために常に負である。

第3章　ロジスティクス-費用モデル　87

らば、そのときかつそのときのみ産出量独立の最適立地問題に内点解が存在しうる。この特定の場合には、$(k_1/k_3)^2$ が定数であるから生産関数は1次同次であろう。しかしわれわれはまたこのような同次性は部分的には空間幾何そのものによって規定されることを知る。

この問題に対して一意的同次内点解の可能性が実際に存在する。それは点 M_1, M_2 および M_3 が正3角形を構成し、$m_1 = m_2$, $S_1 = S_2 = S_3$, $c_1 = c_2$, $d_1 = d_2 = h$, $v_1 = v_2 = v_3$, かつ $\partial d_1/2h = -1/2$ である場合である。何故ならこの最適は3角形の中心になるからである。上述と同じ接近法により:

$$m_3 = m_1 \left[\frac{k_1}{k_3}\right]^2 \quad \text{は} \quad m_3 = m_1 \left[\frac{c_1}{c_3}\right]^2 \tag{3.41}$$

となる。しかしながら、財 m_1 および m_3 の数量は物質重量によって規定されているので、m_3 が m_1 より大きくなることは不可能である。従ってこの均衡を維持するためには、産出量の価値 $m_3 c_3$ は投入量 $m_1 c_1$ の総価値より小さいかあるいはそれと等しくなければならない。いい換えれば企業の付加価値内容はゼロより小さいか等しいかでなければならない。企業の存在理由は価値の付加であるから、これは許されないことである。従って、この特定の場合には、c_3 が一定であるときウェーバー-モーゼロジスティクス費用、立地-生産問題には投入物および産出物に関して内点同次解は存在しないことが明らかである[10]。c_3 が m_3 にともなって変化しうるときウェーバー-モーゼ問題には同次解が存在しないこと[11]、およびホモセティック解は保証できないことを示すことができる[12]。

われわれの目的にとっては、ウェーバー-モーゼロジスティクス費用、立地-生産問題がここまで論じられた輸送費率のどちらの組合せ、すなわち t が固定されている場合あるいは $t = v/Q$ である場合のいずれの下でも同次解を持

---

10. このことの証明は付録3.3に含まれている。
11. このことの証明は付録3.4に含まれている。
12. このことの証明は付録3.5に含まれている。

たないということは、産業行動の実証的分析にとって非常に重要な結論である。その理由は、われわれが附録2.1で見たように、現実には企業による生産成分投入物への需要は、資本や労働といった要素投入物と違って、最終生産物の構成に依存する派生需要であるからである。解析的にはこれは固定された投入-産出レオンチェフ関係によって表現され、それはまた、投入物および産出物について1次同次の生産関数についてのわれわれの立地-生産に関する理論的結論に対応している。従ってわれわれの結論は実証的テストの対象となるべきなのである。

3.6 付加価値と均質的な平面上での最適企業立地の間の関係

いかなる特定の生産過程も特定の付加価値作業によって特性づけられる。生産地点においての時間期間当り総付加価値は利潤関数によって与えられ、それは賃金、地代および支払い利潤の総額に等しい。従って利潤関数は、ロジスティクスがその特定の立地において最適手法で扱われるとき、産出物収益の価値と総要素投入、購入された財およびロジスティクスの費用の差を表すことになる。一つの生産過程を他のそれから区別するのは単位産出量当りの付加価値 π/m_3 である。前節において、ロジスティクス費用立地問題において同次あるいはレオンチェフ解が存在しない理由は、実際は輸送と投入物および産出物の在庫保有の相対費用の間の微妙な関係に由るものであった。特に、われわれはこのことが企業による付加価値、それの生産ヒエラルキーの中での位置（マッカン1995a）、および企業の最適立地の間の直接的関係を与えるものであることを知るであろう。マッカン（1993）に従えばこれをとりあえず示すもっとも簡単な方法は数値例によるものである。

すべての他の空間的および非空間的費用パラメータの任意の値について任意特定の企業立地 K に関して d_i および h の対応する値を記入し、π の値を与えることが可能である。その結果、ある逐次過程によって、π が最大化される立

地を見いだすことも同様に可能である。ウェーバー-モーゼスの3角形の中で、もしわれわれが M_1, M_2 および M_3 の地理的座標を M_1 および M_2 のところの角が等しい2等辺3角形となるように、かつ：

$$d_1 = d_2 = \sqrt{(M_3 B)^2 + (KB)^2}$$

と設定するならば、企業の最適立地が、他の投入費用パラメータを $v_1 = v_2 = v_3$, $S_1 = S_2 = S_3$, $m_1 = m_2 = m_3$, $c_1 = c_2$ のように設定することにより、頂点 M_3 と M_1 および M_2 で構成される底辺の中点 B を結ぶ直線に沿ってどのように変化するかを分析することが可能となる。

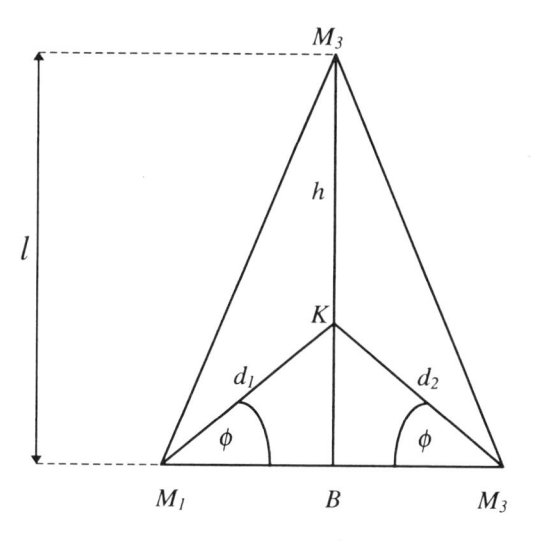

第3.2図　立地3角形

$c_1=c_2$	c_3	$m_1=m_2=m_3$	h	ϕ	π/m_3
1	4	400	1978.744	12°	0.29639
1	5	400	1975.062	14°	1.12834
1	16	400	0	87.137°	11.8698
1	4	10000	1973.2	15°	1.64154
1	5	10000	1969.42	17°	2.60801
1	16	10000	0	87.137°	13.7034
1.5	5	400	1980.561	11°	0.04060
4	16	400	0	87.137°	2.60801
6	16	400	1976.913	13°	0.30753

第3.1表　　シミュレーション結果　　t＝v/Q

$I=0.25$, $v_1=v_2=v_3=0.2$, $S_1=S_2=S_3=10$, $M_1B=M_2B=100$　かつ$M_3B=l=2000$と置くならば、K の市場点 M_3 からの距離 h は任意の立地 K について $h=l-KB=2000-KB$ で与えられる。本来の利潤関数より、われわれは企業の最適立地が投入および産出財の価値および輸送価格づけ体制 $t=v/Q$ の下で消費される投入物および産出物の数量の変化にともなって、いかに変化するかを容易に計算することができる。このシミュレーション結果は第3.1表に示されている。第3.1表のシミュレーション結果は同質的な平面上で輸送価格づけ体制 $t=v/Q$ の場合には、生産地点においての産出量単位当りの付加価値 π/m_3 が増大するに従って、他の事情が一定であれば企業の最適立地は生産物市場の方向へと動くことを示している。この産出量単位当り付加価値の増大は最終生産物の価値 c_3 の投入物の供給点費用 c_i との相対においての増大によって惹き起される。同様に投入物の価格が産出物価格との相対で増大するならば、生産地点においての産出量単位当り付加価値は低下し、他の事情が一定であれば、最適立地は投入物供給点の方向へと傾く。他方、生産される産出物の総量 m_3 増大の効果は c_3 増大のそれと同様である。

輸送費率 t が固定されている場合についてのスミス(1994)のシミュレーション結果は同質的な平面上で、最終産物の価値 c_3 の増加による投入物の供給点費用 c_i との相対での産出量単位当りの付加価値 c_3 の増大は、やはり企業の最適立地が生産物市場の方向へ動くことを示している。他方、投入物の価格が産出

物価格との相対で増大するならば生産地点においての産出量単位当りの付加価値は低下し、他の事情が一定であれば最適立地は投入物供給点の方向へ傾く。

　これら二つの異なる輸送費率体制の下では、企業の最適立地は産出財の市場価値が投入財の供給点価格との相対で増大するときには常に産出物市場の方向へと動く。しかしながら、投入財の供給点価格が産出財の市場価格との相対で増大するならば企業の最適立地は反対方向へと動く。どうしてこうなるかを知るためには、両方の輸送費用体制の下で個別の投入物および産出物のロジスティクス費用関数の各々が搬送距離および生産物価格とに関してとる行動を比較することが必要である。tが固定されているときにわれわれは：

$$\frac{\delta(TLC_i)}{\delta d_i} = \frac{(2m_i S_i)^{\frac{1}{2}} I^{1/2} t_i}{2(c_i + t_i d_i)^{\frac{1}{2}}} + t_i m_i \tag{3.42}$$

および：

$$\frac{\delta(TLC_o)}{\delta d_o} = -\frac{(2m_o S_o)^{\frac{1}{2}} I^{1/2} t_o}{2(c_2 - t_o d_o)^{\frac{1}{2}}} + m_o t_o \tag{3.43}$$

を持つ。同様に、$t = v/Q$ であるときわれわれは：

$$\frac{\delta(TLC_i)}{\delta d_i} = \frac{(2Ic_i)^{\frac{1}{2}} m_i^{1/2} v_i}{2(S_i + v_i d_i)^{\frac{1}{2}}} + \frac{I v_\alpha}{2} \tag{3.44}$$

および：

$$\frac{\delta(TLC_o)}{\delta d_o} = \frac{(2Ic_o)^{\frac{1}{2}} m_o^{\frac{1}{2}} v_o}{2(S_o + v_o d_o)^{\frac{1}{2}}} - \frac{I v_o}{2} \tag{3.45}$$

を持つ。

　方程式（3.43）と（3.45）の符号はあいまいである。しかしながら、方程式（3.9）に包絡線定理を適用することによってわれわれは：

$$\frac{\delta(TLC_o)}{\delta d_o} = -\frac{Q_o^* I t_o}{2} + m_o t_o$$
$$= b_o\left(m_o - \frac{IQ_o^*}{2}\right) \tag{3.46}$$

を持つ。さらに方程式 (3.23) に対しては、われわれは：

$$\frac{\delta(TLC_o)}{\delta d_o} = \frac{v_o m_o}{Q_o^*} - \frac{I v_o}{2}$$
$$= v_o\left(\frac{m}{Q_o^*} - \frac{I}{2}\right) \tag{3.47}$$

を持つ。$Q_i = Q^*$ および $Q_o = Q_o^*$ が各々 m_i および m_0 より大きくはなりえないという条件の下では m_i/Q_i^* および m_o/Q_o^* の可能な最小値は一つである。従って、方程式 (3.46) (3.47) そしてその結果として方程式 (3.43) および (3.45) はもし I が 2 以下であればプラスである。しかしながら、もし I が 1 より大きければそれは固定された名目価格に対して利子率が100％以上であることを意味するから、I は通常 1 より小さい。明らかに、われわれは固定された名目生産物価格に対して利子率が200％を越えるといった可能性は無視してよいので、われわれは方程式 (3.43) および (3.45) は常に正であると仮定することができる。他方、方程式 (3.42) ～ (3.45) の搬送距離に関する導関数はすべてマイナスである[13]。このことは、これらの特定のロジスティクス-費用関数は第3.3図に示すように、搬送距離に対して凹であることを意味する。

　企業が直面する総ロジスティクス費用は、付録3.9で示されるように投入物および産出物ロジスティクス費用の和として与えられるので、われわれの目的にとってはそれらは解析的には加法的かつ分離可能として扱うことができる。ティブー (1957) およびハイマン (1990) の接近法に従って、われわれは立地

---

13. 方程式 (3.42) ～ (3.45) の動き、および結果される立地上のいかなる結論ももしトン-マイル当り輸送費用が搬送距離に対して逆の関係を持っているならば影響を受けないということを示すのはきわめて容易である。

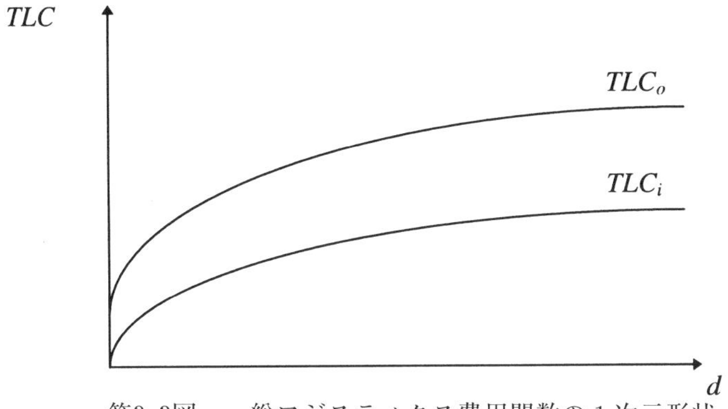
TLC
TLC_o
TLC_i
d

第3.3図　　総ロジスティクス費用関数の１次元形状

３角形の中でＫ点に立地する企業についての３次元空間の投入・産出ロジスティクス-費用関数を第3.4図のように描くことができる。

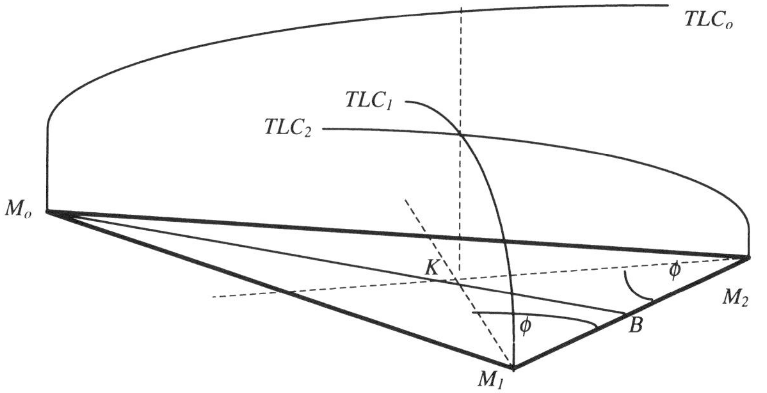
TLC_o
TLC_1
TLC_2
M_o
K
φ
M_2
φ
B
M_1

第3.4図　総ロジスティクス費用関数の３次元版

産出物ロジスティクス費用関数はKがM_oからBへ向って動くのにともなってM_oBに沿って凹である。同様に投入物ロジスティクス-費用関数はともにM_1K線およびM_2K線に沿ってKの方向について凹である。しかしながら３角形の２次元的性質はわれわれがBを離れてM_oB線に沿ってKへ動くとき投入物ロジスティクス-費用関数は：

$$TLC_{M_oB} = \sum_{i=1,2} TLC_i \cos\phi + \sum_{i=1,2} TLC_i \sin\phi \tag{3.48}$$

であり、その初期総投入物ロジスティクス-費用水準はB点において：

$$\sum_{i=1,2} TLC_i \cos\phi$$

であり、それは M_oB 線に沿って M_o の方向へ：

$$\sum_{i=1,2} TLC_i \sin\phi$$

の率において上昇する。

それは、ウェーバーの意味では、M_oB 線に沿って M_o 点から離れるときの「吸引」費用を表しており、第3.4図に示されている。[14]

K が企業の内点最適立地であるために、M_oB 線に沿ったいずれの方向への任意の限界的な動きにともなう投入物ロジスティクス-費用の限界的変化は、

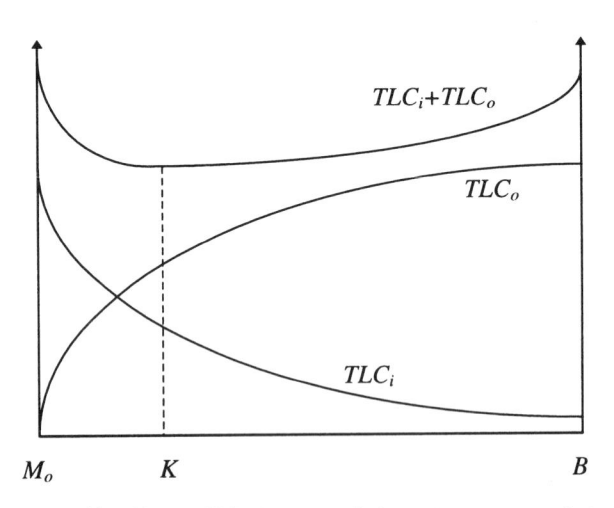

第3.5図　M_oB 線に沿った総投入および産出ロジスティクス「吸引」費用

---

14. この直線に関する表現はコサインおよびサイン項の両方を含んでいるが、これらの項目は相互に消し合わないので、従ってこの表現は ϕ が増大するとき一定には止まらない。何故なら搬送距離もまた角度 ϕ とともに増加するからである。

M_oB 線に沿った産出物ロジスティクス費用の限界的変化と正確に等しくかつ逆向きでなければならない。われわれはロジスティクス費用関数の各々は距離について凹であることを知っているが、3角形の2次元的性質は方程式(3.48)で表される関数はしばしば、B から M_o への動きによって ϕ が増加するとき M_oB に沿って凸である。この凸性が多くの場合 M_oB に沿って内点解が存在する可能性を与える。このことを念頭に置けば、われわれは今やこの内点最適がどのようにして、異なる輸送費率体制の下で投入あるいは産出財の価格の変化によって影響されるかを、生産物価格の変化にともなう M_oB 線に沿った投入および産出の総ロジスティクス-費用の動きを観察することのみによって見出すことができる。これを実行するためには、われわれは単純に方程式 (3.42) – (3.45) の、投入および産出財の適切な価格についての、交叉偏微分をとることができる。

$t = v/Q$ の輸送価格体制の下では方程式 (3.44) および (3.45) の交叉偏微分は生産物価格に関しては正である。このことは関数 TLC_i および TLC_o のどちらの型もそれらの原点から上方へ進むことを意味している。第3.4図に示された結果は両方の曲線の M_oB 線に沿った動きである、すなわち：

　　TLC_{MoB} および TLC_o

は投入および産出価格が上昇するにともない、各々それらの原点から上方へ進む。加えて、TLC_{MoB} 曲線の原点もやはり上方へと動く。もし投入物の価格が上昇すれば、他の事情にして一定であれば、その効果は従って内点最適立地を B の方向へ動かすことになる。同様にもし産出物の市場価格 c_o が上昇すれば、他の事情にして一定であれば、その効果は内点最適立地を M_o の方向へ動かすことになる。多くの場合、最適立地は端点解であろう。一方、t が固定されるような輸送価格体制の下では、方程式 (3.43) の財の市場価格に関する正の交叉偏微分は産出財価格 c_o の上昇が、他の事情にして一定であれば、TLC_o 曲線の動きと企業の最適立地に対して上述の場合と同じ効果を持つことを意味する。いい換えれば、企業の最適立地は市場の方向へと動くのである。他方、方程式 (3.42) の投入物価格 c_i に関する交叉偏微分は負である。このことは c_i が上昇

するにつれて、TLC_i 曲線の位置は上方にシフトするが、その勾配は減少することを意味する。このことの結果として企業の内点最適立地は M_oB 線に沿って B より離れ M_o の方向へ動く。ここでもまた、ある限界を超えると、最適立地は B あるいは M_o においての端点解に復帰するであろう。

われわれはまた同じ接近法を投入財あるいは産出財の搬送される量の変化の効果を評価するために用いることができる。方程式（3.44）および（3.45）の、投入財 m_i および産出財 m_o の搬送される量に関しての交叉偏微分から、われわれは TLC_i および TLC_o 曲線の勾配および位置の変化、およびその結果としての企業の内点最適立地への効果が同じ価格づけ体制の下では c_i および c_o の各々の変化の場合と同じであることを知る。従って $t = v/Q$ の輸送価格づけ体制の下では搬送される財の量の変化の立地効果はそれらの価格の変化によって生ずるものと同じである。しかしながら、固定輸送費率の場合は、方程式（3.43）の m_o に関する交叉偏微分は：

$$\frac{\partial\left(\frac{\delta(TLC_o)}{\delta d_o}\right)}{\partial m_o} = -\frac{(2S_o)^{\frac{1}{2}} I^{1/2} t_o}{2 m_o^{1/2}(c_2 - t_o d_o)^{\frac{1}{2}}} + t_o \tag{3.49}$$

であり、これによれば TLC_o の勾配の m_o に関する変化は、当初不決定のように見える。

しかしながら方程式（3.49）は：

$$\frac{\partial\left(\frac{\delta(TLC_o)}{\delta d_o}\right)}{\partial m_o} = -\frac{Q_o^*}{m_o}\frac{I t_o}{2} + t_o = \left(-\frac{Q_o^*}{m_o}\frac{I}{2} + 1\right) t_o \tag{3.50}$$

のように書き直され、方程式（3.43）および（3.45）の正しい動きについて概述されたものと同じ条件の下では常に正である。従ってこれは、方程式（3.42）の交叉偏微分が m_i に関しては正であるという事実を所与とすれば、これは両方の輸送価格体制の下で数量変化の立地効果は明確であることを意味する。も

し産出量が増大するならば、他の事情にして一定であれば、企業の最適立地は市場の方向へと動き、もし投入量が増大すれば、他の事情にして一定であれば、企業の最適立地は市場から遠ざかる方向へと動く。これらの結論はウェーバーによる観察と一致している。

　これら二つの相異なる輸送価格体制は産出財の価格変化および消費される投入量および産出量の変化に対しては同一の立地的結論をもたらす。しかしながら、それらは投入財の価格変化に対しては逆向きの立地的結論をもたらす。そのことの理由は、これらの二つのモデル特定化は輸送費率パラメータ t の値と搬送される財の価値との間での異なる関係を内包しているからである。t が固定されているモデルでは、財の価格と輸送費用の間には相互作用が存在しない。他方輸送費率パラメータが $t=v/Q$ で定義されるモデルでは、t の値と財の価値の平方根の間にはまさに特定の正関係が存在する。われわれはこのことを輸送費率それ自身が搬送される財の価値の関数である可能性を許しつつ方程式（3.42）および（3.43）の財の価格に関する交叉偏微分をとることによって知ることができる。

$$\frac{\delta\left[\frac{TLC_i}{\delta d_i}\right]}{\delta c_i} = -\left[\frac{(2S_i m_i)^{\frac{1}{2}} t_i I^{1/2}}{4(c_i+t_i d_i)^{\frac{3}{2}}}\right]\left[1+(\frac{\delta t_i}{\delta c_i})d_i\right] + \left(\frac{\delta t_i}{\delta c_i}\right)\left(\frac{(2S_i m_i)^{\frac{1}{2}} I^{1/2}}{2(c_i+t_i d_i)^{\frac{1}{2}}}+m_i\right)$$

(3.51)

$$\frac{\delta\left[\frac{TLC_o}{\delta d_o}\right]}{\delta c_o} = +\left[\frac{(2S_o m_o)^{\frac{1}{2}} t_o I^{1/2}}{4(c_o-t_o d_o)^{\frac{3}{2}}}\right]\left[1-(\frac{\delta t_o}{\delta c_o})d_o\right] + \left(\frac{\delta t_o}{\delta c_o}\right)\left[-\frac{(2S_o m_o)^{\frac{1}{2}} I^{1/2}}{2(c_o-t_o d_o)^{\frac{1}{2}}}+m_o\right]$$

(3.52)

　もし輸送費が生産物価格から独立に、外生的に与えられるならば、（3.51）よりわれわれは投入物価格の上昇は投入物ロジスティクス-費用関数の勾配を減少させることを知る。他方、投入物輸送費用が価格の正関数であるならば、TLC_i 曲線の動きは輸送費用の変化率に依存する。一方、方程式（3.52）より、右辺

第3項の〔　〕内が：

$-IQ^*_0/2 + m_0$

と書き替えられこれは方程式（4.3）および（4.5）の正しい動きについて概述された条件の下では常に正であるから、もし輸送費用が産出生産物価格より独立で外生的に与えられるならば、産出物ロジスティクス-費用関数は産出物価格が増大するとき常により急勾配となる。ここでもまた、もし輸送費用が生産物価格の正関数であるならば、投入物および産出物価格の変化の企業の最適立地への効果は種々のパラメータの値に依存する。稀には（3.51）および（3.52）がゼロとなり、それは投入物あるいは産出物価格の限界的変化はまったく立地上の変化をもたらさないことを意味する。しかしながら生産物価格のこの点を越えての変化はすべて M_0B 線に沿っての最適立地の移動の方向が変化することを意味する。しかしながら、おおざっぱにいえば、もし輸送費用が生産物価格の正関数であれば、方程式（3.51）および（3.52）よりわれわれはもし生産物重量 m_i および m_0 が他のパラメータとの相対できわめて小さいのでなければ、財価格の上昇は適切なロジスティクス-費用関数の勾配の上昇をともなうことを知る。これらの場合の立地上の結論は従って企業の最適立地は、価格の上昇したのが投入財であるか産出財であるかに依存して、それぞれ原材料供給点あるいは生産物市場点の方向へと動くということである。

　ここまでのところわれわれのロジスティクス-費用立地結論は地方的な土地および労働価格に変動のない同質的平面に関して展開されてきた。従ってわれわれとしてはこの接近法を空間的要素価格のより現実的な取扱いを許す形に展開することが必要である。さらに、われわれの結論がモデルの中で規定された輸送費構造にも依存していることを考えれば、われわれとしては分析目的のためにより一般的な輸送費用形態を採用するということに止まらず、応用実証的な目的のために用いられる上ではロジスティクスモデルにおいて採用されるべき最も現実的な輸送費用構造は何であるかを示唆することが必要となる。

3.7 一般化輸送費用と空間費用の役割

3.7.1 一般化輸送費用

今までのところわれわれの議論では企業の最適立地を決定する上での在庫価値の効果にのみ焦点を当てるために無視されて来た二つの側面がある。しかしそれらは今や拡張されわれわれの分析の中に取り込まれなければならない。それらは複数の型の輸送機械の使用および空間費用の問題である。

ロジスティクス計画家はすべての財搬送を組織するに当って特定の輸送機械を用いるべく制約されるという仮定、それはわれわれが今までロジスティクスモデルにおいて $t = v/Q$ という公式を採用するために用いてきたものであるが、大部分の現実世界の状況、そこではロジスティクス計算は通常車輌管理上の考慮を包含することを考えれば、きわめて制限的かつ不適切であるように思われる。変化する需要と1回限りの配達は種々の個別輸送機械が異なる時点で必要とされることを含意する。しかし付録4.1で見るように、このような不確実性は通常基本的なEOQへの積み増しとなる最適緩衝在庫を計算することによって斟酌されるので（ラブ 1979）その存在はロジスティクス-費用行動を根本的に変更するものではない。しかしながら、複数の型の輸送機械がわれわれのロジスティクス-費用分析に対し問題を生じさせるより根本的な理由は、いかなるEOQ計算に対しても、通常輸送機械の型や大きさのある範囲があり、その結果としてバン（1982）によって採用された以前の例示によって述べられ方程式（3.25）および（3.28）で定式化された計算の中に含めることのできる v の値の範囲があるということである。v の異なる各々の値は異なる Q^* を生み出し企業にとっては最も選好される Q^* の値は輸送機械の交代的選択肢の範囲の中で、特定の輸送機械の型に基づいて計算された総最小ロジスティクス-費用を最小化するようなもの：すなわち最善最適(optimum optimorum)である。もしその中から選択しうる輸送機械の型と大きさがあるならば、各々の型はそれ自身の特定の搬送能力限界を持ち、通常のロジスティクス接近法は、各々の

輸送手段について、われわれは特定の輸送手段を使用するよう制約されていると仮定して最適搬送頻度を計算し、その上でそれらの輸送機械選択の各々について相対的最小を比較することになる。このような接近法は一般的な規模、頻度および輸送機械の種別および個別の配達の大きさを決定するために用いられ、ロジスティクス計画家の目標の一つは輸送機械の最大操業を確保すること：すなわち既に見たように輸送機械の完全能力利用は搬送配達の組立て方を支配する第一義的な規準ではないけれども可能な限り個別輸送機械の完全能力搬送をするということである。従って EOQ 原理はなお一般的なロジスティクスの組立てを決定するのに用いられるが、他方 1 回限りの搬送は個別的に組み立てられる。

　われわれは他のすべてのパラメータの値についての先験的な知識なしには車列管理原則に基づいて計算されたある特定の場合についてパラメータ t の値あるいは動きを知ることはできない。しかしながら、いくつかの重要な指針を示すことは可能である。上述のバン(1982)の例から知られるように個別の輸送機械の型はしばしば搬送においての規模の経済を表す。同様に、われわれが異なる輸送機械の型と大きさの間の移動の相対費用を比較するとき、われわれは通常その変動は輸送機械の相対的運搬能力に比例的というよりずっと少ないことを知る（アロンゾ　1964）。いい換えれば、もしわれわれが各輸送機械のマイル当り輸送費用 v_j を完全積載運搬能力 Q_j に対して、輸送機械の型と大きさの範囲 $j = 1, \ldots n,$ について作図すれば、一般的には第3.6図に示されるような右上がりの勾配関係が得られる。われわれはこの関係を：

$$v_j = a + bQ_j$$

という回帰関数の形で叙述することができる。ここで a は正の切片を表し、産業の運搬目的に適切な最小道路輸送機械は一般にゼロでない移動費用をともなうことを示している。そして b は正の勾配を表し、一般により大きな搬送能力の輸送機械はより大きな移動費用を意味することを示している[15]。もしわれわれによる使用輸送機械範囲の選択が多かれ少なかれ第3.6図の搬送サイズにおいて規模に対する収益一定を示すならば、それは原点から発する直線で表

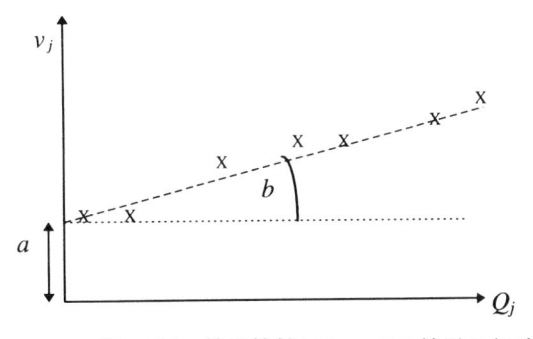

第3.6図　輸送機械においての輸送の経済

現され、そこでは a はゼロ、b は正である。さてわれわれの以前の議論からして、もしロジスティクス計画家が、すべての個別搬送は利用可能な輸送機械選択の範囲の中から採用される輸送機械の能力に関して完全能力搬送として行われ、最善最適が常に達成されることを保証するならば、われわれは一般化された輸送費率関数を：

$$t = \frac{a + bQ}{Q} = \frac{a + bQ^*}{Q^*}$$

として表すことができる。これはわれわれの以前の表現、$t = v/Q = v/Q^*$ よりもはるかにより柔軟である。何故なら、それは輸送機械の多数の型の採用を可能にするからである。これらの条件の下で、もしわれわれが使用する輸送機械の大きな選択範囲を持っており、それがたまたま搬送の大きさに関して規模に対する収益一定の性質を持っているならば、上掲の表現においてこのことは：

$$t = \frac{bQ}{Q} = \frac{bQ^*}{Q^*} = b$$

15　これへの唯一の現実の例外は配達速度においての重大な差異の問題である。すなわちある種の小さな運送能力を持つ輸送機械は異なる型のより大きな輸送機械よりも高い移動費用を負担するということである。例えば列車と航空機の比較である。しかしながらこのことはわれわれの結論には影響しない。何故なら個別の発送の速度は１回限りの配送の問題について除いてはロジスティクス作業の主要な論点ではないからである。リアルタイムのロジスティクスモデルにおいての発送速度は配送の頻度を通じてのみ処理される。それは全体的なロジスティクス-費用を決定するからである。

と表されるであろう。いい換えれば、パラメータ t は定数となり、われわれの以前のロジスティクス-費用モデルの定式化に対応することになる。同様に、もしわれわれが輸送機械選択の範囲として個別の搬送についてきわめて重大な規模の経済を示すものをもっているならば、勾配 b はゼロに近くなり a は非ゼロの切片となる。これらの条件の下では輸送費率パラメータ t は:

$$t = \frac{a}{Q} = \frac{a}{Q^*}$$

に近づく。これは異なる輸送機械の間でも輸送機械の型の内でもそうであり、$t = v/Q$ によって表現されてきた。いい換えればパラメータ t はわれわれの再定式化されたロジスティクス-費用モデルに対応する仕方で動くのである。多数の輸送機械選択を含む最適化された発送計算の場合、輸送費用へのこのように、より一般化された接近法によって、われわれは今やより広く定義された理論的ロジスティクス立地結論を叙述することができる。本章の後段においてわれわれは応用実証研究のためにはどれが一般的に最も適切な輸送費用構造であるかを論ずるであろう。

3.7.2　空間費用

今までのところわれわれは空間費用の問題を無視してきた。このことは、われわれが同質的な平面の場合だけを分析してきたので可能であった。しかしながら、空間費用はロジスティクス-費用において重要な役割を果すもので、要素価格に空間的変動がある条件の下でのロジスティクス-費用立地-生産行動を観察するために分析の中に取り込まれる必要がある。

在庫と結びついた空間費用は貯蔵と倉庫空間の空間および空間取扱い費用である。これらは土地費用および在庫取扱い作業に含まれる労働費用より構成され、保有されている在庫の量に直接関連している。原材料への需要が時間期間にわたって一定に止まると仮定すれば、在庫を保有することによって負担される総年間空間費用は $sQ/2$ として表すことができる。ここで s は次のように定義されるロジスティクス-費用係数（マッカン　1996）である:

$$s_1 = 2 \times \frac{容積}{重量} 比率 \times [rR_i + wL_i]$$

ここで　$r =$ 倉庫／工場空間の平方メートル当り年間地代
　　　　$w =$ 倉庫／原材料取扱い労働者の年間単位賃金
　　　　$R_i =$ 特定の生産物の在庫1立方メートルを貯蔵するために必要な面積
　　　　$L_i =$ 特定生産物の在庫1立方メートルを取り扱うのに必要な労働の単位数[16]

単純化のために R_i および L_i が固定係数であると仮定すれば、今やわれわれは在庫の空間および空間取扱い費用もまた EOQ のロジスティクス-費用計算に取り入れることができる。一般化された輸送費用への表現と同様に内生的な地方的土地および労働費用をともなってわれわれは同質な平面の上でのわれわれの総ロジスティクス-費用関数の動きを調べることができるのみならず、地方的要素価格の地域間変動がいかに企業の立地行動に影響するかを調べることができる。

3.8　一般化輸送費用および空間費用を内生化したロジスティクス-費用の構造

もしわれわれが投入物発送（3.6）の総ロジスティクス-費用表現に空間費用を取り入れるならば：

$$TLC_i = \frac{m_i S_i}{Q_i} + \frac{I(c_i + t_i d_i) Q_i}{2} + \frac{s_i Q_i}{2} + m_i t_i d_i \tag{3.53}$$

が得られる。上述の議論によりもしわれわれが一般化された輸送費率構造を採用するならば：

---

[16] 企業によって動かされる一つの型の財に対して、個別の発送が大きければ大きいほど、輸送機械に積み込み、そのあと在庫品を輸送機械から積みおろすのに必要な労働の単位数はより大きくなる。この場合、そのような労働費用は既に L_i および s_i 項の中に含まれている。

$$t_i = \frac{(a_i + b_i Q_i)}{Q_i} = b_i + \frac{a_i}{Q_i}$$

となり、その結果：

$$TLC_i = \frac{m_i S_i}{Q_i} + \frac{I c_i Q_i}{2} + \frac{I d_i (b_i + \frac{a_i}{Q_i}) Q_i}{2} + \frac{s_i Q_i}{2} + m_i d_i (b_i + \frac{a_i}{Q_i}) \tag{3.54}$$

となり、再整理すれば

$$TLC_i = \frac{m_i(S_i + a_i d_i)}{Q_i} + \frac{Q_i [I(c_i + b_i d_i + s_i)]}{2} + d_i \left(\frac{I a_i}{2} + m_i b_i \right) \tag{3.55}$$

となる。再び微分してゼロと置けば

$$\frac{\delta(TLC_i)}{\delta Q_i} = -\frac{m_i(S_i + a_i d_i)}{Q_i^2} + \frac{I[(c_i + b_i d_i) + s_i]}{2} \tag{3.56}$$

となり、そして内生的空間費用をともなって計算される投入物についての EOQ は：

$$Q_i^* = \sqrt{\frac{2 m_i (S_i + a_i d_i)}{I[(c_i + b_i d_i) + s_i]}} \tag{3.57}$$

として与えられ、投入物についての総ロジスティクス-費用表現は：

$$TLC_i = (2 m_i)^{\frac{1}{2}} (S_i + a_i d_i)^{\frac{1}{2}} [I(c_i + b_i d_i + s_i)]^{\frac{1}{2}} + d_i \left(\frac{I a_i}{2} + m_i b_i \right) \tag{3.58}$$

となる。われわれは同質的な平面上でのこの関数の形を調べるために、運搬距離に関する第1次および第2次導関数を観察すれば：

$$\frac{\delta(TLC_i)}{\delta d_i} = \frac{a_i (2 m_i)^{\frac{1}{2}} [I(c_i + b_i d_i) + s_i]^{\frac{1}{2}}}{2(S_i + a_i d_i)^{\frac{1}{2}}} + \left(\frac{I a_i}{2} + m_i b_i \right) + \frac{I b_i (2 m_i)^{\frac{1}{2}} (S_i + a_i d_i)^{\frac{1}{2}}}{2[I(c_i + b_i d_i) + s_i]^{\frac{1}{2}}}$$

および $\tag{3.59}$

$$\frac{\delta^2(TLC_i)}{\delta d_i^2} = \frac{a_i^2 (2 m_i)^{\frac{1}{2}} [I(c_i + b_i d_i) + s_i]^{\frac{1}{2}}}{4(S_i + a_i d_i)^{\frac{3}{2}}} + \frac{I a_i b_i (2 m_i)^{\frac{1}{2}}}{4(S_i + a_i d_i)^{\frac{1}{2}} [I(c_i + b_i d_i) + s_i]^{\frac{1}{2}}}$$

$$+\frac{I a_i b_i (2m_i)^{\frac{1}{2}}}{4(S_i+a_i d_i)^{\frac{1}{2}}\left[I(c_i+b_i d_i)+s_i\right]^{\frac{1}{2}}}-\frac{b^2_i I^2 (2m_i)^{\frac{1}{2}}(S_i+a_i d_i)^{\frac{1}{2}}}{4\left[I(c_i+b_i d_i)+s_i\right]^{\frac{3}{2}}}$$

(3.60)

となる。方程式（3.59）は常に正であり、もしa_iあるいはb_iのいずれかがゼロであれば方程式（3.60）は負となる；すなわち方程式（3.60）は距離について凹である。方程式（3.58）が距離について凹であるための一般的表現は：

$$\frac{a^2_i I\left[(c_i+b_i d_i)+s_i\right]^2 + I^2 b^2_i (S_i+a_i d_i)^2}{(S_i+a_i d_i)^{\frac{3}{2}} I\left[(c_i+b_i d_i)+s_i\right]^{\frac{3}{2}}} > \frac{2 I a_i b_i}{(S_i+a_i d_i)^{\frac{1}{2}}\left[I(c_i+b_i d_i)+s_i\right]^{\frac{1}{2}}}$$

(3.61)

であり、従って：

$$a^2_i I\left[(c_i+b_i d_i)+s_i\right]^2 - 2 I a_i b_i (S_i+a_i d_i)\ I\left[(c_i+b_i d_i)+s_i\right] + I^2 b^2_i (S_i+a_i d_i)^2 > 0$$

(3.62)

および

$$\left\{a_1\left[I(c_1+b_1 d_1)+s_1\right]-b_1(S_1+a_1 d_1)\right\}^2 > 0$$

(3.63)

となる。表現（3.63）は：

$$a_i\left[I(c_i+b_i d_i)+s_i\right] = b_i I(S_i+a_i d_i)$$

である場合を除いて常に成立している。後者の場合方程式（3.58）は距離に関して線形でなければならない。この場合を除いて方程式（3.58）は、もし輸送費が発送規模に対して収益一定であるか、発送規模に関して収益逓増であるかのいずれかであるならば、距離について常に凹である。

価格変化が投入物総ロジスティクス-費用表現におよぼす効果を評価するためにわれわれは方程式（3.59）の価格に関する交叉偏微分を行う：

$$\frac{\delta\left(\frac{\delta(TLC_i)}{\delta d_i}\right)}{\delta c_i} = \frac{a_i I (2m_i)^{\frac{1}{2}}}{4(S_i+a_i d_i)^{\frac{1}{2}}\left[I(c_i+b_i d_i)+s_i\right]^{\frac{1}{2}}} - \frac{b_i I^2 (2m_i)^{\frac{1}{2}}(S_i+a_i d_i)^{\frac{1}{2}}}{4\left[I(c_i+b_i d_i)+s_i\right]^{\frac{3}{2}}}$$

(3.64)

これはもし：

$$\frac{a_i I (2m_i)^{\frac{1}{2}}}{4(S_i+a_i d_i)^{\frac{1}{2}}\left[I(c_i+b_i d_i)+s_i\right]^{\frac{1}{2}}} - \frac{b_i I^2 (2m_i)^{\frac{1}{2}}(S_i+a_i d_i)^{\frac{1}{2}}}{4\left[I(c_i+b_i d_i)+s_i\right]^{\frac{3}{2}}} > 0 \qquad (3.65)$$

すなわち：

$$a_i\left[I(c_i+b_i d_i)+s_i\right] - b_i I(S_i+a_i d_i) > 0 \qquad (3.66)$$

であるならば正である。a_iがゼロでb_iが正であるならば交叉偏微分は負である。そしてb_iがゼロでa_iが正であれば交叉偏微分は正である。これらの結果は方程式（3.42）および（3.44）の各々を財の価格について交叉偏微分をとったときに見出された結果に正確に対応している。

もし：

$$a_i\left[I(c_i+b_i d_i)+s_i\right] = b_i I(S_i+a_i d_i)$$

であれば曲線の勾配は財の価格から独立であり、この条件は：

$$d_i = \frac{I(b_i S_i - a_i c_i) - a_i s_i}{a_i b_i (1-I)}$$

のとき成立する。いい換えれば、交叉偏微分がゼロとなる点はロジスティクス-費用関数に沿った単一の空間点であり、そしてd_iが増大するとき、この点は交叉偏微分が符号を変える転換点である。もしa_iあるいはb_iがゼロであれば、この条件は決して成立しない。

われわれは産出物ロジスティクス-費用関数の動きを投入物ロジスティクス-費用のそれとの類推的方法で調べることができる。われわれのモデルの方程式（3.10）に空間費用を取り入れれば、われわれのモデル方程式（3.10）は：

$$TLC_o = \frac{m_o S_o}{Q_o} + \frac{I(c_o - t_o d_o)Q_o}{2} + \frac{s_o Q_o}{2} + m_o t_o d_o \qquad (3.67)$$

となる。ここでももしわれわれが輸送費を：

$$t_o = \frac{(a_o + b_o Q_o)}{Q_o} = \frac{b_o + a_o}{Q_o}$$

第3章 ロジスティクス-費用モデル

として定義すれば、われわれは：

$$TLC_o = \frac{m_o S_o}{Q_o} + \frac{I c_o Q_o}{2} - \frac{I d_o (b_o + \frac{a_o}{Q_o}) Q_o}{2} + \frac{s_o Q_o}{2} + m_o d_o (b_o + \frac{a_o}{Q_o}) \tag{3.68}$$

を得る。これを書き換えて：

$$TLC_o = \frac{m_o(S_o + a_o d_o)}{Q_o} + \frac{Q_o [I(c_o - b_o d_o) + s_o]}{2} + d_o \left(-\frac{I a_o}{2} + m_o b_o \right) \tag{3.69}$$

を得る。これを微分してゼロと置くことにより

$$\frac{\delta(TLC_o)}{\delta Q_o} = -\frac{m_o(S_o + a_o d_o)}{Q_o^2} + \frac{I[(c_o - b_o d_o) + s_o]}{2} \tag{3.70}$$

が得られ、産出物 EOQ は：

$$Q_o^* = \sqrt{\frac{2m_o(S_o + a_o d_o)}{I[(c_o - b_o d_o) + s_o]}} \tag{3.71}$$

となる。われれの産出物総ロジスティクス-費用は：

$$TLC_o = (2m_o)^{\frac{1}{2}} (S_o + a_o d_o)^{\frac{1}{2}} [I(c_o - b_o d_o + s_o)]^{\frac{1}{2}} + d_o \left(m_o b_o - \frac{I a_o}{2} \right) \tag{3.72}$$

となる。

投入物の場合に関してと同じくわれわれはこの関数の同質的平面上においての形状を搬送距離についての第1次および第2次導関数を観察することによって調べることができる。すなわち：

$$\frac{\delta(TLC_o)}{\delta d_o} = \frac{a_o (2m_o)^{\frac{1}{2}} [I(c_o - b_o d_o) + s_o]^{\frac{1}{2}}}{2(S_o + a_o d_o)^{\frac{1}{2}}} + \left(m_o b_o - \frac{I a_o}{2} \right)$$

$$- \frac{I b_o (2m_o)^{\frac{1}{2}} (S_o + a_o d_o)^{\frac{1}{2}}}{2[I(c_o - b_o d_o) + s_o]^{\frac{1}{2}}} \tag{3.73}$$

方程式 (3.73) の符号ははっきりしない。しかしながら、方程式 (3.69) に包

絡線定理を適用することによって、われわれは：

$$\frac{\delta(TLC_o)}{\delta d_o} = \frac{m_o a_o}{Q_o^*} + \frac{Q_o^* I b_o}{2} - \frac{I a_o}{2} + m_o b_o$$
$$= a_o \left(\frac{m_o}{Q_o^*} - \frac{I}{2} \right) + b_o \left(m_o - \frac{I Q_o^*}{2} \right)$$

を得る。前と同じように、$I < 2$ であるかぎり、この表現は常に正である。従ってわれわれは方程式（3.72）は常に距離の増加関数であると仮定することができる。距離に関する第 2 次条件に関しては、われわれは：

$$\frac{\delta^2(TLC_o)}{\partial d_o^2} = -\frac{a_o^2 (2m_o)^{\frac{1}{2}} [I(c_o - b_o d_o) + s_o]^{\frac{1}{2}}}{4(S_o + a_o d_o)^{\frac{3}{2}}}$$

$$- \frac{I a_o b_o (2m_o)^{\frac{1}{2}}}{4(S_o + a_o d_o)^{\frac{1}{2}} [I(c_o - b_o d_o) + s_o]^{\frac{1}{2}}}$$

$$- \frac{I a_o b_o (2m_o)^{\frac{1}{2}}}{4(S_o + a_o d_o)^{\frac{1}{2}} [I(c_o - b_o d_o) + s_o]^{\frac{1}{2}}} - \frac{b_o^2 I^2 (2m_o)^{\frac{1}{2}} (S_o + a_o d_o)^{\frac{1}{2}}}{4[I(c_o + b_o d_o) + s_o]^{\frac{3}{2}}}$$

(3.74)

を得る。方程式（3.74）は常に負である。従って方程式（3.72）は常に距離の凹関数である。ここでも産出物価格変化の効果を評価するために、われわれは方程式（3.74）の価格に関する交叉偏微分を求めて見る。

$$\frac{\delta \left(\frac{\delta(TLC_o)}{\delta d_o} \right)}{\delta c_o} = \frac{a_o I (2m_o)^{\frac{1}{2}}}{4(S_o + a_o d_o)^{\frac{1}{2}} [I(c_o - b_o d_o) + s_o]^{\frac{1}{2}}} + \frac{b_o I^2 (2m_o)^{\frac{1}{2}} (S_o + a_o d_o)^{\frac{1}{2}}}{4[I(c_o - b_o d_o) + s_o]^{\frac{3}{2}}}$$

(3.75)

これは常に正であり、われわが方程式（3.43）および（3.45）各々の適切な交叉偏微分をとったとき到達する結果と正確に対応する。

われわれはまたこの形の分析を、投入物の消費される量そのものが投入物の

価格の関数であるときの、投入物ロジスティクス-費用関数の勾配におよぼす価格変化の効果のより一般的な表現を書くことによって拡張することができる[17]。

3.9 内生化された空間費用と一般化輸送費用をともなう均衡地域間賃金勾配

われわれは今や、企業が立地間で無差別になるような均衡地域間賃金勾配の問題を論ずることができる。われわれはこのことを、企業がそれの投入財のすべてを供給点Nより購入し、それらを企業の立地点Kへ、Nからの投入物距離 d_i において発送するという形のフォン-チェーネンあるいはアロンゾ型の1次元モデルを設定することによって実行できる。K点において企業は投入物に価値を付加し、そのあと産出財を距離 d_o を通じてN点にある市場へと出荷する。このモデルにおいて $d_i = d_o = d$ でありこのことは第3.7図に表現されている。企業が直面する総ロジスティクス-費用は投入物および産出物ロジスティクス-費用の和として与えられ、われわれの目的のために分析的には加法的かつ分離可能として扱われる[18]。

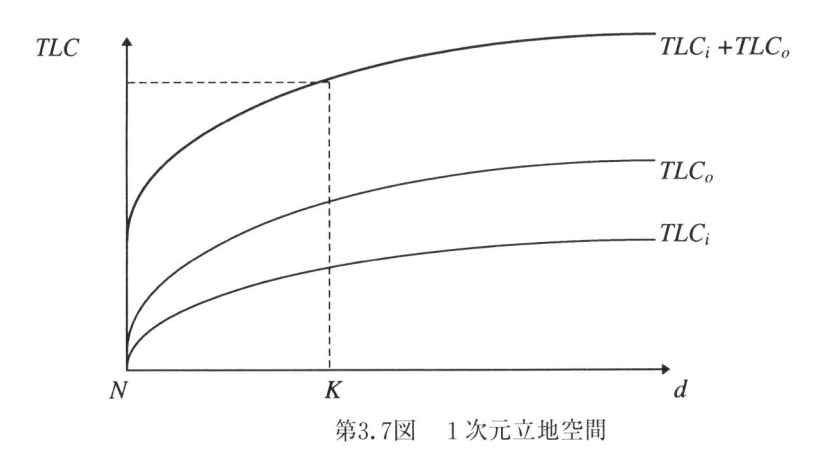

第3.7図　1次元立地空間

17　付録3.8参照
18　付録3.9参照。

この１次元モデルでは企業によって生み出される利潤は

$$\pi = c_o m_o - c_i m_i - (2m_i)^{\frac{1}{2}}(L_{si}w + a_i d_i)^{\frac{1}{2}}\left[I(c_i + b_i d) + s_o w\right]^{\frac{1}{2}}$$
$$- \frac{I a_i d_i}{2} - m_i b_i d_i - (2m_o)^{\frac{1}{2}}(L_{so}w + a_o d_o)^{\frac{1}{2}}\left[I(c_o - b_o d_o) + s_o w\right]^{\frac{1}{2}}$$
$$+ \frac{I a_o d_o}{2} - m_o b_o d_o$$

(3.76)

ここで L_s は $L_{siw} = S_i$ かつ $L_{sow} = S_o$ であるような設立費用係数である。分析上の単純性のため、われわれは添字 i を持つすべてのパラメータは添字 o を持つすべての同等なパラメータに等しいとしている。利潤関数を搬送距離に関して微分し、地方的労働価格が立地によって変化するとすれば、われわれは：

$$\frac{\delta \pi}{\delta d} = \frac{-(2m_i)^{\frac{1}{2}}\left[I(c_i + bd) + sw\right]^{\frac{1}{2}}}{2(L_s w + ad)^{\frac{1}{2}}}\left[L_s(\frac{\delta w}{\delta d}) + a\right]$$
$$- \frac{(2m)^{\frac{1}{2}}(L_s w + ad)^{\frac{1}{2}}}{2\left[I(c_i + bd) + sw\right]^{\frac{1}{2}}}\left[Ib + s(\frac{\delta w}{\delta d})\right]$$
$$- \frac{(2m_o)^{\frac{1}{2}}\left[I(c_o - bd) + sw\right]^{\frac{1}{2}}}{2(L_s w + ad)^{\frac{1}{2}}}\left[L_s(\frac{\delta w}{\delta d}) + a\right]$$
$$- \frac{(2m)^{\frac{1}{2}}(L_s w + ad)^{\frac{1}{2}}}{2\left[I(c_o - bd) + sw\right]^{\frac{1}{2}}}\left[-Ib + s(\frac{\delta w}{\delta d})\right] - 2mb$$

(3.77)

を得、これを再整理すれば：

$$\frac{\delta \pi}{\delta d} = \frac{-(2m)^{\frac{1}{2}} L_s}{2(L_s w + ad)^{\frac{1}{2}}}\left\{\left[I(c_i + bd) + sw\right]^{\frac{1}{2}} + \left[I(c_o - bd) + sw\right]^{\frac{1}{2}}\right\}(\frac{\delta w}{\delta d})$$
$$- \frac{a(2m)^{\frac{1}{2}}}{2(L_s w + ad)^{\frac{1}{2}}}\left\{\left[I(c_i + bd) + sw\right]^{\frac{1}{2}} + \left[I(c_o - bd) + sw\right]^{\frac{1}{2}}\right\}$$

$$-(\frac{\delta w}{\delta d})\frac{(2m)^{\frac{1}{2}}(L_s w+ad)^{\frac{1}{2}}s}{2}\left\{\frac{1}{[I(c_i+bd)+sw]^{\frac{1}{2}}}+\frac{1}{[I(c_o-bd)+sw]^{\frac{1}{2}}}\right\}$$

$$-\frac{Ib(2m)^{\frac{1}{2}}(L_s w+ad)^{\frac{1}{2}}}{2}\left\{\frac{1}{[I(c_i+bd)+sw]^{\frac{1}{2}}}-\frac{1}{[I(c_o-bd)+sw]^{\frac{1}{2}}}\right\}$$

$$-2mb \qquad (3.78)$$

が得られる。従って、われわれは企業がすべての立地において等しい利潤を得られるような地域間均衡賃金勾配を：

$$\frac{\delta w}{\delta d}=\frac{x}{y} \qquad (3.79)$$

として得る。ここで：

$$x=\frac{-a(2m)^{\frac{1}{2}}}{2(L_s w+ad)^{\frac{1}{2}}}\left\{[I(c_i+bd)+sw]^{\frac{1}{2}}+[I(c_o-bd)+sw]^{\frac{1}{2}}\right\}-2mb$$

$$-\frac{Ib(2m)^{\frac{1}{2}}(L_s w+ad)^{\frac{1}{2}}}{2}\left\{\frac{1}{[I(c_i+bd)+sw]^{\frac{1}{2}}}-\frac{1}{[I(c_o-bd)+sw]^{\frac{1}{2}}}\right\}$$

$$(3.80)$$

かつ

$$y=\frac{(2m)^{\frac{1}{2}}L_s}{2(L_s w+ad)^{\frac{1}{2}}}\left\{[I(c_i+bd)+sw]^{\frac{1}{2}}+[I(c_o-bd)+sw]^{\frac{1}{2}}\right\}$$

$$+\frac{(2m)^{\frac{1}{2}}(L_S w+ad)^{\frac{1}{2}}s}{2}\left\{\frac{1}{[I(c_i+bd)+sw]^{\frac{1}{2}}}+\frac{1}{[I(c_o-bd)+sw]^{\frac{1}{2}}}\right\}$$

$$(3.81)$$

である。

地域間均衡賃金勾配は予想されるように、明らかに負である。何故なら分子 x は負で分母 y は正だからである。われわれがこの均衡賃金勾配と発送される

財の価値の間の関係を評価するためには、われわれは方程式（3.79）の投入および産出財の価格に関する交叉偏微分をとることができる。投入物価格変化の地域間賃金勾配への効果については、われわれは：

$$\frac{\delta w}{\delta d} = \frac{x}{y} \text{ より } \frac{\delta(\frac{\delta w}{\delta d})}{\delta c_i} = \frac{x(\frac{\delta y}{\delta c_i}) - y(\frac{\delta x}{\delta c_i})}{y^2} = \frac{y(\frac{\delta x}{\delta c_i}) - x(\frac{\delta y}{\delta c_i})}{y^2}$$

を得る。すなわち：

$$\frac{\partial(\frac{\partial w}{\partial d})}{\partial c_i} =$$

$$\frac{1}{y}\left\{\frac{-a(2m)^{\frac{1}{2}}I}{4(L_s w + ad)^{\frac{1}{2}}}\left[I(c_i+bd)+sw\right]^{-\frac{1}{2}} + \frac{I^2 b(2m)^{\frac{1}{2}}(L_s w + ad)^{\frac{1}{2}}}{4}\left[I(c_i+bd)+sw\right]^{-\frac{3}{2}}\right\}$$

$$-\frac{x}{y^2}\left\{\frac{(2m)^{\frac{1}{2}}L_s I}{4(L_s w + ad)^{\frac{1}{2}}}\left[I(c_i+bd)+sw\right]^{-\frac{1}{2}} - \frac{(2m)^{\frac{1}{2}}(L_s w + ad)^{\frac{1}{2}}}{4}sI\left[I(c_i+bd)+sw\right]^{-\frac{3}{2}}\right\}$$

(3.82)

である。x/y^2 は負であり、$1/y$ は輸送費用が正であるかぎり正であるから、a あるいは b は非負である。方程式（3.82）において第2の括弧の項はもし：

$$\frac{a(2m)^{\frac{1}{2}}I}{4(L_s w + ad)^{\frac{1}{2}}\left[I(c_i+bd)+sw\right]^{\frac{1}{2}}} \leq \frac{I^2 b(2m)^{\frac{1}{2}}(L_s w + ad)^{\frac{1}{2}}}{4\left[I(c_i+bd)+sw\right]^{\frac{3}{2}}}$$

すなわち：

$$a\left[I(c_i+bd)+sw\right] \leq (L_s w + ad)Ib$$

であれば正あるいはゼロであり、そのことは方程式（3.82）の第2行は正であることを意味する。これは表現（3.66）で定義される同質的要素価格による費用-価格偏微分に関する決定的な転換点と同じことである。もし a がゼロで b が正であれば、方程式（3.82）の第2行は常に正である。そうではなくて、もし b がゼロで a が正であれば方程式（3.82）の第2行は常に負である。他方、方程式（3.82）の第1の括弧はもし：

$$\frac{(2m)^{\frac{1}{2}} L_s I}{4(L_s w + ad)^{\frac{1}{2}} [I(c_i + bd) + sw]^{\frac{1}{2}}} \geq \frac{(2m)^{\frac{1}{2}} (L_s w + ad)^{\frac{1}{2}} sI}{4[I(c_i + bd) + sw]^{\frac{3}{2}}}$$

すなわち：

$$L_s [I(c_i + bd) + sw] \geq (L_s w + ad)s,$$

従って： $L_s I c_i + L_s Ibd + L_s sw > L_s sw + ads$

かつ： $L_s I(c_i + bd) > ads$

であれば正あるいはゼロである。もし a がゼロで b が正であればこれは常に成立する。従って、もし a がゼロで b が正であれば、投入財価格の上昇は常に均衡地域間賃金勾配を減少させるということができる。水平な平面上での総ロジスティクス-費用の動きについての議論からわれわれはこのことの理由は投入財の価格が上昇するにつれて投入物ロジスティクス-費用関数 TLC_i がより浅くなることによると知ることができる。この結果は方程式（3.64）で生み出された結果および第3.2表にあるわれわれのロジスティクス-費用シミュレーション結果と正確に一致している。他方、もし a が正で b がゼロであれば、方程式（3.82）の第2行は負であるけれども、同時に：

$$\frac{L_s I c_i}{as} \leq d$$

でなければ、われわれは方程式（3.82）は負であると厳密に述べることはできない。いい換えれば、a が正で b がゼロのとき、方程式（3.82）は d がきわめて小さいのでなければ常に負であり、多くの場合それは常に負であろう。同様に産出物価格交叉偏微分については、われわれは：

$$\frac{\delta(\frac{\delta w}{\delta d})}{\delta c_o} = \frac{y(\frac{\delta x}{\delta c_o}) - x(\frac{\delta y}{\delta c_o})}{y^2}$$

を持ち、それは

$$\frac{\partial(\frac{\partial w}{\partial d})}{\partial c_o} =$$

$$\frac{1}{y}\left\{\frac{-a(2m)^{\frac{1}{2}}}{4(L_s w + ad)^{\frac{1}{2}}}I\left[I(c_o - bd) + sw\right]^{-\frac{1}{2}} - \frac{I^2 b(2m)^{\frac{1}{2}}(L_s w + ad)^{\frac{1}{2}}}{4}\left[I(c_o - bd) + sw\right]^{-\frac{3}{2}}\right\}$$

$$-\frac{x}{y^2}\left\{\frac{(2m)^{\frac{1}{2}}L_s I}{4(L_s w + ad)^{\frac{1}{2}}}\left[I(c_o - bd) + sw\right]^{-\frac{1}{2}} - \frac{(2m)^{\frac{1}{2}}(L_s w + ad)^{\frac{1}{2}}sI}{4}\left[I(c_o - bd) + sw\right]^{-\frac{3}{2}}\right\}$$

(3.83)

を与える。$1/y$ が正であることより、方程式（3.83）の第1行は輸送費が正である、すなわち a あるいは b が非負であるかぎり常に負である。さらに、x/y^2 が負であるから、方程式（3.83）の第2行もまたすべての条件の下で、もし：

$$L_s\left[I(c_o - bd) + sw\right] \leq (L_s w + ad)s$$

であるなら，すなわち，もし：

$$\frac{L_s I c_i}{as} \leq d$$

であるならば、負である。

いい換えれば方程式（3.83）は、Nからの距離がきわめて小さくはないかぎり、あるいは産出物価格がきわめて低いのではないかぎり常に負である。

3.10 ロジスティクス-費用モデルの立地結論

　ロジスティクス-費用モデルが示唆することは企業の最適立地の重大な決定要因は購入される財の価格と市場で販売される財の価格であるということである。現実の最適立地行動はまた輸送費用価格づけの構造に依存することが知られ、後者自体は個別発送の輸送についての規模に対する収益性の問題に依存することが知られる。われわれの単純な同質的平面上の投入の間の代替性のない2次元モデルでは、産出財の価格が増大するとき、他の事情にして一定であれば、企業の最適立地は市場へ向って動く。いい換えれば、企業による付加価値

が増大するとき、企業の最適立地は市場へ向って動く。投入財の価格が増大するとき、企業の最適立地は企業が個別発送の輸送において規模に対する収益一定あるいは収益逓増を経験するか否かに依存して市場の方向へとあるいはその逆方向へと動く。ここでの重要な点は、発送される財の価値は在庫行動を通じて立地上の意味合いを持つということであり、これは以前は立地分析に取り入れられていなかった観察なのである。ロジスティクス-費用モデルはわれわれに何故企業が空間的に観察されるような行動をとるのかに関し、また空間的行動の経済的効果に関し、理由づけの新しい方法を提供する。同質的な平面上ではロジスティクス-費用立地行動は企業が生産地点においてゼロの価値しか付加しない、すなわち単に正常利潤を得るというのではなく、ゼロ利潤を生ずるという場合を除いては、決して輸送費最小化行動とは一致しないということを示すのはきわめて容易である（マッカン　1993）。結果として出てくる立地上の結論は、企業の立地行動が発送され保管される生産物の数量、重量および容積のみならず、それらの絶対的および相対的価値の双方にも依存するので、はるかに内容豊富となり、より変化の多いものとなる。これらの多様な立地結論の理由は投入財および産出財の両方について財の価格が変化するときの総ロジスティクス-費用曲線の動きを観察することによって知られる。さらにこれらの観察はその下で企業が交代的な立地へと動くことのできる地方的要素価格の変動を評価するために結合することができる。もし空間費用がEOQ計算に対して内生的であると仮定されるならば、われわれの全体的な結果は、個別の発送輸送において規模に対する収益が一定であるときには、均衡地域間賃金傾斜の負の勾配は投入物価格が上昇するときより浅くなり、他方個別発送費用にかなりの規模の経済が存在するならばそれは一般により嶮しくなる。産出物に関しては、均衡地域間賃金傾斜の負の勾配は、投入物ないし産出物価格の上昇につれてより嶮しくなる。しかしながら、現実においては、地域間均衡傾斜、企業の可動性および財の価値の変化の間の関係ははるかに複雑であり、一般には計算にはコンピュータ・シミュレーションが必要である。

　いかなる所与の、最終生産者によって生産される最終消費生産物についても、

生産物に価値を付加し、その上でそれを次の企業に販売する中間的企業の系列から成立している生産および消費の先行する階層的連鎖が通常存在する（ポーター　1990；マッカン　1995a）。これへの唯一の例外は最終消費財を自ら所有している原材料のみによって生産する垂直的に完全統合された企業の場合である。異なる最終消費生産物は異なる産業連鎖を持つであろうし、各々の生産物連鎖の構造は、連鎖内の任意の二つの相連結した企業間で交換される生産物のトン当り価値の形態で叙述されるであろう。この情報によってわれわれは連鎖の中の個別特定の企業によってどれだけの価値が付加されるかを知ることができる。第3.7図に述べられたモデルの場合では、これはc_oとc_iの間の差として計算される。さらに任意の企業によって生産される生産物が、階層的生産連鎖の中で、生産される最終生産物に近ければ近いほど、それが供給者企業から購入する投入生産物の価値はより高くなり、それが顧客へ販売する生産物の価値もより高くなる。こうして、このことが生産階層の中での企業の位置を規定する方法となるのである。一般的な実証観察によれば、高付加価値の企業、あるいは生産階層の上位にある企業は、所得弾力的な財を生産する企業である傾向を持つ。これらの種類の企業はどちらも、消費しかつ生産される財の投入および産出の価格の合計は、各々、高くなる傾向がある。この第3.9節で到達されたロジスティクス-費用に関する結論は、もし発送輸送費用が規模の経済を示すならば、このような企業はそれらが周辺の地域に競争的に再立地しうるためには価値付加がより低い、あるいは生産連鎖の中でより低いところにある企業よりもより大きな地域間賃金勾配を必要とする傾向がある。このことはこれらの状況の下では、所与の地域間賃金勾配について、中心地区は付加価値率のより高い企業—それは生産階層の中で高位にある傾向を持つが—によって支配されがちであることを含意する。これが事実であることを示唆する沢山の証拠がある（サールウォール　1983）。さらに、もしわれわれが生産物循環の中の早い段階にある生産物は（バーノン　1964）、生産物循環のより後の段階にある生産物との相対で高い価値と高い所得弾力性を持つと仮定すれば、多くの場合ロジスティクス-費用モデルの立地結論は生産物循環文献と正確に同じ立地結

論を生み出す。他方、発送輸送費用がほぼ規模に対する収益一定を示すならば、価値連鎖の中で高いところにある企業は、企業による付加価値が高いかぎり、地域間要素価格変動に対し敏感でないという傾向を持つであろう。

　以上の結論は輸送費用の一般化された形を採用し、また空間費用をEOQ計算において内生的としたときに到達され、一般的には空間費用あるいは複数の輸送機械の型の問題を抜きにして組み立てられた単純なロジスティクス-費用モデルによる予測と一致している。しかしながら、現実には、企業はそれらのEOQ計算の中に空間費用を含ませない。何故なら土地は連続的な形では拡大させたり、収縮させたりできないからである。企業はそれが直面する可変費用で在庫の水準に依存するものを唯一の資本費用として理解し（マッカン　1996）、そのロジスティクス-費用計算を第3.1～3.6節で叙述された単純なモデルに従って行うのである。土地は産出量の水準への制約としてはたらく間接費用の一つとして考えられる。このことの結果は現実の企業が直面する総ロジスティクス-費用は本節で叙述されたような空間費用が内生的であると仮定されたものとは異なるものでありうるということである。ただしわれわれが附録3.10で見るように、一般には、均衡賃金勾配は空間費用がEOQ計算にとって内生的であるときとかなり同じ様子でふるまうのである。

　われわれのロジスティクス-費用結果のすべては—産業立地行動は、われわれが立地モデリングに対し単純に輸送費用を取り入れるだけの伝統的接近法を採用するときにわれわれが考えるものよりも—はるかにより複雑であることを示唆している。第1章においてわれわれは立地決定要因として輸送費用の重要性のみに理論的焦点を置くことは、企業が財を購入する距離に対する価値-重量および価値-容積比率のインパクトに関する議論を導くことを見た（レーバー　1974）。一般的な考え方は高いこれらの比率を持つ財は、輸送費用マーク・アップがそれらの総価値の小さなパーセントにしかならない故に、より大きな距離にわたって輸送され易い、他方低い価値-重量比率の財の生産は連繋の長さを最小化するように広汎に分散させられるということである。たしかに稀少性は、高価値財は低価値財よりも遍在立地の程度がより少ないということを意味してい

る。従って高価値財は低価値財よりも長い距離にわたって輸送される必要があるという可能性が増加する。しかしながら、ある材料の特定の単位量あるいは重量を特定の距離にわたって運ぶことの総輸送費用は大まかにいって材料の価値とは無関係に同じであろう。1トンの石炭あるいは1トンのダイアモンドを固定された距離にわたって搬送する費用は、その容量が異なる大きさの輸送機械を使用する必要があるほど大幅には異なっておらず、あるいは壊れ易さとか腐財し易さ等の理由で特別の輸送機械が必要であるといった事情はないと仮定すれば、ほぼ同じであろう。従って、もし多くの競争的企業あるいは企業間の相互依存性によって特徴づけられるような寡占的産業におけるように、限界利潤が低いのであれば、輸送費用は投入物の価値とは無関係に重要な競争的費用成分であろう。価値-重量比率は、ダイアモンドははるかに高い在庫資本費用ないし保険費用を負担することの結果、より小さい単位でより頻繁に配達されるであろうという意味でのみ重要なのである。その結果として、移動される総束-距離は増加し、総輸送費用も同様である。その結果は、一般的にはより価値の高い財の総距離発送費用は、より価値の低い財についてのそれよりも大きくなる傾向があるということである、従って、高い価値-重量比率の財は一般的にはより長い発送距離を維持しうるといういい方は、高価値-重量比率財は一般的には低価値-重量比率財よりも高い超正常利潤を獲得し、それが企業の競争性を損ずることなく多少とも長い発送距離によって侵食されうることを意味しているのである。しかしながら、財の価値-重量比率がいかなる意味でも特定の生産価値に投資された総資本ストックと関連していないとすれば、われわれがこの仮定を置く理由は存在しない。資本-労働の代替効果を無視したとしても、企業で投資された資本の年率換算された価値と関連させうるのは、財の価値-重量比率に年当り発送される財の総重量を乗じたもの、すなわち財の総年間売り上げのみである。第2に資本財の生産の時間および立地の関数である資本の価格づけの問題は、ある財を生産する上で用いられる総資本ストックは、いかなる形でも財の価値-重量比率と関連させえないということを意味する。最後に、製造業内部では、同じ生産ラインにおいて多数の種類の財が生産

されるという事実は、再びわれわれが個別財の価値-重量比率を組織的にそれが生み出す超正常利潤の水準と関連させることができないことを意味し、その結果われわれはそれのトン当り価格をその発送の長さと組織的に関連づけることはできない。

　第2章で論じたように、産業立地行動への現代的接近法は、輸送費用の役割のみに帰することのできない空間的行動の複雑さの多くは、ある意味で情報の伝達と獲得の問題に由るものであるとしばしば仮定してきた。しかしながら多くのこのようなモデルはこれらの仮定を、マーシャルによる集積の源泉についての本来の叙述に一般的に言及することを除いては、正確にはいかに、またどのような条件の下で、これらの事項が立地行動を支配するかについて何らの特定の説明を用意することなくこれらの仮定を置いてきた。ロジスティクス-費用モデルはこの複雑さと行動の多様性の理由を直ちに用意した。他方伝統的モデルは取引の頻度が多くの経済主体にとって一つの決定作成原理であり、財を生産する企業にとってあまねくそうであるという問題を無視することによって、リアルタイム費用によって演じられる役割を無視してきた。アロンゾ（1964）型の付け値地代関数から生み出される凸の地代勾配およびその結果としての包絡均衡地代勾配は多くの場合土地と他の生産要素の間の代替可能性に関して仮定を置くよりも、単純に取引き頻度を目的関数の一部とすることによって導き出しうることを示すのはきわめて簡単なことである（マッカン　1995b）。しかしながらここでの重要な点は企業のロジスティクス-費用行動は、企業モデルを、特定の関数形を単純に満足することを必要とするのではなく、凸の地代関数と凹の距離費用をともなって組み立てることへの現実世界の論拠を提供するということにある。同時に、これらの均衡勾配の動きは以前に仮定されたものよりもはるかにより複雑である。距離費用は一般に生産物の価値をその中に取り入れていない。そしてそうなるときには、均衡結果を生み出すために多くのモデルは輸送費用が距離について指数関数的に増加するといった非現実的な距離費率構造を特定している（フジタおよびモリ　1996）。ロジスティクス-費用モデルは、産業の距離費用が実際発送される財の価値に直接的に関係してお

り、また企業が要素価格の地域間変動に反応して移動する能力が、彼等の直面する総ロジスティクス-費用が彼等が購入しかつ生産する財の価格にいかに関連しているかを論ずるための論拠を提供する。いい換えれば、産業構造と立地行動は全面的に相互依存である。古典的な立地理論では、もしわれわれが最適産業立地を規定するときの輸送費用の役割に理論的焦点を置くことからロジスティクス-費用に焦点を置くことに変えるならば、当該生産物のすべての特性、すなわち価値-重量比率、価値-容積および重量-容積比率、およびそれらの生産過程中の変化、すなわち付加価値、等はすべて立地決定要因として取り扱われることができる。

　われわれはいまやロジスティクス-費用モデルに関する最終問題に到達する。モデルを理論的に正当化した上で、われわれがここで直面する問題は、ロジスティクス-費用を輸送費用の役割に焦点を当てるより伝統的なモデルを超えてロジスティクス-費用モデルを用いることに実証的な正当性があるかどうか、また実証的目的のためにモデルの中では輸送費用構造の正確にどのような形式をわれわれは用いるべきであるかということである。以下に続く諸節でわれわれはロジスティクス-費用モデルを用いることの主要な実証的正当性はロジスティクス-費用モデルは輸送費用よりも距離に対しはるかに重要性を付加しかつ敏感であることにあると論ずるであろう。そしてまた発送輸送費用価格づけ構造の観察された行動は実際に一般的なロジスティクス-費用モデルの中に組み込まれていることを論ずる。

3.11　ロジスティクス-費用モデルの実証的正当化

3.11.1　ロジスティクス-費用の総産業費用への貢献

　議論されることが必要な最後の問題は、これらの理論的ロジスティクス-費用立地効果は現実に、それらは生産物価格から独立であると通常扱われる輸送費用の効果のみを見ることによって決定される理論的結果との比較において、

第3章　ロジスティクス-費用モデル　121

どれだけ重要であると考えられるかということである。これに答えるためには、実務において産業費用が通常どのように説明されているかを再考察することが必要である。

　生産ラインで使用される資本設備の操業率に焦点を当てる伝統的な労働時間の会計的慣習では、任意の所与生産産出量水準についての、すべての在庫保管のための資本、労働および土地費用は、総輸送費用とともに、'間接'費用の一部として扱われる。これらの明白に間接的な費用はそのあと労働、土地、資本および'雑'費用に分解され、これらの費用成分の各々はその後企業が直面する種々の労働、土地および資本費用のグループ化された費用へと個別に配分される。これらのグルーピングは普通はミクロ経済的な要素シェアとして扱われ、それらが集計されれば「生産勘定の年次調査」の基礎として用いられる。この伝統的な会計的接近法の基礎にあるのは産出物生産の所与水準および所与の要素価格について、かかる間接費用は固定費用を表すという暗黙の仮定である。しかし、残念ながらこの接近法は、このような費用はそれ自身部分的には時間期間当りの取引の回数によって生み出されたものであるという事実を考慮に入れていないのである（バンカーほか　1995）。他方、活動基盤の費用会計は個別の産業費用成分の各々を要素支払い基盤でなく、活動および操業基盤で分解しようと試みる。この接近法を用いるならば、産出量の与えられた水準を生産している個別製造業企業の総費用関数を二つの分離された費用関数の和から成り立つものとして特徴づけることが適当である。すなわち、直接組立て費用関数とロジスティクス-費用関数がそれらである。直接組立て費用関数は購入された生産成分投入物の特定の量に適用される直接の資本および労働生産要素の量の形で定義される。これは物理的な意味で企業の実際の価値付加作業を構成し、そこではそれは生産物の実際の物理的な形態が展開される生産ライン上にある。しかしながら、重要なことは、この費用関数に対しては、距離-空間の次元はまったく存在しない。何故ならばそれは単純に、空間の1点においての価値創造過程への資本および労働生産要素の貢献を反映するものであるからである。他方ロジスティクス-費用関数（それはロジスティクス活動に含ま

れる最小総費用がいかに消費される投入物および生産される産出物の量と関連しているかを示すものであるが）はまったく異なる。ここまでのわれわれの議論から、われわれはこのことの理由が、距離搬送費用は総ロジスティクス-費用の重要な成分であるのでロジスティクス-費用関数は本来明示的に空間的なものであることを知ることができる。

　活動基盤費用接近法の採用によって、われわれは製造業企業の直面するミクロ経済的生産費用を、直接的組立て費用関数と発送される投入財および産出財のすべてにわたって合計された総ロジスティクス-費用関数の和として表すことができるようになる。すなわち：

$$\text{総活動費用} = (IK_D + wL_D + RR_D)$$
$$+ \sum_{i=1}^{n} (2I\,S_i)^{1/2} m_i^{1/2} (c_i - t_i d_i)^{1/2} + t_i d_i m_i$$
$$+ \sum_{o=1}^{m} (2I\,S_o)^{1/2} m_o^{1/2} (c_o - t_o d_o)^{1/2} + t_o d_o m_o \qquad (3.84)$$

ここで：L_D, K_D, R_D は各々、所与の重量の生産物を生産ラインにおいて生産しかつ組み立てるのに必要な労働時間数、ストック資本としての機械、および土地面積である。

　活動費用研究よりの証拠によれば、もしわれわれが「直接」組立てライン生産費用と「間接」ロジスティクス-費用を区別するならば、総ロジスティクス-費用は組立てライン費用よりもはるかに大きいということが示唆される。ジョンソンおよびカプラン（1987　p.185, p.223）は、現代の「直接」労働費用は典型的には総生産費用の10％以下であり、しばしば5％以下である[19]。このことは組立てライン生産は通常、部品および原材料に対する作業として工場内で費やす時間の5％にしか過ぎないものを含むという事実によって指示される（バランスおよびシンクレア　1983 p.148）。他方、総ロジスティクス-費用のうち、倉庫業務および在庫運搬および処理成分は、典型的にはそれだけで総生産費用の30％ほどにもおよんでいる（セイヤー　1986）。総ロジスティクス-費

19　「何故製造業は新しい勘定を必要とするか」フィナンシャル・タイムス1989.9.18。「大きな発注が大き過ぎる傷であるとき」同上1990.3.2。

用は、従って、総産業「間接」費用の65%以上に達すると推定され、それら自身典型的に任意の1段階においての生産付加価値の80%以上におよぶ(ミラーおよびヴォルマン 1985 p.148)。従って、二重計算を避けるために購入費用を除外するならば、また配当は連続的なフロー基盤で支払われるものではないから産出物在庫の資本費用 $I(c_0-td)Q_2/2$ に付加価値の利潤シェア ϕ を乗じたものも除外するならば、これらの発見は総ロジスティクス-費用自身の諸成分の残りの部分は総産業付加価値の50%を優に越えることを示唆している。総輸送費用の総個別付加価値への絶対的貢献が総輸送費用の地域間変動と同じように(エドワーズ 1975)、典型的にはごく小さいことを考えれば、われわれのここでの結論は総ロジスティクス-費用を考慮すれば、現実の企業の行動に対する地理的距離の効果は事実上は以前認識されていたものより大きいことを示唆するということになる。われわれが付録3.11aで見るように、もしわれわれが空間費用が EOQ 計算に対し内生的であると仮定するならば、総ロジスティクス-費用の搬送距離に関する変動は総輸送費用についてのそれの(前者は典型的には後者より限界的にしか大きくないにも関わらず)2倍にも達しうるのである。しかしながら、われわれが注目したように、現実には企業は EOQ 計算に対して空間費用を内生化しない。これらの状況の下では、われわれが附録3.11bで見るように、総ロジスティクス-費用の搬送距離に対する変動が総輸送費用のそれとの相対で $t=b$ に対しては限界的にしか大きくないにも関わらず、われわれが発送においての規模の経済を経験するとき前者は後者の値よりも相当程度大きくなりうるのである。従って本書においてのわれわれの中心的な議論は、企業の現実でのロジスティクス-費用行動は、彼等が経験する総費用は(それは搬送距離に応じて変動するのであるが)われわれが単純に総輸送費用の変動のみを見て観察するものよりもはるかに大きいということを意味しているという点にある。この効果は以前は見逃されていた。何故ならば現存の立地モデルは両者ともごく小さいものである直接生産費用と総輸送費用が果す役割、および両者の間の関係のみに焦点を当てていたが、他方総ロジスティクス-費用はこれらの費用成分のいずれよりもずっと大きいのみならず、多くの

場合、総輸送費用よりも距離に対してはるかにより敏感でもある。われわれの議論は従って、産業の立地行動の企業成果への効果を主として決定するのは、単純に要素価格と輸送費用の間の古典的な関係ではなくて、総ロジスティクス-費用の搬送距離と要素価格との関連においての変動であるということになる。この観点からすれば、われわれは、個別企業の移動を促す地方的要素価格の地域間変動を決定することについての輸送費用の役割を単純に観察することでは済まされない。むしろ、われわれにとって必要なのは、生産階層の中での企業の位置に関する質問をすることである。というのもこれが企業が消費しかつ生産する財の価値を決定するからである。そのあとではじめて、われわれは産業立地行動を議論することができる。

3.11.2 輸送費用の観察された構造

第3・4章および第3・7章の議論よりわれわれは、輸送費率パラメータ t は搬送距離および時間期間当りの搬送量の平方根との関連で減少すること、および輸送費率が単一輸送機械の移動費用に従って計算されるとき、あるいはわれわれが個別の発送輸送において重要な規模の経済を経験する場合、それは財の価値の平方根に直接比例して上昇することを知ることができる。他方、多くの立地モデルは分析上の単純化のために輸送費率パラメータ t は固定されていると仮定する。われわれが付録3.12で見るように、ロジスティクス-費用の枠組みの中では、輸送費率 t は例え発送輸送費用において規模に対して収益一定であっても、もし発送される財の価値が異なれば、パラメータ t は決して固定的ではない。第2に、例え発送される財の価値が同一であっても、輸送費率パラメータ t は、例え規模に対する収益一定であっても、もしわれわれが発送当りに固定された調達費用をもまた負担するのであれば決して固定的ではない。従ってロジスティクス-費用モデルにおいては、輸送費率が固定される唯一の場合は、個別の発送輸送費用が規模に対して収益一定であり、かつ発送ごとに固定調達費用がかからないというときのみである。これらの条件の下では、財の発送について最小単位で最も頻繁な個別発送を行う以外のことを行う理由は

ない。いい換えれば、すべての財はパイプラインとか JIT 配達システムのような連続的な流れの形で発送されるであろう。そして t は搬送距離および時間期間当り発送数量の両方に関して固定的である。しかしながら、これは典型的な観察例とはいえない。そのことの理由は、現実においては、連続的流れの配達システムはそれが標準に対する例外であるという事実のために注目されるのである。第 2 に、企業にとってのロジスティクス操業がサード・パーティ搬送請負人によって下請けされる場合には、搬送請負人は第3.7節で叙述されたものと同じロジスティクス原理をそれの輸送機械全車両の最適使用を決定するのに用いるであろう。その結果は、一般的にはサード・パーティ搬送操業による輸送費用構造は、それ自身の社内輸送機械全車両管理サービスを用いる企業にとってのそれと同一であるということである。アイサード (1951 p.383)、ベイリスおよびエドワーズ (1970 chp.2) およびタイラーおよびキトソン (1987 p.70) よりの搬送データによれば、トン-マイル輸送費率は搬送距離の平方根に直接比例して増加することが示唆され、それはこの観察に正確に一致している。ただしトン-マイル輸送費率は距離掛ける重量の関数として表され、後二者の両方とも他の事情にして不変であれば平方根原理に従って変化するとした上である[20]。この一般的平方根ルールへの唯一の可能な例外は、われわれの考えている財が、大量の時間期間当りの一般的流れというのではなく、一回限りの個別発送である場合、第 2 には財がサード・パーティ搬送者による統合された配達として発送される場合のみである。このうち後者の場合、付録3.13においてわれわれが見るように、個別の顧客に課される輸送費率は、発送される財の価値の正関数ではあるけれども、搬送距離の平方根に比例的ではあるが、個別企業の委託においての搬送重量には比例しない(ディーキンおよびセワード 1969;チショルム 1971)。これらの観察の結果は、現実には輸送費率は t

---

20 これは輸送費用の帯状の段階的特性を考慮したとしても真実である(チャーチル 1967)。そのことは輸送の不可分割性とは、輸送機械と委託の大きさの間には運ばれる距離との関係において連続的な代替性がないということを意味する故に生ずるのである。このことは附録4.3で論じられるように、ロジスティクスモデルにおいてのパラメータ S および v の段階的増加と類似している。

=b が固定された形というより、ずっと $t=a/Q^*$ に近い形で働くということである。何故なら EOQ 原理は財の相当量の流れに関しては、発送の一般的頻度を計算するための基礎として広汎に採用されているからである。

以前の著者たち（アロンゾ　1964；シニーアソン　1976；デ・ボーガーおよびノンマン　1981；ジャンソンおよびシニーアソン　1982）はトン-マイルあるいはトン当り輸送費率が搬送距離および搬送重量とともに減少する率で増加する、あるいはトン-マイル費用が減少する率で減少するという観察と、輸送機械の移動費用が所与の輸送機械については距離について線形であるという同時的な観察を調和させることを'ターミナル'費用と'移動'費用の関係を種々の輸送機械の大きさと型について議論することによって試みた（アロンゾ 1964；ジャクソンおよびシニーアソン　1982）。彼等の議論はより大きな輸送機械サイズは<u>一貫して</u>マイル当り移動費用において規模の経済を達成するが、他方固定的なターミナル費用は輸送機械のサイズとともに<u>一貫して</u>増加するという仮定に依拠している。しかしながら、この本質的には静学的な理論的関係はしばしば実証的には成立しないことが、ヒーバーおよびステューダー(1972)、ロビンソン(1978)、ギャロッドおよびミクリアス(1985)らによる発見によって示されている。ギャロットおよびミクリアス(1985)は、ジャンソンおよびシニーアソン（1982）自身の仮定の下では最適発送サイズは無限に大きくなると結論づけた。これらの過去の議論の問題点は、彼等が発送輸送機械のサイズ（それはわれわれのモデルでは Q_i で表されている）、輸送機械ターミナル費用（それはわれわれのモデルでは s_i で表されている）、輸送機械のサイズとの関連でのターミナル費用の変動（われわれのモデルではパラメータ s_i に取り込まれている）、および $f=m/Q$ として与えられる最適化された発送頻度の間の本質的に動学的な関係を無視していることにある。しかしながら、われわれがロジスティクス-費用モデルで見るように、この在庫最適化および全車輌管理行動からの一般的結論は、トン-マイル当りの観察された輸送費率 t は搬送距離および搬送重量の両方の平方根に関して、減少する率で単調に減少するが、他方トン-マイルあるいはトン当り輸送費率は搬送距離の平方根に関して減少

する率で増加するということである。

搬送距離の平方根に関しての輸送費用の観察された変動、総ロジスティクス-費用の搬送距離に関しての、総輸送費用のそれを越えるより大きな敏感性および企業の観察された最適化行動などはわれわれが実証分析において用いるべき最も適切な立地モデルは輸送費用が $t=v/Q$ で表現され、ここで $v=a$ は定数であり、かつ空間費用は EOQ 計算において内生化されていないようなロジスティクス-費用モデルであるということが示唆される。この場合のロジスティクス-費用モデルはわれわれをして、モデルの中で既に内生的とされた典型的に観察される輸送費用構造を持つ立地-生産活動を議論し、さらにそれ自身 t が $t=b$ へと進むことを意味する JIT への動きを論ずることを可能にする。

付録3.1 産出物価格が固定され、かつ t が一定であると取り扱われたとき、同次あるいはホモセティック関数に対して産出量から独立ではない最適立地の証明

（3.18）および（3.19）より、われわれは：

$$\frac{\partial m_3}{\partial m_1} = \frac{d_1\left(\frac{\partial t_1}{\partial m_1}\right)\left[m_1 + \frac{(2IS_1)^{1/2} m_1^{1/2}}{2(c_1+t_1d_1)^{1/2}}\right] + (c_1+t_1d_1)^{1/2}\left[(c_1+t_1d_1)^{1/2} + \frac{(2IS_1)^{1/2}}{2m_1^{1/2}}\right]}{c_3 - \frac{(2IS_3)^{1/2}(c_3-t_3h)^{1/2}}{2m_3^{1/2}} - \left(\frac{\partial t_3}{\partial m_3}\right)\left[t_3h + \frac{(2IS_3)^{1/2} m_3 h}{(c_3-t_3h)^{1/2}}\right]}$$

(A.3.1.1)

および

$$\frac{\partial m_3}{\partial m_2} = \frac{d_2\left(\frac{\partial t_2}{\partial m_2}\right)\left[m_2 + \frac{(2IS_2)^{1/2} m_2^{1/2}}{2(c_2+t_2d_2)^{1/2}}\right] + (c_2+t_2d_2)^{1/2}\left[(c_2+t_2d_2)^{1/2} + \frac{(2IS_2)^{1/2}}{2m_2^{1/2}}\right]}{c_3 - \frac{(2IS_3)^{1/2}(c_3-t_3h)^{1/2}}{2m_3^{1/2}} - \left(\frac{\partial t_3}{\partial m_3}\right)\left[t_3h + \frac{(2IS_3)^{1/2} m_3 h}{(c_3-t_3h)^{1/2}}\right]}$$

(A.3.1.2)

を持つ。一般的に、もし k が定数であれば、そのとき $m_1=km_2$ は同次性あるいはホモセティック性の規準を満たし比率（$\partial m_1/\partial m_2$）は k に等しい定数で

ある。しかしながら、もしパラメータ t_1 および t_2 が固定されたものとして扱われるならば比率（$\partial t_1/\partial m_1$）および（$\partial t_2/\partial m_2$）のいずれもゼロに等しくなる。このような場合には、（$\partial m_1/\partial m_2$）が一定である唯一の可能な状況は $m_1 = m_2$, $S_1 = S_2$, かつ $(c_1 + t_1 d_1) = (c_2 + t_2 d_2)$ であるときのみである。さらに、これらの状況の下で、もしパラメータ t_1 および t_2 が m_1 および m_2, d_1 および d_2 との関連で変化することが許されるならば、比率（$\partial m_1/\partial m_2$）は m_3 のすべての値に対して $m_1 = m_2$, $S_1 = S_2$, $c_1 = c_2$, $t_1 = t_2$, $d_1 = d_2$ である特異な場合のみ一定となりうる。すなわち企業の最適立地が3角形の頂点とその底辺の中点を結ぶ線分の上にあるときがそれである。これらがウェーバー‐モーゼス問題に対する同次的あるいはホモセティック解に関する規準である。

もし t_1 および t_2 が固定されていると扱われ、他方 m_3 のすべての値に対して $m_1 = m_2$, $S_1 = S_2$, $c_1 = c_2$, $t_1 = t_2$, $d_1 = d_2$ であり、かつ3角形が底辺点においての角が等しい2等辺3角形であれば、これらの条件はまた方程式（3.20）をも満たす。しかしながら、これらの条件の下では方程式（3.21）は：

$$\frac{\partial \pi}{\partial h} = -2m_1\left(\frac{\partial d_1}{\partial h}\right)t_1 - m_1^{1/2}\frac{(2IS_1)^{1/2}}{(c_1+t_1d_1)^{1/2}}\left(\frac{\partial d_1}{\partial h}\right)t_1 - m_3 t_3 - \frac{m_3^{1/2}(2IS_3)^{1/2}}{(c_3-t_3h)^{1/2}}$$

(A.3.1.3)

となる。このことは $\dfrac{\partial d_1}{\partial h} = -\dfrac{1}{2}$ であるときのみ、すなわち：3角形が正3角形でありかつ $(c_3 - t_3 h) = (c_1 + t_1 d_1)$ である場合のみ成立する。このことは企業の利潤がゼロとなり、かつ正3角形というわかりにくい場合であるので認め難い。

付録3.2　産出量から独立の最適立地問題で産出物価格が固定されかつ輸送費用が $t = v/Q$ と規定されたときの同次あるいはホモセティック解のための必要条件の証明

方程式（3.35）および（3.36）から、われわれは：

第3章　ロジスティクス-費用モデル　129

$$\frac{\delta m_3}{\delta m_1} = \frac{\frac{1}{2}\left[2c_1 + m_1^{\frac{-1}{2}}(2Ic_1)^{\frac{1}{2}}(S_1 + d_1v_1)^{\frac{1}{2}}\right]}{c_3 - \frac{1}{2}m_3^{\frac{-1}{2}}(2Ic_3)^{\frac{1}{2}}(S_3 + hv_3)^{\frac{1}{2}}} \quad (\text{A.3.2.1})$$

および：

$$\frac{\delta m_3}{\delta m_2} = \frac{\frac{1}{2}\left[2c_2 + m_2^{\frac{-1}{2}}(2Ic_2)^{\frac{1}{2}}(S_2 + d_2v_2)^{\frac{1}{2}}\right]}{c_3 - \frac{1}{2}m_3^{\frac{-1}{2}}(2Ic_3)^{\frac{1}{2}}(S_3 + hv_3)^{\frac{1}{2}}} \quad (\text{A.3.2.2})$$

を持つ。(A.3.2.2) を (A.3.2.1) で割ることによって：

$$\frac{\delta m_1}{\delta m_2} = \frac{\frac{1}{2}\left[2c_2 + m_2^{\frac{-1}{2}}(2Ic_2)^{\frac{1}{2}}(S_2 + d_2v_2)^{\frac{1}{2}}\right]}{\frac{1}{2}\left[2c_1 m_1^{\frac{-1}{2}}(2Ic_1)^{\frac{1}{2}}(S_1 + d_1v_1)^{\frac{1}{2}}\right]} \quad (\text{A.3.2.3})$$

が得られる。これが一定であるためには、それは同次あるいはホモセティック解の規準なのであるが、もしわれわれが $m_1 = km_2$、k は定数と置くならば、$(\partial m_1/\partial m_2)$ は k に等しい定数となる。従って、もし：

$$k = \frac{2c_2 + m_2^{\frac{-1}{2}}(2Ic_2)^{\frac{1}{2}}(S_2 + d_2v_2)^{\frac{1}{2}}}{2c_1 + (km_2)(2Ic_1)^{\frac{1}{2}}(S_1 + d_1v_1)^{\frac{1}{2}}}$$

であれば、再整理によって：

$$m_2^{\frac{1}{2}} = \frac{(2Ic_2)^{\frac{1}{2}}(S_2 + d_2v_2)^{\frac{1}{2}} - k^{\frac{1}{2}}(2Ic_1)^{\frac{1}{2}}(S_1 + d_1v_1)^{\frac{1}{2}}}{2(c_1 - c_2)}$$

が得られる。もし立地上の座標が固定されていれば、上式の右辺は定数項である。このことは m_2 の値は変化しないことを意味する。いい換えれば、ホモセティックあるいは同次的生産関数については、最適立地は投入量の特定水準 m_2 に対して、従って含意より産出量の特定水準 m_3 に対して一義的に決定される。従って $m_1 = km_2$ である一般的な条件の下では、もし m_2 の値が m_3 の増加にともなって増大しうるならば、立地座標は変化し、その結果ウェーバー-モー

ゼス問題には解があり得ないことになる。この法則への唯一可能な例外は、k の値が1であるとき、すなわちすべての m_3 の値に対して $m_1=m_2$, $S_1=S_2$, $c_1=c_2$, $d_1=d_2$ であるときであり、この場合方程式の右辺は消滅する。これがウェーバー-モーゼスの3角形の内点での、産出量独立の最適立地問題への唯一可能な同次的あるいはホモセティックな解である。

<u>付録3.3</u>　産出物価格が固定され、かつ輸送費用が $t=v/Q$ で規定されるときの産出量独立立地問題へのホモセティック解が存在しないことの証明

c_3 が固定されているときのウェーバー-モーゼス問題へのホモセティック解のための必要条件は、3角形が2等辺3角形でありかつすべての m_3 の値に対して $m_1=m_2$, $S_1=S_2$, $c_1=c_2$, $v_1=v_2$, $d_1=d_2$ であるとき：

$$m_1^{\frac{1}{2}} k_1 - k_2 = m_3^{\frac{1}{2}} k_3 + k_4$$

である。この両辺を2乗することによって：

$$m_3 k_3^2 = \left[m_1^{\frac{1}{2}}(k_1) - (k_2+k_4) \right]^2$$

が得られ、展開と再整理によって：

$$m_3 = m_1 \left[\frac{k_1}{k_3}\right]^2 - \left[\frac{2(k_2+k_4)k_1}{k_3^2}\right] m_1^{\frac{1}{2}} + \left[\frac{k_2+k_4}{k_3}\right]^2$$

が得られる。従って：

$$\frac{\delta m_3}{\delta m_1} = \left[\frac{k_1}{k_3}\right]^2 - \left[\frac{2(k_2+k_4)k_1}{k_3^2}\right]\frac{1}{2}m_1^{\frac{1}{2}}$$

であり、このことは方程式（3.35）を：

$$\left[k_6 - k_7 m_1^{\frac{-1}{2}}\right]\left[c_3 m_3^{\frac{-1}{2}} k_8\right] = c_1 + m_1^{\frac{-1}{2}} k_9$$

第 3 章　ロジスティクス-費用モデル　131

と書き変えることを可能にする。ここで:

$$k_6 = \left[\frac{k_1}{k_3}\right]^2$$

$$k_7 = \frac{(k_2+k_4)k_1}{k_3^2}$$

$$k_8 = \frac{1}{2}(2Ic_3)^{\frac{1}{2}}(S_3+hv_3)^{\frac{1}{2}}$$

$$k_8 = \frac{1}{2}(2Ic_1)^{\frac{1}{2}}(S_1+d_1v_1)^{\frac{1}{2}}$$

である。上記の表現を展開し再整理すれば:

$$k_6 c_3 - c_1 = \frac{k_9 k_7 - c_3}{m_1^{\frac{1}{2}}} + \frac{k_6 k_8}{m_3^{\frac{1}{2}}} - \frac{k_7 k_8}{m_1^{\frac{1}{2}} m_3^{\frac{1}{2}}}$$

となる。もし c_3 が原材料数量を除くすべての空間的および非空間的費用パラメータとともに固定されるならば、上記表現の左辺は一定となる。もしホモセティック性の必要条件がこの一定性を維持するのに十分であれば、これらの条件は十分である。このことが m_1 が連続的に増加しうるとき常に成立するためには、m_3 の値は結局は低下しなければならない。このことは企業が規模に対する負の収益を経験しなければならないことを意味し、この場合それは不可能である。それは、われわれはここで要素投入物生産関数ではなく発送される財の重量に基づく成分投入物生産関数を扱っているからである。従ってここでは混雑費用効果の可能性は存在しない。従って c_3 の値が固定されているときには、ウェーバー-モーゼス問題にはホモセティック解は存在しない。

付録3.4　産出物価格が変数であり輸送費用が $t=v/Q$ として規定されたときの産出量独立最適立地問題には同次解が存在しないことの証明

再定式化されたモデル方程式 (3.30) の第2次条件はもし c_3 が m_3 にともなって変化しうるならば:

$$\frac{\delta \pi}{\delta m_1} = c_3 \frac{\delta m_3}{\delta m_1} + \frac{\delta c_3}{\delta m_3} \frac{\delta m_3}{\delta m_1} m_3 - c_1 - \frac{1}{2} m_1^{\frac{-1}{2}} (2Ic_1)^{\frac{1}{2}} (S_1+d_1v_1)^{\frac{1}{2}}$$

$$-\frac{1}{2}m_3^{\frac{-1}{2}}\frac{\delta m_3}{\delta m_1}(2Ic_3)^{\frac{1}{2}}(S_3-hv_3)^{\frac{1}{2}}$$
$$-\frac{\delta c_3}{\delta m_3}\frac{\delta m_3}{\delta m_1}I(2Ic_3)^{\frac{-1}{2}}m_3^{\frac{1}{2}}(S_3+hv_3)^{\frac{1}{2}}$$
$$=0$$

(A.3.4.1)

$$\frac{\delta\pi}{\delta m_2}=c_3\frac{\delta m_3}{\delta m_2}+\frac{\delta c_3}{\delta m_3}\frac{\delta m_3}{\delta m_2}m_3-c_2-\frac{1}{2}m_2^{\frac{-1}{2}}(2Ic_2)^{\frac{1}{2}}(S_2+d_2v_2)^{\frac{1}{2}}$$
$$-\frac{1}{2}m_3^{\frac{-1}{2}}\frac{\delta m_3}{\delta m_2}(2Ic_3)^{\frac{1}{2}}(S_3+hv_3)^{\frac{1}{2}}$$
$$-\frac{\delta c_3}{\delta m_3}\frac{\delta m_3}{\delta m_2}I(2Ic_3)^{\frac{-1}{2}}m_3^{\frac{1}{2}}(S_3+hv_3)^{\frac{1}{2}}$$
$$=0$$

(A.3.4.2)

となり、それを再整理すれば：

$$\frac{\delta\pi}{\delta m_1}=\frac{\delta m_3}{\delta m_1}\left[c_3-\frac{1}{2}m_3^{\frac{-1}{2}}(2Ic_3)^{\frac{1}{2}}(S_3+hv_3)^{\frac{1}{2}}+\frac{\delta c_3}{\delta m_3}\left[m_3-\frac{(Im_3)^{\frac{1}{2}}}{(2c_3)^{\frac{1}{2}}}(S_3+hv_3)^{\frac{1}{2}}\right]\right]$$
$$-\frac{1}{2}\left[2c_1+m_1^{\frac{-1}{2}}(2Ic_1)^{\frac{1}{2}}(S_1+d_1v_1)^{\frac{1}{2}}\right]$$
$$=0$$

(A.3.4.3)

および：

$$\frac{\delta\pi}{\delta m_2}=\frac{\delta m_3}{\delta m_2}\left[c_3-\frac{1}{2}m_3^{\frac{-1}{2}}(2Ic_3)^{\frac{1}{2}}(S_3+hv_3)^{\frac{1}{2}}+\frac{\delta c_3}{\delta m_3}\left[m_3-\frac{(Im_3)^{\frac{1}{2}}}{(2c_3)^{\frac{1}{2}}}(S_3+hv_3)^{\frac{1}{2}}\right]\right]$$

$$-\frac{1}{2}\left[2c_2+m_2^{\frac{-1}{2}}(2Ic_2)^{\frac{1}{2}}(S_2+d_2v_2)^{\frac{1}{2}}\right]$$
$$=0$$

(A.3.4.4)

となる。

(A.3.4.4) を再整理し、(A.3.4.3) で除すことによって、われわれは：

$$\frac{\delta m_1}{\delta m_2} = \frac{\frac{1}{2}\left[2c_2 + m_2^{\frac{-1}{2}}(2Ic_2)^{\frac{1}{2}}(S_2+d_2v_2)^{\frac{1}{2}}\right]}{\frac{1}{2}\left[2c_1 + m_1^{\frac{-1}{2}}(2Ic_1)^{\frac{1}{2}}(S_1+d_1v_1)^{\frac{1}{2}}\right]}$$

を得る。これらは c_3 が変数であるときのウェーバー-モーゼス問題に対する同次あるいはホモセティック解に関する、c_3 が一定である場合と同じ（$\partial m_1/\partial m_2$）条件である。他の二つの第1次条件は c_3 が変数であっても、あるいは c_3 が一定であっても（3.37）および（3.38）から変化しない。従って、方程式（3.38）よりわれわれは c_3 が変数である場合のウェーバー-モーゼス問題へのホモセティック解のための必要条件が：

$$m_1^{\frac{1}{2}} k_1 - k_2 = m_3^{\frac{1}{2}} k_5 c_3^{\frac{1}{2}} + k_4$$

ここで $k_5 = \dfrac{k_8}{c_3^{\frac{1}{2}}}$

であることを知る。

c_3 が固定されていないときウェーバー-モーゼス問題に対し同次解が存在しうるか否かを調べる上では、もしわれわれが以前と同じように $k_2 = -k_4$ とするならば、われわれは：

$$m_1^{\frac{1}{2}} k_1 = m_3^{\frac{1}{2}} k_5 c_3^{\frac{1}{2}}$$

を持ち、そこで：

$$k_5 = \frac{v_3}{2}(S_3 - hv_3)^{\frac{-1}{2}}(2I)^{\frac{1}{2}}$$

である。

再び、方程式の両辺とも正であるから、われわれは両辺を2乗することができる。その結果：

$$\frac{m_1^{\frac{1}{2}} k_1}{m_3^{\frac{1}{2}} k_5} = c_3^{\frac{1}{2}}$$

すなわち：

$$c_3 = \frac{m_1}{m_3}\left[\frac{k_1}{k_5}\right]^2$$

である。ここで：

$$\left[\frac{k_1}{k_5}\right]^2 = \left[\frac{-(S_1+d_1v_1)^{\frac{-1}{2}}(2Ic_1)^{\frac{1}{2}}v_1\frac{\delta d_1}{\delta h}}{\frac{v_3}{2}(S_3+hv_3)^{\frac{-1}{2}}(2I)^{\frac{1}{2}}}\right]$$

であるから、方程式（A.3.4.3），(A.3.4.4)および（3.37）(3.38)に対し、c_3が変数であるとき、同次のウェーバー-モーゼス解が可能であるために必要な追加的条件は、必要なホモセティック条件以上に、再び3角形が2等辺である、すなわちm_3のすべての値に対して$m_1 = m_2$，$S_1 = S_2$，$c_1 = c_2$，$v_1 = v_2$，かつ$d_1 = d_2$，さらに（$\partial d_1/\partial h$）$= -\frac{1}{2}$ であることである。いい換えれば、企業の立地点は3角形の中心であり、かつ：

$$\left[\frac{k_1}{k_5}\right]^2 = \left[c_1^{\frac{1}{2}}\right]^2$$

であることである。さらにいい換えれば：

$$c_3 = \frac{m_1}{m_3} \times c_1 \quad \text{すなわち} \quad c_3 m_3 = m_1 c_1$$

である。これはc_3が一定に保たれたときと同じ結論である。これらの状況の下では企業は負の利潤を蒙る。従って、ウェーバー-モーゼス解は存在しない。

付録3.5　産出物価格が変数でありかつ輸送費用が$t = v/Q$で規定されている場合の産出量独立最適立地問題へのホモセティック解が可能であるための必要条件

　c_3が変数であるときのホモセティック　ウェーバー-モーゼス解に関する付

第 3 章 ロジスティクス-費用モデル

録3.4より関数は次の条件を満たさなければならない。

$$m_1^{\frac{1}{2}} k_1 - k_2 = m_3^{\frac{1}{2}} k_5 c_3^{\frac{1}{2}} + k_4$$

再整理して：

$$m_3^{\frac{1}{2}} = m_1^{\frac{1}{2}} \left[\frac{k_1}{k_5} \right] c_3^{\frac{-1}{2}} - \left[\frac{k_2 + k_4}{k_4} \right] c_3^{\frac{-1}{2}}$$

を得る。両辺を 2 乗して：

$$m_3 = \frac{m_1}{c_3} \left[\frac{k_1}{k_5} \right]^2 - \frac{2 m_1^{\frac{1}{2}}}{c_3} \left[\frac{k_1 (k_2 + k_4)}{k_5^2} \right] + \left[\frac{k_2 + k_4}{k_5} \right]^2 \frac{1}{c_3}$$

となる。従って：

$$\frac{\delta m_3}{\delta m_1} = \frac{1}{c_3} \left[\frac{k_1}{k_5} \right]^2 - \frac{1}{c_3} \left[\frac{k_1 (k_2 + k_4)}{k_5^2} \right] m^{\frac{-1}{2}}$$

であり、これを書き換えて：

$$\frac{\delta m_3}{\delta m_1} = \frac{k_{10}}{c_3} - \frac{k_{11} m_1^{\frac{-1}{2}}}{c_3}$$

となる。こうして c_3 が変数であるときのウェーバー-モーゼス問題へのホモセティック解は方程式：

$$m_1^{\frac{1}{2}} k_1 - k_2 = m_3^{\frac{1}{2}} k_5 c_3^{\frac{1}{2}} + k_4 + k_4$$

を満たすのみでななく、方程式 (A.3.4.3) をも満たさなければならない。従って、われわれは方程式 (A.3.4.3) を：

$$\left[\frac{k_{10}}{c_3} - \frac{k_{11}}{c_3 m_1^{\frac{-1}{2}}} \right] \left[c_3 - \frac{k_{12} c_3^{\frac{1}{2}}}{m_3^{\frac{1}{2}}} + \frac{\delta c_3}{\delta m_3} (m_3 - \frac{k_{13} m_3^{\frac{1}{2}}}{c_3^{\frac{1}{2}}}) \right] - \frac{k_9}{m_1^{\frac{1}{2}}} = c_1$$

と書き換えることができる。ここで：

$$k_{12} c_3^{\frac{1}{2}} = k_8 \quad かつ \quad k_{13} = \frac{I^{\frac{1}{2}}}{2^{\frac{1}{2}}} (S_3 + h v_3)^{\frac{1}{2}} \quad そして c_1 は一定:$$

残念ながら、c_3 が m_3 とともに変化しうる特定の場合には、このような手順によってはホモセティック解の可能性の有無をあいまいさなしに示唆することはできない。しかしながら、それらが発送される生産物の重量によって規定されるので m_3 が m_1 の単調増加関数であることを所与とすれば、ホモセティック解の唯一の可能性は c_3 が m_3 と逆の関係にあるとき、かつ企業が規模に対する収益逓減をずっと経験するときであることが明らかになる。

付録3.6 所有者名が変化する時点はロジスティクス-費用表示の数学的表現に影響する

一般的には、もし所有者名、すなわち財の所有権が供給点において変化するならば、それは財が工場を離れた瞬間に、輸送の責任は顧客企業に置かれることを意味する。これは通常"作業前"あるいは"f.o.b.発点"価格づけとして知られている。この場合顧客企業は財に対して固定された価格を工場において支払う、そしてその上でこれらの財の引き続く輸送に対し直接支払いかつ手配する。もしここでのモデルのように f.o.b.価格づけが用いられるならば、B 点においての配達価格は次の二つの成分（$c_i + t_i d_i$）に分解される。ここで $t_i d_i$ は財を A から B へ動かすことによる単位当り輸送費マーク・アップのみを表す。

交代的なシナリオは、財の所有権（すなわち財の所有者名）が顧客の立地点で変化するという場合である。この特定の場合には供給者企業は財の供給者価格の上に単位当りマーク・アップを課して配達費用を捻出する。顧客企業は、従って財の配達に対して間接的に支払う。これはしばしば"配達価格づけ"、"c.i.f.価格づけ"、あるいは"f.o.b.着点価格づけ"と呼ばれる。もし供給点価格 c_o の財の m_i 量が供給者企業 A と顧客企業 B の間の距離 d_i を運ばれるならば、またもし c.i.f.価格づけが用いられるならば（すなわち所有者名が B で変化するならば）、われわれは単一の配達価格を（$c_a + l_i d_i$）で表すことができる。ここで $l_i d_i$ は財 m_i を A から B へ配達することによる単位当りのロジスティクス-費用マーク・アップを表す。このマーク・アップに含まれるのは、輸送費用のみではなく財の配達に含まれるすべての在庫および調達費用も加わる。このこ

とからわれわれは：

$$m_i(c_a + l_i d_i) = m_i c_a + (2I S_i)^{1/2} m_i^{1/2} (c_a + t_i d_i)^{1/2} + t_i d_i m_i$$

ということができる。従って

$$m_i l_i d_i = m_i c_a + (2I S_i)^{1/2} m_i^{1/2} (c_a + t_i d_i)^{1/2} + t_i d_i m_i$$

である。われわれの以前の分析から、長期的にはこの方程式の右辺は d_i に比例して上昇することが知られている。従って、長期的には、m_i および c_a の任意に与えられた値について、$l_i d_i$ は d_i に直接比例して上昇する。従って、このことは長期のc.i.f.配達価格（$c_a + l_i d_i$）は平均配達距離に直接比例する、あるいは逆にいえば、固定された市場価格に対して、c_a に含まれる利潤は平均配達距離に直接比例して低下する。これに関して重要な点は、誰が輸送費用を直接に支払うか、あるいは誰がロジスティクス戦略を組織するか、ということは関係がないということである。束配達の実際の大きさや頻度は短期的には、供給者企業がc.i.f.価格計算において長期のロジスティクス-費用ではなく短期の輸送費用のみを考慮に入れるという状況の下では顧客が、あるいは供給者がEOQ原理に基づいて配達の手配を組織する場合で違ってくるであろう。しかしながら、長期的には、その利潤率を維持するためには、ロジスティクス過程の中の各々の段階での財の価値は財を生産過程の中のその特定点へと持ってきたときの総費用を表すものであるから、c.i.f.価格は上昇し総ロジスティクスプラス投入物費用は同じに止まる。採用される価格づけ戦略の間での唯一の差異はモデルの中で用いられる記号が単位当りロジスティクス-費用を表すのか、輸送費用マーク・アップを表すのかを明示することが必要であるということだけである。

付録3.7 EOQ分析の適用は供給源企業と顧客企業の間の距離に、それを越えると時間期間当りに必要とされるすべての材料を単一の束配達で配達することが常に最適となる臨界値があることを示唆する

この所与の臨界距離 d_i に表現を与えることは簡単で：

$$Q_i^* = m_i = \sqrt{\frac{2m_i}{Ic_i}(S_i + d_i v_i)}$$

となる。整理すれば：

$$d_c = \frac{1}{v_i}\left[\frac{Ic_i m_i}{2} - s_i\right]$$

となる。これによりわれわれは I, c_i あるいは m_i が増大すれば d_c は増大することを知る。S_i あるいは v_i が増大すれば d_c は減少する。この臨界距離を越えると、配達頻度を時間期間当り1回を越えて増加させることによる輸送および調達費用の増加は、在庫保有の減少による潜在的な費用低下を凌駕してしまう。

付録3.8 空間費用が内生化され、かつ産出数量が産出物価格の関数であるときの一般化されたロジスティクス-費用モデルの行動

もし投入物および産出物の数量が投入物および産出物価格の関数であるならば、方程式（3.58）の交叉偏微分は：

$$\frac{\delta\left(\frac{\delta(TLC_i)}{\delta d_i}\right)}{\delta c_i} = \frac{a_i I(2m_i)^{\frac{1}{2}}}{4(S_i+a_i d_i)^{\frac{1}{2}}[I(c_i+b_i d_i)+s_i]^{\frac{1}{2}}} - \frac{b_i I^2 (2m_i)^{\frac{1}{2}}(S_i+a_i d_i)^{\frac{1}{2}}}{4[I(c_i+b_i d_i)+s_i]^{\frac{3}{2}}}$$

$$= \left(\frac{\delta m_i}{\delta c_i}\right)\left(\frac{a_i 2^{\frac{1}{2}}[I(c_i+b_i d_i)+s_i]^{\frac{1}{2}}}{2\times 2 m_i^{\frac{1}{2}}(S_i+a_i d_i)^{\frac{1}{2}}} + \frac{Ib_i 2^{\frac{1}{2}}(S_i+a_i d_i)^{\frac{1}{2}}}{2\times 2[I(c_i+b_i d_i)+s_i]^{\frac{1}{2}} m_i^{\frac{1}{2}}}\right)$$

(A.3.8.1)

となる。これらの条件下では、もし a_i がゼロで b_i が正であれば：

もし $\dfrac{Im_i^{\frac{1}{2}}}{[I(c_i+b_i d_i)+s_i]^{\frac{3}{2}}} > \dfrac{1}{[I(c_i+b_i d_i)+s_i]^{\frac{1}{2}} m_i^{\frac{1}{2}}}$ ならば $\dfrac{\delta\left(\frac{\delta(TLC_i)}{\delta d_i}\right)}{\delta c_i}$ は負。

すなわち、関数の勾配は、同質的な平面上ではもし：

$$Im_i > [I(c_i+b_i d_i)+s_i]$$

であれば投入財の価格の上昇にともなって低下する。

第3章 ロジスティクス-費用モデル 139

同様に、もし a_i が正で b_i がゼロであれば、われわれは：

もし： $\dfrac{m_i^{\frac{1}{2}}}{\left[I(c_i+b_id_i)+s_i\right]^{\frac{1}{2}}} > \dfrac{\left[I(c_i+b_id_i)+s_i\right]^{\frac{1}{2}}}{m_i^{\frac{1}{2}}}$ ならば $\dfrac{\delta\left(\dfrac{\delta(TLC_i)}{\delta d_i}\right)}{\delta c_i}$ は正。

すなわち、関数の勾配は、同質的な平面上ではもし：

$$m_i > \left[I(c_i+b_id_i)+s_i\right]$$

であれば投入財の価格の上昇にともなって上昇する。

もしわれわれが固定係数を持っていれば、そのとき $\delta m_i/\delta c_i$ はゼロとなり、それは方程式 (3.42),(3.44) および (3.64) の結果をもたらす。同時に、もし投入物が両者とも産出物の正関数であるならば、われわれは：

$$\dfrac{\delta\left(\dfrac{\delta(TLC_i)}{\delta d_i}\right)}{\delta m_o} = \left(\dfrac{\delta m_i}{\delta m_o}\right)\left(\dfrac{a_i 2^{\frac{1}{2}}\left[I(c_i+b_id_i)+s_i\right]^{\frac{1}{2}}}{2\times 2m_i^{\frac{1}{2}}(S_i+a_id_i)^{\frac{1}{2}}} + b_i + \dfrac{Ib_i 2^{\frac{1}{2}}(S_i+a_id_i)^{\frac{1}{2}}}{2\times 2m_i^{\frac{1}{2}}\left[I(c_i+b_id_i)+s_i\right]^{\frac{1}{2}}}\right)$$

を持つ。ここで $\delta m_i/\delta c_o$ は生産関数について正である。この式は a および b のすべての非負値に対して常に正であり、われわれの以前の結論を確認する。

同様にわれわれはまた、産出物数量が価格の関数であるときの産出物ロジスティクス曲線への価格効果の交叉偏微分を観察することができる。ここでわれわれは：

$$\dfrac{\delta\left(\dfrac{\delta(TLC_o)}{\delta d_o}\right)}{\delta c_o} = \dfrac{a_o I (2m_o)^{\frac{1}{2}}}{4(S_o+a_od_o)^{\frac{1}{2}}\left[I(c_o-b_od_o)+s_o\right]^{\frac{1}{2}}} - \dfrac{b_o I^2 (2m_o)^{\frac{1}{2}}(S_o+a_od_o)^{\frac{1}{2}}}{4\left[I(c_o-b_od_o)+s_o\right]^{\frac{3}{2}}}$$

$$+ \left(\dfrac{\delta m_o}{\delta c_o}\right)\left(\dfrac{a_o 2^{\frac{1}{2}}\left[I(c_o-b_od_o)+s_o\right]^{\frac{1}{2}}}{2\times 2m_o^{\frac{1}{2}}(S_o+a_od_o)^{\frac{1}{2}}} + \dfrac{Ib_o 2^{\frac{1}{2}}(S_o+a_od_o)^{\frac{1}{2}}}{2\times 2m^{\frac{1}{2}}\left[I(c_o-b_od_o)+s_o\right]^{\frac{1}{2}}}\right)$$

を持つ。結果は需要の価格弾力性に依存する。$(\delta m_o/\delta c_o)$ は固定された右下

がりの需要関数に対しては負であり、需要関数の上方シフトに対しては正である。

付録3.9　ロジスティクス-費用関数の加法性と分離可能性の証明

一企業へ入ったり出たりする財の流れが規則正しいことを仮定すれば、投入物および産出物の総ロジスティクス-費用は加法的かつ分離可能なものとして扱うことができる。このことは二つの例によって示すことができる。

われわれは次のような流通企業の仮説的な場合を想像することができる。この企業は投入物あるいは産出物の輸送費用も貯蔵のための土地費用も負担しない。またそれは一つの倉庫を持ち、それについて倉庫へ運び入れられる財と、倉庫から運び出される財の単位価値は同一である。もしこの企業が購入しかつ倉庫に配達した財の年間重量が m_i でありかつ投入財の単位価値が c_i であるならば、これらの投入物への年間の支出は $m_i c_i$ である。もしこれらの投入物が配達時に支払いを受けるならばまた大きさ Q_i の個別発送によって配達されるならば、各々の発送について支出される金額は $c_i Q_i$ であり、これらの投入物の発送頻度は $f_i = m_i / Q_i$ で与えられ、発送と発送の間の時間期間は $1/f_i$ 年で与えられる。もし財の同じ年間重量がそれに続いて一定率で倉庫から連続的に顧客へ送出され、販売収入が産出物が顧客によって受け取られるとともに連続的に支払われるならば、定義によって産出財の単位価値 c_o は c_i に等しいのであるから、離散的な投入物発送に拘束された追加的な年間在庫資本費用は販売収入によって賄われず、A.3.9.1.図の *STUVWXY* という鋸の歯形関数によって表現される。1発送当りの追加的な資本費用は $(I/f_i)c_i Q_i / 2$ で与えられ、ここで I はお金を借りることの年間費用である。年当りの追加的な総資本費用は $f_i(I/f_i)c_i Q_i / 2 = I c_i Q_i / 2$ で与えられる。

第3章　ロジスティクス-費用モデル　141

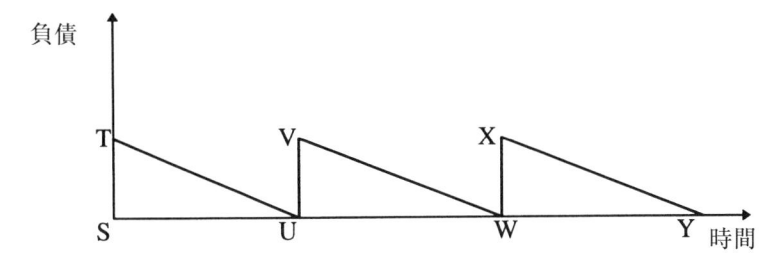

```
負債
 ↑
 │ T        V         X
 │ |\       |\        |\
 │ | \      | \       | \
 │ |  \     |  \      |  \
 │ |_____|_____|_____→ 時間
 S    U         W         Y
```

A.3.9.1.図　産出物の連続的な流れにともなう投入物在庫保有費用

　ここでわれわれは産出財は連続的に発送されるのではなく、離散的な束で発送され、その結果資本は連続的に償われるのではないと想定することができる。もしわれわれが産出物は $Q_o = 3\,Q_j$ であるような Q_o の個別束で発送されると仮定すれば、産出物は $f_o = m_i / 3\,Q_i$ という頻度で発送されることになり、産出物発送間隔の時間期間は $1/f_o$ 年となる。従って売上げ収入によって回収されない在庫の中に拘束された追加的な資本費用の総額は今や A.3.9.2.図の *ABDEFGHJ* の下の総面積で表現される。

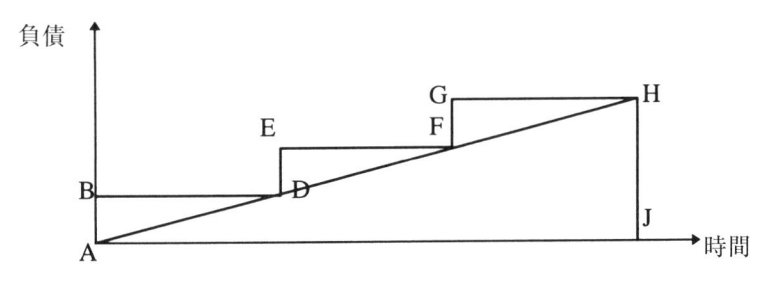

A.3.9.2.図　産出物の非連続的な流れにともなう投入物在庫保有費用

　しかしながら、この面積は直線 *AH* を描くことで二つの成分に分解される。この直線の下の面積は $(AJ \times HJ)/2$ に等しい。AJ が $1/f_o$ で与えられ、HJ が $c_{j3}Q_j = c_oQ_o$ で与えられることにより、*AHJ* で表される費用は：定義により $I(3\,Q_j/m_j)(c_{j3}Q_j)/2 = Ic_jm_j/2 = Ic_oQ_o/2$ である。他方 3 角形 *ABD*, *DEF*, *FGH* の各々の面積は $(AJ/3 \times HJ/3)/2$ で与えられる。$AJ/3 = 1/f_i = Q_i/m_i$ かつ $HJ/3$

$= c_oQ_o/3 = c_i \cdot 3 Q_i/3 = c_iQ_i$ である。従って3角形 ABD, DEF, FGH 各々の面積は $(Q_i/m_i) \cdot (c_iQ_i)/2$ で与えられ、かつこの面積で表現される総資本費用は $(1/f_i)(Q_i/m_i)(c_iQ_i)/2 = Ic_iQ_i/2$ で与えられ、それは A.3.9.1.図の STUVWXY と同一である。いい換えれば、財の企業へのまた企業からの流れが一定の率でなされると仮定すれば、投入物と産出物の単位価値が同じであるとき、投入財および産出財の保有と離散的な発送によって負担される総在庫資本費用は、投入物と産出物の間で加法的かつ分離可能として扱うことができる。

われわれは以上の分析と結論を産出物の単位価値が投入物の単位価値よりも高い場合に拡張できる。もしわれわれが生産および発送の過程において価値が付加されると、また資本、労働および土地への要素報酬が連続的に支払われると仮定するならば、それが企業を通過するときの財のトン当り単位価格の差は $(c_p - c_o) = \phi + \eta + \gamma$ と表現できる。ここで c_o は財が倉庫/工場のドアを離れるときの f.o.b."作業前" 価格であり、ϕ, η および γ は各々産出物 m_i の単位当りの、資本、労働、土地の利潤シェアである。このような要素報酬が連続的に支払われると仮定すれば、われわれは A.3.9.2.図を A.3.9.3.図構成のために拡張でき、後者では3角形 AKJ の面積は要素報酬は連続ベースで支払う一方、産出物の発送は非連続ベースで行われるとき負担される資本費用を表している。

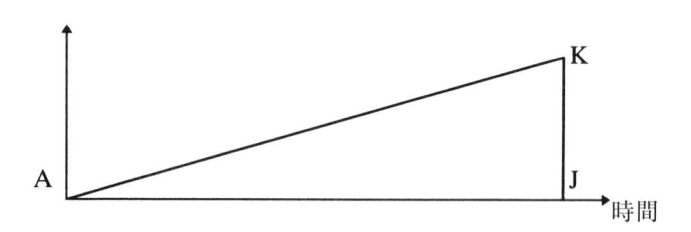

A.3.9.3.図　非連続的な産出物の流れによる産出物保有費用

距離 JK は $(\phi + \eta + \gamma)Q_o/2$ で与えられ、上述より距離 AJ は $1/f_o = 3Q_i/m_i = Q_o/m_i$ で与えられる。いい換えれば、この面積で表される資本費用は $(I/Q_o/m_i)(Q_o/m_i)(\phi + \eta + \gamma)Q_o/2$ で与えられる。従って産出物収入の連続以下の流

れのために負担される総資本費用は$(Ic_oQ_o/2 + I(\phi + \eta + \gamma)Q_o/2)$で表すことができ、それは$c_o = c_i$であれば、$I(c_i + \phi + \eta + \gamma)Q_o/2$となる。いい換えれば、企業からの産出物の連続以下の流れの故の、連続以下の販売収入の流入のために、企業の付加価値活動によって負担される総資本費用は投入物の連続以下の流入のために負担される総資本費用から加法的かつ分離可能として扱うことができる。総産出物資本費用は $AHJ + AKJ$ によって与えられる。

スミス（1994）はさらに、無作為的に抽出された日についての期待費用が長期的平均1日当り費用に正確に等しいとすれば、これらの仮定が確率的な設定の場合でも成立することを示した。

ここから立地問題へ進むことは全く簡単である。何故ならば受領次第ただちに支払うために産出物発送輸送費用はゼロの利子率しか負担しないと仮定すれば、上記の表現においてわれわれは $c_i = (c_s + t_id_i)$ かつ $c_p = (c_R - t_od_o)$、（ここでc_sは投入物の供給点 f.o.b.価格、c_R は産出物の市場 c.i.f.小売価格、t_id_i および t_od_o は各々投入物および産出物の各単位の輸送費用）、と書くことができる。投入物および産出物資本費用が加法的かつ分離可能と扱うことができるという事実は、所与の投入物および産出物価格に対して、投入物および産出物のロジスティクス-費用計算もまた分離された費用最小化問題として扱うことができるということを意味する。（EOQ計算の全体的目的は任意に与えられた産出物の水準に対してγの水準を最大化しそのことにより年間利潤水準 $\pi = \gamma m_3$の値を最大化することにある点に注意）。

貯蓄への利子率 i_o が借入れの利子率 i_B より小さいとき、ロジスティクス-費用立地方程式によって生み出される利潤の水準（π）は総利潤の修正された値を与えるために、単純に(i_B/i_s)によって乗じられる必要がある。しかしながら、ここでの要点はロジスティクス-費用の立地上の結論は借入れ利子率と貯蓄利子率の差によっては影響されないということである。

付録3.10　EOQ計算に対して空間費用が内生的に扱われたときの地域間賃金勾配

もし空間費用がEOQ計算に対して内生的でなければ、総投入物ロジスティクス-費用の表現は：

$$TLC_i = (2m)^{\frac{1}{2}}(L_s w + a_i d_i)^{\frac{1}{2}}\left[I(c_i + b_i d_i)\right]^{\frac{1}{2}} + \frac{I a_i d_i}{2}$$

$$+ m_i d_i b_i + s_i w \frac{(2m_i)^{\frac{1}{2}}(L_s w + a_i d_i)^{\frac{1}{2}}}{\left[I(c_i + b_i d_i)\right]^{\frac{1}{2}}} \quad (A.3.10.1)$$

によって与えられる。同様に、総産出物ロジスティクス-費用の表現は：

$$TLC_o = (2m_o)^{\frac{1}{2}}(L_s w + a_o d_o)^{\frac{1}{2}}\left[I(c_o - b_o d_o)\right]^{\frac{1}{2}} - \frac{I a_o d_o}{2}$$

$$+ m_o d_o b_o + s_o w \frac{(2m_o)^{\frac{1}{2}}(L_s w + a_o d_o)^{\frac{1}{2}}}{\left[I(c_o - b_o d_o)\right]^{\frac{1}{2}}} \quad (A.3.10.2)$$

によって与えられる。もしこれらの表現が第3.9節で述べられたものと同じ1次元の枠組みの中に置かれるならば、かつここでも c_i および c_o を除くすべてのパラメータが等しいと仮定すれば、われわれは利潤関数を観察することによって企業の立地行動を分析することができる。すなわち：

$$\pi = c_o m_o - c_i m_i - (2m)^{\frac{1}{2}}(L_s w + ad)^{\frac{1}{2}}\left[I(c_i + bd)\right]^{\frac{1}{2}} - \frac{sw(2m)^{\frac{1}{2}}(L_s w + ad)^{\frac{1}{2}}}{\left[I(c_i + bd)\right]^{\frac{1}{2}}}$$

$$- (2m)^{\frac{1}{2}}(L_s w + ad)^{\frac{1}{2}}\left[I(c_o + bd)\right]^{\frac{1}{2}} - \frac{sw(2m)^{\frac{1}{2}}(L_s w + ad)^{\frac{1}{2}}}{\left[I(c_o + bd)\right]^{\frac{1}{2}}} - 2mb \quad (A.3.10.3)$$

投入物に関し同質的な平面上では、われわれは：

$$\frac{\delta(TLC_i)}{\delta d_i} = \frac{(2m)^{\frac{1}{2}}\left[I(c_i + bd)\right]^{\frac{1}{2}}}{2(L_s w + ad)^{\frac{1}{2}}}\left[L_s(\frac{\delta w}{\delta d}) + a_i\right] + \frac{(2m)^{\frac{1}{2}} 2(L_s w + ad)^{\frac{1}{2}}}{2\left[I(c_i + bd)\right]^{\frac{1}{2}}} Ib + \frac{Ia}{2} + mb$$

$$+(\frac{\delta w}{\delta d})\frac{s(2m)^{\frac{1}{2}}(L_s w+ad)^{\frac{1}{2}}}{[I(c_i+bd)]^{\frac{1}{2}}}+\frac{s_i w(2m)^{\frac{1}{2}}\left[L_s(\frac{\delta w}{\delta d})+a\right]}{2(L_s w+ad)^{\frac{1}{2}}[I(c_i+bd)]^{\frac{1}{2}}}$$

$$-\frac{s_i w(2m)^{\frac{1}{2}}(L_s w+ad)^{\frac{1}{2}}Ib}{2[I(c_i+bd)]^{\frac{3}{2}}}$$

(A.3.10.4)

を持つ。もし a が正で b がゼロならば、(A.3.10.4)は正である。他方、b が正で a が正ならば：

もし

$$\frac{(2m)^{\frac{1}{2}}(L_s w+ad)^{\frac{1}{2}}Ib}{2[I(c_i+bd)]^{\frac{1}{2}}} \geq \frac{(2m)^{\frac{1}{2}}sw(L_s w+ad)^{\frac{1}{2}}Ib}{2[I(c_i+bd)]^{\frac{3}{2}}}$$

すなわち：$1 \geq \frac{sw}{I(c_i+bd)}$ 従って $I(c_i+bd) \geq sw$ であれば $\frac{\delta(TLC_i)}{\delta d_i}$ は正。

いい換えれば、もし投入物の価値/容積比率が低い、すなわち比率 c_i/s が低いのでなければ、投入物ロジスティクス-費用関数は一般的に搬送距離と正方向の関連を持つ。

同様に産出物についてわれわれは：

$$\frac{\delta(TLC_o)}{\delta d_o}=\frac{(2m_o)^{\frac{1}{2}}[I(c_o-bd)]^{\frac{1}{2}}}{2(L_s w+ad)^{\frac{1}{2}}}\left[L_s(\frac{\delta w}{\delta d})+a\right]-\frac{(2m_o)^{\frac{1}{2}}(L_s w+ad)^{\frac{1}{2}}}{2[I(c_o-bd)]^{\frac{1}{2}}}Ib-\frac{Ia}{2}+mb$$

$$+\frac{sw(2m)^{\frac{1}{2}}\left[L_s(\frac{\delta w}{\delta d})+a\right]}{2(L_s w+ad)^{\frac{1}{2}}[I(c_o-bd)]^{\frac{1}{2}}}+\frac{sw(2m)^{\frac{1}{2}}(L_s w+ad)^{\frac{1}{2}}Ib}{2[I(c_o-bd)]^{\frac{3}{2}}}$$

$$+(\frac{\delta w}{\delta d})\frac{s(2m)^{\frac{1}{2}}(L_s w+ad)^{\frac{1}{2}}}{[I(c_o-bd)]^{\frac{1}{2}}}$$

(A.3.10.5)

を持つ。もし a が正で b がゼロであれば、(A.3.10.5)は正である。b が正で a が正であれば、(A.3.10.5)は正であり、そのとき

$$\frac{sw(2m)^{\frac{1}{2}}(L_s w + ad)^{\frac{1}{2}} Ib}{2[I(c_o - bd)]^{\frac{3}{2}}} \geq \frac{(2m)^{\frac{1}{2}}(L_s w + ad)^{\frac{1}{2}} Ib}{2[I(c_o - bd)]^{\frac{1}{2}}}$$

すなわち： $\dfrac{sw}{I(c_o - bd)} > 1$, 従って $sw \geq I(c_o - bd)$

であり、かつ

$$mb > \frac{Ia}{2}$$

である。もし b がゼロで、a が正であれば、投入物および産出物ロジスティクス-費用関数のいずれも距離の正関数である。しかしながら、ここでもまた、われわれは投入物および産出物のいずれについてもこれらの条件を明らかにするために包絡線定理を用いることができる。

従って：

$$TLC_i = \frac{m(L_s w + ad)}{Q_i} + \frac{[I(c_i + bd)]Q_i}{2} + \frac{Iad}{2} + mbd + sw Q_i \quad (A.3.10.5)$$

空間費用は EOQ 計算に対し外生的であることを所与とすればわれわれはこの表現を二つの表現の和（それは右辺の最初の4項目プラス第5項目として与えられるのであるが）として扱うことにより分解することができる。われわれは最初の4項目のみを、$Q_i = Q^*$ とおくことによってのみ分析することができる。そしてこの方程式を搬送距離によって微分することによって：

$$\frac{\delta(TLC_i)}{\delta d_i} = \frac{ma}{Q^*} + \frac{IbQ_i^*}{2} + \frac{Ia}{2} + mb \quad (A.3.10.6)$$

となる。方程式(A.3.10.6)は距離の正関数である。同時にわれわれは

$$Q^* = \frac{(2m)^{\frac{1}{2}}(L_s w + ad)^{\frac{1}{2}}}{I^{1/2}(c_i + bd)^{\frac{1}{2}}}$$

を持つ。従って、第5項目の導関数をとることから、われわれは：

$$\frac{\delta(swQ^*)}{\delta d} = \frac{sw(2m)^{\frac{1}{2}}a}{2(L_sw+ad)^{\frac{1}{2}}I^{1/2}(c_i+bd)^{\frac{1}{2}}} - \frac{sw(2m)^{\frac{1}{2}}(L_sw+ad)^{\frac{1}{2}}b}{2I^{1/2}(c_i+bd)^{\frac{3}{2}}}$$
(A.3.10.7)

を持つ。従って、方程式(A.3.10.5)はもし：

$$\frac{a}{(L_sw+ad)^{\frac{1}{2}}[I(c_i+bd)]^{\frac{1}{2}}} \geq \frac{(L_sw+ad)^{\frac{1}{2}}}{[I(c_i+bd)]^{\frac{3}{2}}}$$

すなわち： $a(c_i+bd) \geq (L_s+ad)b$

であるならば距離の正関数である。同時に産出物については、われわれは複合項目：

$$\frac{\delta(TLC_o)}{\delta d} = \frac{m(L_sw+ad)}{Q_o^*} + \frac{I(c_o-bd)Q_o^*}{2} - \frac{Iad}{2} + mbd + [swQ_o^*]$$
(A.3.10.8)

を持ち、それは分解することができる。ここでもまたわれわれは：

$$Q_o^* = \frac{(2m)^{\frac{1}{2}}(L_sw+ad)^{\frac{1}{2}}}{[I(c_o-bd)]^{\frac{1}{2}}}$$

を持ち、従ってわれわれは：

$$\frac{\delta(swQ_o^*)}{\delta d}$$

が常に正であることを知る。さらに最初の4項目を搬送距離に関して微分することにより：

$$\frac{\delta(TLC_o)}{\delta d} = \frac{ma}{Q_o^*} - \frac{Ib}{2} - \frac{Ia}{2} + mb$$
(A.3.10.9)

が得られ、m/Q_o^*の最小値が1であることにより、これは前と同じく$I<2$である限り常に正であることを示すことができる。

さて方程式(A.3.10.3)を賃金が立地によって変化することを許しつつ距離に

関して微分するならば：

$$\frac{\delta \pi}{\delta d} = (\frac{\delta w}{\delta d}) \frac{(2m)^{\frac{1}{2}} L_s}{2(L_s w + ad)^{\frac{1}{2}}} \left\{ [I(c_i + bd)]^{\frac{1}{2}} + [I(c_o - bd)]^{\frac{1}{2}} \right\}$$

$$- \frac{a_i (2m)^{\frac{1}{2}}}{2(L_s w + ad)^{\frac{1}{2}}} \left\{ [I(c_i + bd)]^{\frac{1}{2}} + [I(c_o - bd)]^{\frac{1}{2}} \right\}$$

$$- \frac{Ib(2m)^{\frac{1}{2}} (L_s w + ad)^{\frac{1}{2}}}{2} \left[\frac{1}{[I(c_i + bd)]^{\frac{1}{2}}} - \frac{1}{[I(c_o - bd)]^{\frac{1}{2}}} \right]$$

$$- (\frac{\delta w}{\delta d}) \frac{L_s s(2m)^{\frac{1}{2}}}{2(L_s w + ad)^{\frac{1}{2}}} \left\{ \frac{1}{[I(c_i + bd)]^{\frac{1}{2}}} + \frac{1}{[I(c_o - bd)]^{\frac{1}{2}}} \right\}$$

$$- \frac{a_i s(2m)^{\frac{1}{2}}}{2(L_s w + ad)^{\frac{1}{2}}} \left\{ \frac{1}{[I(c_i + bd)]^{\frac{1}{2}}} + \frac{1}{[I(c_o - bd)]^{\frac{1}{2}}} \right\}$$

$$- \frac{s(2m)^{\frac{1}{2}} (L_s w + ad)^{\frac{1}{2}} Ib}{2} \left\{ \frac{-1}{[I(c_i + bd)]^{\frac{3}{2}}} + \frac{1}{[I(c_o - bd)]^{\frac{3}{2}}} \right\}$$

$$- 2mb$$

$$- (\frac{\delta w}{\delta d}) s(2m)^{\frac{1}{2}} (L_s w + ad)^{\frac{1}{2}} \left\{ \frac{1}{[I(c_i + bd)]^{\frac{1}{2}}} + \frac{1}{[I(c_o - bd)]^{\frac{1}{2}}} \right\}$$

(A.3.10.10)

が得られる。これを再整理すれば：

$$\frac{\delta w}{\delta d} = \frac{\eta}{\gamma}$$

が得られ、ここで

$$\eta = \frac{-a_i(2m)^{\frac{1}{2}}}{2(L_s w + ad)^{\frac{1}{2}}} \left\{ [I(c_i + bd)]^{\frac{1}{2}} + [I(c_o - bd)]^{\frac{1}{2}} \right\}$$

$$- \frac{Ib(2m)^{\frac{1}{2}}(L_s w + ad)^{\frac{1}{2}}}{2} \left[\frac{1}{[I(c_i + bd)]^{\frac{1}{2}}} - \frac{1}{[I(c_o - bd)]^{\frac{1}{2}}} \right]$$

$$- \frac{a_i s(2m)^{\frac{1}{2}}}{2(L_s w + ad)^{\frac{1}{2}}} \left\{ \frac{1}{[I(c_i + bd)]^{\frac{1}{2}}} + \frac{1}{[I(c_o - bd)]^{\frac{1}{2}}} \right\}$$

$$- \frac{s(2m)^{\frac{1}{2}}(L_s w + ad)^{\frac{1}{2}} Ib}{2} \left\{ \frac{-1}{[I(c_i + bd)]^{\frac{3}{2}}} + \frac{1}{[I(c_o - bd)]^{\frac{3}{2}}} \right\} - 2mb$$

(A.3.10.11)

かつ：

$$\gamma = \frac{(2m)^{\frac{1}{2}} L_s}{2(L_s w + ad)^{\frac{1}{2}}} \left\{ [I(c_i + bd)]^{\frac{1}{2}} + [I(c_o - bd)]^{\frac{1}{2}} \right\}$$

$$+ \left\{ \frac{1}{[I(c_i + bd)]^{\frac{1}{2}}} + \frac{1}{[I(c_o - bd)]^{\frac{1}{2}}} \right\} \left\{ \frac{L_s s(2m)^{\frac{1}{2}}}{2(L_s w + ad)^{\frac{1}{2}}} + s(2m)^{\frac{1}{2}}(L_s w + ad)^{\frac{1}{2}} \right\}$$

(A.3.10.12)

である。γ は正であるから、$\partial w/\partial d$ が多くの場合負であることより η は通常負でなければならない。

均衡地域間賃金勾配と投入生産物価格の間の関係についてわれわれは：

$$\frac{\delta(\frac{\delta w}{\delta d})}{\delta c_i} = \frac{\gamma(\frac{\delta \eta}{\delta c_i}) - \eta(\frac{\delta \gamma}{\delta c_i})}{\gamma^2}$$

を持つ。従って

$$\frac{\delta(\frac{\delta w}{\delta d})}{\delta c_i} = \frac{1}{\gamma} \left\{ \frac{-a_i (2m)^{\frac{1}{2}} I}{4(L_s w + ad)^{\frac{1}{2}} [I(c_i+bd)]^{\frac{1}{2}}} + \frac{I^2 b (2m)^{\frac{1}{2}} (L_s w + ad)^{\frac{1}{2}}}{4[I(c_i+bd)]^{\frac{3}{2}}} \right.$$

$$+ \frac{a_i s (2m)^{\frac{1}{2}} I}{4(L_s w + ad)^{\frac{1}{2}} [I(c_i+bd)]^{\frac{3}{2}}} - \left. \frac{3s(2m)^{\frac{1}{2}} (L_s w + ad)^{\frac{1}{2}} I^2 b}{4[I(c_i+bd)]^{\frac{5}{2}}} \right\}$$

$$- \frac{\eta}{\gamma^2} \left\{ \frac{(2m)^{\frac{1}{2}} L_s I}{4(L_s w + ad)^{\frac{1}{2}} [I(c_i+bd)]^{\frac{1}{2}}} \right.$$

$$\left. - \left[\frac{L_s s (2m)^{\frac{1}{2}}}{4(L_s w + ad)^{\frac{1}{2}}} + \frac{s(2m)^{\frac{1}{2}} (L_s w + ad)^{\frac{1}{2}}}{2} \right] \frac{1}{[I(c_i+bd)]^{\frac{1}{2}}} \right\}$$

(A.3.10.13)

となる。もし a がゼロで b が正であれば、この項は、もし(A.3.10.13)のはじめの2行について、

$$\frac{I^2 b (2m)^{\frac{1}{2}} (L_s w + ad)^{\frac{1}{2}}}{4[I(c_i+bd)]^{\frac{5}{2}}} \geq \frac{3s(2m)^{\frac{1}{2}} (L_s w + ad)^{\frac{1}{2}} I^2 b}{4[I(c_i+bd)]^{\frac{5}{2}}}$$

すなわち： $I(c_i+bd) \geq 3s$

であるならば、正である（マッカン 1996）、かつ(A.3.10.13)の次の2行に関しては、η が負であるとすればほとんどすべての場合において：

$$\frac{L_s}{2(L_s w + ad)^{\frac{1}{2}}} (I-s) \geq s(L_s w + ad)^{\frac{1}{2}}$$

であり、これは

　　　$L_s (I-s) 2s > (L_s w + ad)$　　従って　$I > s(2w+1)$ となる。

他方、もし a が正で b がゼロならば、(A.3.10.13)のはじめの2行は、もし：

$$\frac{a(2m)^{\frac{1}{2}}I}{4(L_s w + ad)^{\frac{1}{2}}[I(c_i + bd)]^{\frac{1}{2}}} \geq \frac{as(2m)^{\frac{1}{2}}I}{4(L_s w + ad)^{\frac{1}{2}}[I(c_i + bd)]^{\frac{3}{2}}}$$

すなわち： $Ic_i \geq s$

であれば負であり、方程式(A.3.10.13)の次の2行はもし：

$$L_s(I-s)2s \leq (L_s w + ad) \quad \text{すなわちもし：} \quad L_s I \leq L_s s(2w+1) + 2ads$$

であれば負である。そして上式は大部分の場合負である。

ここでもまた、均衡地域間賃金勾配と産出物価格の関係について、われわれは：

$$\frac{\delta(\frac{\delta w}{\delta d})}{\delta c_o} = \frac{\gamma(\frac{\delta \eta}{\delta c_o}) - \eta(\frac{\delta \gamma}{\delta c_o})}{\gamma^2}$$

$$= \frac{1}{\gamma}\left\{\frac{-a(2m)^{\frac{1}{2}}I}{4(L_s w + ad)^{\frac{1}{2}}[I(c_o - bd)]^{\frac{1}{2}}} + \frac{I^2 b(2m)^{\frac{1}{2}}(L_s w + ad)^{\frac{1}{2}}}{4[I(c_o - bd)]^{\frac{3}{2}}}\right.$$

$$\left. + \frac{as(2m)^{\frac{1}{2}}I}{4(L_s w + ad)^{\frac{1}{2}}[I(c_o - bd)]^{\frac{3}{2}}} - \frac{3s(2m)^{\frac{1}{2}}(L_s w + ad)^{\frac{1}{2}}I^2 b}{4[I(c_o - bd)]^{\frac{5}{2}}}\right\}$$

$$- \frac{\eta}{\gamma^2}\left\{\frac{(2m)^{\frac{1}{2}}L_s}{4(L_s w + ad)^{\frac{1}{2}}[I(c_o - bd)]^{\frac{1}{2}}}\right.$$

$$\left. - \left[\frac{L_s s(2m)^{\frac{1}{2}}}{2(L_s w + ad)^{\frac{1}{2}}} + s(2m)^{\frac{1}{2}}(L_s w + ad)^{\frac{1}{2}}\right]\frac{1}{[I(c_o - bd)]^{\frac{1}{2}}}\right\}$$

(A.3.10.14)

を持つ。この表現はもし

(i) $$\frac{a(2m)^{\frac{1}{2}}I}{4(L_s w+ad)^{\frac{1}{2}}\left[I(c_o-bd)\right]^{\frac{1}{2}}} > \frac{as(2m)^{\frac{1}{2}}I}{4(L_s w+ad)\left[I(c_o-bd)\right]^{\frac{3}{2}}}$$

すなわち　$1 > \dfrac{s}{I(c_o-bd)}$　　　その結果　$(c_o-bd) > \dfrac{s}{I}$　であり、

(ii) $$\frac{3s(2m)^{\frac{1}{2}}(L_s w+ad)^{\frac{1}{2}}I^2 b}{4\left[I(c_o-bd)\right]^{\frac{5}{2}}} > \frac{I^2 b(2m)^{\frac{1}{2}}(L_s w+ad)^{\frac{1}{2}}}{4\left[I(c_o-bd)\right]^{\frac{3}{2}}}$$

すなわち　$\dfrac{3s}{I} > (c_o-bd)$　　　であり、かつもし η が負：

(iii) $$\frac{L_s I}{4(L_s w+ad)^{\frac{1}{2}}} < \frac{L_s s}{2(L_s w+ad)^{\frac{1}{2}}} + s(L_s w+ad)^{\frac{1}{2}}$$

すなわち　　$L_s(I-s) < s(L_s w+ad)$　（これはほとんど常に真である）であるならば負である。

はじめの二つの条件は逆向きでありこの問題を大部分の条件下では不決定にするように見える（マッカン　1996）。しかしながら、もし a が正で他方 b がゼロならば、(A.3.10.14)は、産出物価格がきわめて小さいのではない限りまた N からの小さな距離においての移動に関しては、産出物価格の増加に関して負反応であろう。他方、もし b が正で a がゼロならば、(A.3.10.14)は産出物価格がきわめて高いのではない限り、あるいは N からの大きな距離の移動に対しては、産出物価格の上昇に対して負反応であろう。

付録3.11a　空間費用が EOQ 計算にとって内生的な場合の総ロジスティクス-費用の総輸送費用との相対での搬送距離に対する感度の比較

われわれは総ロジスティクス-費用の搬送距離への感度を輸送費用との相対で比較するために、種々の発送輸送価格づけ体制の下で両者の費用の距離に関する導関数をとることができる。発送輸送技術において収益一定の投入物発送、

すなわち $a = 0$　$b = $正のとき、われわれは：

$$TLC_i = (2m_i)^{\frac{1}{2}} S_i^{1/2} \left[I(c_i + b_i d_i) + s_i \right]^{\frac{1}{2}} + m_i b_i d_i \qquad \text{(A.3.11a.1)}$$

および：

$$\frac{\delta(TLC_i)}{\delta d_i} = m_i b_i + \frac{I b_i (2m_i)^{\frac{1}{2}} S_i^{1/2}}{2\left[I(c_i + b_i d_i) + s_i \right]^{\frac{1}{2}}} \qquad \text{(A.3.11a.2)}$$

を持つ。他方総輸送費用に関してわれわれは：

$$\frac{\delta(TTC)}{\delta d_i} = m_i b_i \qquad \text{(A.3.11a.3)}$$

を持つ。従って総投入物ロジスティクス-費用の搬送距離に関する変動と輸送費用についてのそれとの相対的大きさは、方程式（A.3.11a.2）を方程式（A.3.11a.3）で除することにより、すなわち：

$$\frac{m_i b_i + \dfrac{I b_i (2m_i)^{\frac{1}{2}} S_i^{1/2}}{2\left[I(c_i + b_i d_i) + s_i \right]^{\frac{1}{2}}}}{m_i b_i} = \frac{m_i b_i + \dfrac{I b_i Q_i^*}{2}}{m_i b_i} = 1 + \frac{I Q_i^*}{2 m_i} \qquad \text{(A.3.11a.4)}$$

として与えられる。(A.3.11a.4) の最大値は、最大値 $Q_i^* = m$ であることおよび $I = 2$ により、2である。このことは投入物 TLC_i 費用は、固定されたトン-マイル当り輸送費率については投入物輸送費用に比べて、距離に対する勾配が2倍に至るまでよりきついということを示唆する。しかしながら大部分の場合、この比率は1よりわずかに大きいだけであろう。

産出物発送に関しては、われわれは：

$$\frac{\delta(TLC_o)}{\delta d_o} = m_o b_o - \frac{I b_o (2m_o)^{\frac{1}{2}} (S_o)^{\frac{1}{2}}}{2\left[I(c_o - b_o d_o) + s_o \right]^{\frac{1}{2}}} = m_o b_o - \frac{I b_o Q_o^*}{2} \qquad \text{(A.3.11a.5)}$$

および

$$\frac{\delta(TTC)}{\delta d_o} = m_o b_o \qquad (A.3.11a.6)$$

を持つ。従って総ロジスティクス-費用の搬送距離に関する変動の輸送費用についてのそれとの相対においての大きさは、(A.3.11a.5) を (A.3.11a.6) によって除することにより：

$$1 - \frac{\frac{I b_o Q_o^*}{2}}{m_o b_o} = 1 - \frac{I Q_o^*}{2 m_o} \qquad (A.3.11a.7)$$

として与えられる。$I = 200\%$ すなわち $I = 2$ かつ $Q_o^* \leq m$ のとき Q_o^*/m_o はゼロと1の間にあるから、この表現の上限は1であり下限はゼロである。このことはトン-マイル当り固定された輸送費用について、産出物 TLC_o は距離に関して輸送費用よりも浅いということを示唆する。

さて、われわれの単純なモデルでは、$m_i = m_o$ かつ $\partial(TTC_i)/\partial d = \partial(TTC_o)/\partial d$ であるから、われわれは輸送費用との相対での TLC の搬送距離に関する変化を投入物方程式 (A.3.11a.5) および産出物方程式 (A.3.11a.7) の両方について加えて2で割り、ロジスティクス-費用の輸送費用との相対での距離感度に関する全体的な数字に到達する。個別発送技術において規模に対する収益一定の下で、われわれは：

$$\frac{\partial(TLC_i + TLC_o)/\partial d}{\partial(TTC_i + TTC_o)/\partial d} = \frac{2 + \frac{I}{2}\left[\frac{Q_i^*}{m_i} - \frac{Q_o^*}{m_o}\right]}{2} \qquad (A.3.11a.8)$$

を持つ。

$m_i = m_0$ であれば括弧つきの項は正でありかつ1より小さい。従って個別発送輸送費用が規模に対して収益一定であるとき総投入物プラス産出物ロジスティクス-費用は、総投入物プラス産出物輸送費用と比べて少なくとも同じ程度に

搬送距離は対して敏感である。

他方、発送輸送においてわれわれが完全な規模の経済を持つとき、すなわち a が正で b がゼロであれば、投入物ロジスティクス-費用に関し、われわれは：

$$\frac{\delta(TLC_i)}{\delta d_i} = \frac{a_i(2m)^{\frac{1}{2}}[I(c_i)+s_i]^{\frac{1}{2}}}{2(S_i+a_id_i)^{\frac{1}{2}}} + \frac{Ia_i}{2}$$

$$= \frac{a_i m_i}{Q_i^*} + \frac{Ia}{2} \tag{A.3.11a.9}$$

を持つ。一方投入物輸送費用については：

$$TTC = m_i d_i \left[\frac{a_i}{Q_i^*}\right] \tag{A.3.11a.10}$$

であり、従って

$$\frac{\delta(TTC)}{\delta d} = \frac{m_i a}{Q_i^*} \tag{A.3.11a.11}$$

となる。(A.3.11a.10) を (A.3.11a.11) で除することにより：

$$\frac{\delta(\frac{(TLC)_i}{TTC})}{\delta d_i} = \frac{\frac{a_i m_i}{Q_i^*} + \frac{Ia_i}{2}}{\frac{m_i a_i}{Q_i^*}} = 1 + \frac{IQ_i^*}{2m} \tag{A.3.11a.12}$$

が得られる。同様にこれらの条件の下での産出物ロジスティクス-費用に対しては、

$$\frac{\delta(TLC_o)}{\delta d} = \frac{a_o(2m)^{\frac{1}{2}}[I(c_o)+s_o]^{\frac{1}{2}}}{2(S_o+a_od_o)^{\frac{1}{2}}} - \frac{Ia_o}{2}$$

$$= \frac{a_o m_o}{Q_o^*} - \frac{Ia_o}{2} \tag{A.3.11a.13}$$

が得られ、輸送費用については、

$$TTC_o = m_o d_o \left[\frac{a_o}{Q_o^*} \right] \quad \text{(A.3.11a.14)}$$

を得る。従って、われわれは：

$$\frac{\delta(TTC_o)}{\delta d_o} = \frac{m_o a_o}{Q_o^*} \quad \text{(A.3.11a.15)}$$

を持ち、方程式（A.3.11a.13）を（A.3.11a.15）で除すことにより

$$\frac{\delta(TLC_o)}{\delta d_o} / \frac{\delta(TTC_o)}{\delta d_o} = \frac{\frac{a_o m_o}{Q_o^*} - \frac{I a_o}{2}}{\frac{a_o m_o}{Q_o^*}} = 1 - \frac{I}{2} \frac{Q_o^*}{m_o} \quad \text{(A.3.11a.16)}$$

が得られ、これは1と2の間に入る。われわれは再び搬送距離に対する TLC の輸送費用との相対での変化を投入物方程式（A.3.11a.12）と産出物方程式（A.3.11a.16）について加算して2で割る必要があり、その結果：

$$\frac{\partial(TLC_i + TLC_o)/\partial d}{\partial(TTC_i + TTC_o)/\partial d} = \frac{2 + \frac{I}{2}\left[\frac{Q_i^*}{m_i} - \frac{Q_o^*}{m_o}\right]}{2} \quad \text{(A.3.11a.17)}$$

となる。$m_i = m_o$ であれば括弧内の項は正であり、1より小さい。従ってわれわれは方程式（A.3.11a.8）においてと同一の結論を得る。すなわち総ロジスティクス-費用の搬送距離に関する感度は総輸送費用についてのそれよりも限界的に大きい。さらに、発送輸送費用の構造とは無関係に、企業による付加価値、すなわち $(c_o - c_i)$ が大きければ大きいほど、$Q_i^* - Q_o^*$ も大きくなり、総ロジスティクス-費用は搬送距離に関して総輸送費用との相対においてより敏感となる。

付録3.11 b 空間費用が EOQ 計算に対して外生的な場合の総ロジスティクス-費用の総輸送費用との相対での搬送距離に対する感度の比較

われわれは空間費用が EOQ 計算に対して内生的ではないときの、総ロジスティクス-費用の搬送距離に関する感度を輸送距離についてのそれとの相対において比較することができる。それはここでもまた両方の型の費用の距離に関する導関数を、種々の発送価格づけ体制の下で、求めることにより行われる。もし空間費用が投入物発送に関して内生的でなければ、われわれは：

$$TLC_i = \frac{m_i S_i}{Q_i} + \frac{I(c_i + t_i d_i)}{2}Q_i + t_i d_i m_i + \frac{s_i Q}{2} \quad \text{(A.3.11a.18)}$$

を持つ。それはもし：

$$t = b + \frac{a}{Q}$$

であれば：

$$TLC_i = \frac{m_i S_i}{Q_i} + \frac{I c_i Q_i}{2} + \frac{I d_i b_i}{2}Q + \frac{I d a}{2} + d_i m_i b_i + \frac{a d_i m_i}{2} + \frac{s_i Q_i}{2} \quad \text{(A.3.11a.19)}$$

および：

$$TLC_i = \frac{m_i}{Q_i}(S_i + a_i d_i) + \frac{IQ(c_i + d_i b_i)}{2} + d\left[\frac{Ia}{2} + m_i b_i\right] + \frac{s_i Q_i}{2} \quad \text{(A.3.11a.20)}$$

となる。Q を最適化する目的で $\frac{s_i Q_i}{2}$ を排除すれば、われわれは：

$$Q_i^* = \sqrt{\frac{2 m_i (S_i + a_i d_i)}{I(c_i + b_i d_i)}} \quad \text{(A.3.11a.21)}$$

を持ち、これは投入物配達に関して次の総ロジスティクス-費用表現を与える：

$$TLC_i^* = (2m_i)^{\frac{1}{2}}(S_i + a_i d_i)^{\frac{1}{2}}\left[I(c_i + b_i d_i)\right]^{\frac{1}{2}} + d_i\left[\frac{Ia}{2} + m_i b_i\right] + \frac{s_i}{2}\frac{(2m_i)^{\frac{1}{2}}(S_i + a_i d_i)^{\frac{1}{2}}}{\left[I(c_i + b_i d_i)\right]^{\frac{1}{2}}} \quad \text{(A.3.11a.22)}$$

これを搬送距離について微分すれば：

$$\frac{\delta(TLC_i^*)}{\delta d_i} = \frac{(2m_i)^{\frac{1}{2}}[I(c_i+b_id_i)]^{\frac{1}{2}}a_i}{2(S_i+a_id_i)^{\frac{1}{2}}} + \frac{(2m_i)^{\frac{1}{2}}(S_i+a_id_i)^{\frac{1}{2}}Ib_i}{2[I(c_i+b_id_i)]^{\frac{1}{2}}} + \left[\frac{Ia_i}{2} + m_ib_i\right]$$

$$+ \frac{s_i(2m_i)^{\frac{1}{2}}a_i}{4[I(c_i+b_id_i)]^{\frac{1}{2}}(S_i+a_id_i)^{\frac{1}{2}}} - \frac{s_i(2m_i)^{\frac{1}{2}}(S_i+a_id_i)^{\frac{1}{2}}Ib_i}{4[I(c_i+b_id_i)]^{\frac{3}{2}}}$$

(A.3.11a.23)

同様に、EOQ計算に対して空間費用が内生的でない場合の産出物発送についてわれわれは：

$$TLC_o = \frac{m_oS_o}{Q_o} + \frac{I(c_o-t_od_o)Q_o}{2} + t_od_om_o + \frac{sQ_o}{2}$$

(A.3.11a.24)

を持つ。もし

$$t_o = (b_o + \frac{a_o}{Q_o})$$

であれば：

$$TLC_o = (2m_o)^{\frac{1}{2}}(S_o+a_od_o)^{\frac{1}{2}}[I(c_o-b_od_o)]^{\frac{1}{2}} + d_o\left[m_ob_o - \frac{Ia_o}{2}\right] + \frac{s}{2}\frac{(2m_o)^{\frac{1}{2}}(S_o+a_od_o)^{\frac{1}{2}}}{[I(c_o-b_od_o)]^{\frac{1}{2}}}$$

(A.3.11a.25)

となり、これを搬送距離に関して微分すれば：

$$\frac{\delta(TLC_o)}{\delta d_o} = \frac{(2m_o)^{\frac{1}{2}}[I(c_o-b_od_o)]^{\frac{1}{2}}a_o}{2(S_o+a_od_o)^{\frac{1}{2}}} + \frac{(2m_o)^{\frac{1}{2}}(S_o+a_od_o)^{\frac{1}{2}}Ib_o}{2[I(c_o-b_od_o)]^{\frac{1}{2}}} + \left[m_ob_o - \frac{Ia_o}{2}\right]$$

$$+ \frac{s_o(2m_o)^{\frac{1}{2}}a_o}{4[I(c_o-b_od_o)]^{\frac{1}{2}}(S_o+a_od_o)^{\frac{1}{2}}} + \frac{s_o(2m_o)^{\frac{1}{2}}(S_o+a_od_o)^{\frac{1}{2}}Ib_o}{4[I(c_o-b_od_o)]^{\frac{3}{2}}}$$

(A.3.11a.26)

が得られる。個別の発送配達において規模に対する収益一定であるような輸送価格づけ体制の下、すなわち a がゼロ b が正であれば投入物についてわれわれは：

$$\frac{\delta(TLC_i)}{\delta d_i} = \frac{(2m_i)^{\frac{1}{2}}(S_i)^{\frac{1}{2}}Ib}{2\left[I(c_i+b_id_i)\right]^{\frac{1}{2}}} + m_ib_i - \frac{s_i(2m_i)^{\frac{1}{2}}(S_i)^{\frac{1}{2}}Ib}{4\left[I(c_i+b_id_i)\right]^{\frac{3}{2}}}$$

$$= \frac{Ib_iQ_i^*}{2} + m_ib_i - \frac{sIb_iQ_i^*}{4\left[I(c_i+b_id_i)\right]}$$

$$= \frac{Ib_iQ_i^*}{2} + m_ib_i - \frac{sb_iQ_i^*}{4(c_i+b_id_i)} \tag{A.3.11a.27}$$

を持つ。総投入物費用についてわれわれは：

$$\frac{\partial(TTC_i)}{\delta d_i} = m_ib_i \tag{A.3.11a.28}$$

を持つ。（A.3.11a.27）を（A.3.11a.28）で除することにより：

$$\frac{\partial(TLC_i)/\partial d}{\partial(TTC_i)/\partial d} = 1 + \frac{Q_i^*}{m}\left[\frac{I}{2} - \frac{s}{4(c_i+b_id_i)}\right] \tag{A.3.11a.29}$$

が得られる。同様に、産出物発送についてわれわれは：

$$\frac{\delta(TLC_o)}{\delta d_o} = \frac{(2m_o)^{\frac{1}{2}}(S_o)^{\frac{1}{2}}Ib_o}{2\left[I(c_o-b_od_o)\right]^{\frac{1}{2}}} + m_ob_o + \frac{s_o(2m_o)^{\frac{1}{2}}(S_o)^{\frac{1}{2}}Ib_o}{4\left[I(c_o-b_od_o)\right]^{\frac{3}{2}}}$$

$$= \frac{Ib_oQ_o^*}{2} + m_ob_o + \frac{s_oIb_oQ_o^*}{4\left[I(c_o-b_od_o)\right]} \tag{A.3.11a.30}$$

を持つ。一方：

$$\frac{\delta(TTC)}{\delta d_o} = m_ob_o \tag{A.3.11a.31}$$

である。従って（A.3.11a.30）を（A.3.11a.31）で除することにより：

$$\frac{\delta(TLC_o)/\delta d}{\delta(TTC_o)/\delta d} = 1 + \frac{IQ_o^*}{2m_o} + \frac{sQ_o^*}{4(c_o - b_o d_o)m_o}$$

$$= 1 + \frac{Q_o^*}{m_o}\left[\frac{I}{2} + \frac{s}{4(c_o - b_o d_o)}\right]$$

(A.3.11a.32)

が得られる。もしわれわれが方程式（A.3.11a.29）を方程式（A.3.11a.32）に加え2で割るならば、それは発送配達において規模に対する収益一定と空間費用がEOQ計算にとって外生的という条件の下での総投入物プラス産出物ロジスティクス-費用の搬送距離に関する感度の総輸送費用のそれとの相対での表現を与える。すなわち：

$$\frac{\partial(TLC_i + TLC_o)/\partial d}{\partial(TTC_i + TTC_o)/\partial d} = \frac{2 + \frac{I}{2}\left[\frac{Q_o^*}{m_o} + \frac{Q_i^*}{m_i}\right] + \frac{1}{4}\left[\frac{s_o Q_o^*}{(c_o - b_o d_o)m_o} - \frac{s_i Q_i^*}{(c_i - b_i d_i)m_i}\right]}{2}$$

(A.3.11a.33)

第1の括弧内の項は正でありゼロと2の間の値をとる。他方第2の括弧内の項は負で1より小さい。従って、発送配達においての規模に対する収益一定と空間費用がEOQ計算に対し外生的であるという条件の下で、総ロジスティクス-費用はここでもまた搬送距離に関して総輸送費用よりも限界的により敏感である。

他方、個別投入物発送輸送において完全な規模の経済がある場合、すなわちaが正でbがゼロの場合、われわれは：

$$\frac{\delta(TLC_i)}{\delta d_i} = \frac{(2m_i)^{\frac{1}{2}}[I(c_i)]^{\frac{1}{2}}a_i}{2(S_i + a_i d_i)^{\frac{1}{2}}} + \frac{Ia_i}{2} + \frac{s_i(2m_i)^{\frac{1}{2}}a}{4[I(c_i)]^{\frac{1}{2}}(S_i + a_i d_i)^{\frac{1}{2}}}$$

$$= \frac{a_i m}{Q_i^*} + \frac{Ia_i}{2} + \frac{s_i a_i Q_i^*}{4(S_i + a_i d_i)}$$

(A.3.11a.34)

第 3 章　ロジスティクス-費用モデル　161

を持つ。一方総投入物輸送費用についてわれわれは：

$$(TTC_i) = m_i d_i \left(\frac{a_i}{Q_i^*}\right) \tag{A.3.11a.35}$$

を持つ。従って

$$\frac{\delta(TTC_i)}{\delta d_i} = \frac{m_i a_i}{Q_i^*} \tag{A.3.11a.36}$$

となる。(A.3.11a.34) を (A.3.11a.36) で除することにより、

$$\frac{\delta(TLC_i)/\delta d_i}{\delta(TTC_i)/\delta d_i} = 1 + \frac{\dfrac{Ia}{2} + \dfrac{s_i a_i Q_i^*}{4(s_i + a_i d_i)}}{\dfrac{m_i a_i}{Q_i^*}}$$

$$= 1 + \frac{IQ_i^*}{2m_i} + \frac{s_i a_i (Q_i^*)^2}{m_i a_i}$$

$$= 1 + \frac{IQ_i^*}{2m_i} + s_i Q_i^* \frac{Q^*}{m_i} 4(s_i + a_i d_i)$$

$$= 1 + \frac{Q_i^*}{m_i}\left[\frac{I}{2} + \frac{s_i Q_i^*}{4(s_i + a_i d_i)}\right] \tag{A.3.11a.37}$$

が得られる。同様に産出物ロジスティクス-費用発送についてわれわれは：

$$\frac{\delta(TLC_o)}{\delta d_o} = \frac{(2m_o)^{\frac{1}{2}}\left[I(c_o - b_o d_o)\right]^{\frac{1}{2}} a_o}{2(S_o + a_o d_o)^{\frac{1}{2}}} - \frac{I a_o}{2} + \frac{s_o (2m_o)^{\frac{1}{2}} a_o}{4\left[I(c_o)\right]^{\frac{1}{2}}(S_o + a_o d_o)^{\frac{1}{2}}}$$

$$= \frac{a_o m_o}{Q_o^*} - \frac{I a_o}{2} + \frac{s_o a_o Q_o^*}{4(S_o + a_o d_o)} \tag{A.3.11a.38}$$

を持ち、産出物輸送費用については：

$$\frac{\delta(TTC_o)}{\delta d_o} = \frac{a_o m_o}{Q_o^*} \qquad (A.3.11a.39)$$

を持つ。(A.3.11a.38) を (A.3.11a.39) で除することにより、

$$\frac{\delta(TLC_o)/\partial d}{\delta(TTC_o)/\partial d} = 1 - \frac{I a_o Q_o^*}{2 a_o m_o} + \frac{s_o a_o Q_o^*}{4(s_o + a_o d_o)} \frac{Q_o^*}{m_o a_o}$$

$$= 1 - \frac{I Q_o^*}{2 m_o} + \frac{s_o Q_o^*}{4(s_o + a_o d_o)} \frac{Q_o^*}{m_o}$$

$$= 1 + \frac{Q_o^*}{m_o}\left[\frac{s_o Q_o^*}{4(S_o + a_o d_o)} - \frac{I}{2}\right] \qquad (A.3.11a.40)$$

が得られる。方程式 (A.3.11a.37) と (A.3.11a.40) を加え合わせ 2 で割ることにより:

$$\frac{\partial(TLC_i + TLC_o)/\partial d}{\partial(TTC_i + TTC_o)/\partial d} = \frac{2 + \frac{I}{2}\left[\frac{Q_i^*}{m_i} - \frac{Q_o^*}{m_o}\right] + \frac{1}{4}\left[\frac{s_i (Q_i^*)^2}{m_i(s_i + a_i d_i)} + \frac{s_o (Q_o^*)^2}{m_o(s_o + a_o d_o)}\right]}{2}$$

(A.3.11a.41)

が得られ、これを書き変えて:

$$\frac{\partial(TLC_i + TLC_o)/\partial d}{\partial(TTC_i + TTC_o)/\partial d} = \frac{2 + \frac{I}{2}\left[\frac{Q_i^*}{m_i} - \frac{Q_o^*}{m_o}\right] + \frac{1}{4}\left[\frac{s_i^2}{I(c_i + b_i d_i)} + \frac{s_o^2}{I(c_o - b_o d_o)}\right]}{2}$$

(A.3.11a.42)

となる。さらに簡単化のために、財の価格以外のすべてのパラメータが(投入物と産出物の間で)等しいとすれば、

$$\frac{\partial(TLC_i + TLC_o)/\partial d}{\partial(TTC_i + TTC_o)/\partial d} = \frac{2 + \frac{I(Q_i^* - Q_o^*)}{2m} + \frac{s^2}{4I}\left[\frac{1}{(c_i + b_i d_i)} + \frac{1}{(c_o - b_o d_o)}\right]}{2}$$

(A.3.11a.43)

が得られる。分母の第 1 の括弧内の項は 1 より小さい正の値であり、他方分子

第3章 ロジスティクス-費用モデル 163

の第2の括弧項は正ではあるが範囲は限定できない。ここでの結果は、発送配達においての規模の経済性と、空間費用がEOQ計算において内生的ではないという条件の下では、総ロジスティクス-費用の搬送距離に対する感度は総輸送費用についてのそれよりも相当に大きくなりうるということである。ただし、われわれが第3.10節から知るように、他の事情にして一定であれば、それは企業が生産階層を登るとともにより小さな正の値となるのであるが。

付録3.12 発送輸送において規模に対する収益一定であっても輸送費パラメータ t は一定ではありえないことの証明

われわれが輸送において規模に対する収益一定を持つ仮説的な状況の下でも、単一あるいは複数の輸送機械の型に関して輸送機械移動費用と輸送機械の積載能力との間の関係に基づいて計算されたロジスティクス-費用モデルの中では t が固定されていることを観察することはない。その理由は、t が固定されているという仮定は輸送機械の移動能力 v と積載 Qc の間の関係が線形であることを意味するからである。しかしながら、もしロジスティクス計画者がEOQモデルを用いるとすれば、ロジスティクス-費用モデルの中ではtが一定であるという仮定は、一般的には v が Q_c ではなく Q^* の線形関数であるということを意味する。しかし、このことは決して起らない。これを知るためには、単純にそれらの移動費用が各々 v_a および v_b であり、(ここで任意の正の定数kについて $v_b = kv_a$ であるとする)、かつそれらの積載能力が Q_a および Q_b (ここで $Q_b = kQ_a$) である任意の2種の輸送機械を比較すればよい。これらの二つの輸送機械の間の関係は規模に対する収益一定を示す。ロジスティクス計画者が輸送機械の型と大きさの十分な種類を持っていると仮定すれば、最適編成においては満載以下の発送はありえないと仮定しうる、従ってわれわれは $Q_a = Q_a^*$ および $Q_b = Q_b^*$ とすることができる。しかしながら上述より、輸送機械による発送費用においての規模に対する収益一定は任意所与搬送距離に対する輸送費用が固定されていることをも意味するものではないことを知る。すなわち、$c_b = c_a$ であっても $t_a \neq t_b$ である。何故なら:

$$\frac{v_a}{\sqrt{\dfrac{2m\,(S+d\,v_a)}{I\,c_a}}} \neq \frac{kv_a}{\sqrt{\dfrac{2m\,(S+d\,v_a)}{I\,c_b}}} \quad \text{である故に} \quad \frac{v_a}{Q^*_a} \neq \frac{v_b}{Q^*_b}$$

であるからである。移動費用が $v_b = kv_a$、積載能力が $Q_b = kQ_a$ である輸送機械の場合、計算された輸送費用 $t = v_b/Q_b^*$ は：

$$t_b = \frac{k\,v_a}{(S+dk\,v_a)^{\frac{1}{2}}} \times \frac{(I\,c_b)^{\frac{1}{2}}}{(2m)^{\frac{1}{2}}}$$

で与えられ、それは直接に生産物価格の平方根に関連している。従ってもし産出物価格が変化するならば、すなわち $c_b \neq c_a$ であれば、t は、v が生産物範囲の変化の平方根に関して、任意の所与の搬送距離 d に対して上の諸方程式の中の m, S および I の存在を許しつつ特定の形で、逆向きに変化するときのみ、価格から独立に止まる。このことが起るべき経済的あるいは技術的理由は何もない。さらに、もし偶然にもある特定の搬送距離においてこの特別な状況が成立したとしても、それは一般の距離についても成立するとはいえない。搬送距離自体が変数であるという事実は次のことを確実にする。すなわち、一般的に、輸送機械の個別あるいは複数の型の移動費用に基づいて EOQ を計算することにより、輸送費用は常に生産物価格の平方根に直接に関連している。それは生産物価格が任意所与の地理的距離に関して時間期間当りになされる発送の回数、すなわち発送-マイル数に及ぼすインパクトの故にである。

付録3.13　統合された発送および搬送価格

長距離の統合された搬送については、搬送者は大きな統合された委託貨物を運ぶ大きな輸送機械を使用するであろう、他方短距離については小さな委託貨物を運ぶ小さな輸送機械が用いられる。多数の顧客を扱う搬送請負人はこの原理を「細分化」ロジスティクス法として実感している。ここでは、企業からの個

別の小さな配達は小さな総発送を運ぶ種々の小さな輸送機械を用いて拾い上げられる。これらは統合集積所へ向けて短距離の移動をする。ここで、これらの個別発送物は単一の非常に大きな委託貨物の形にまとめ上げられ、それはさらに長い搬送距離を同様の配送集積所へと移動する。ここから、小さな個別委託貨物が種々の顧客へ向けてた短距離の移動をする。搬送作業の大部分は大量統合委託貨物の束が大きな輸送機械を用いて長距離を移動する形をとり、それはEOQ 原理によって計算される。搬送企業が直面するロジスティクス-費用の構造はわれわれのここでのロジスティクス-費用表現のそれと、企業が保税倉庫運搬者でない限りそれは在庫に対し資本金融費用は支払わず保険プラス土地費用のみを支払うということを除いては同じである。搬送企業が多種類の企業への、および企業からの配達の統合を含むロジスティクス作業について制御している場合には個別の顧客企業が直面する総輸送費用は搬送距離の平方根に比例して上昇するが、搬送重量に関しては多かれ少なかれ線形である。これには二つの理由がある。第1に、サード・パーティ搬送者がロジスティクス作業を制御するときには、彼等は発送の標準的な時間表を時間期間当りの種々の立地点間の彼等のサービスに対する需要の全体的な期待水準に従って編成する。ここでの搬送者の関心事は、発送当りの収入を最大化すべく個別の輸送機械発送能力を満たし、それによって可能なかぎり低い料金を課すことにある。発送は多くの企業からの財を包含しているので、財のすべての個別単位は互いに同じ単位当り距離当り料金を課される。従って搬送のいかなる距離についても、輸送費率は個別依頼人のために移動させられる物資の重量との関係では割引分を除いて不変となる（ベイリスおよびエドワーズ　1970）。同様に、彼等の発送の保険費用を賄うため搬送者は各顧客に、顧客当り個別発送当りで固定された料金を課し、それが他の顧客からのものと統合されて、統合発送の発送保険費用を賄うことになる（ディーキンおよびセワード　1969）。

　何故搬送輸送費用は搬送重量に関して不変であるべきかという第2の理由は、配達サービスの質の問題である。配達サービスの質は2点間で運ばれる財の任意の個別単位が特定の時間期間内に配達される確率として定義することができ

る。もし m が予想に反して上昇するならば、もし Q^* が m の平方根に比例するならば、m が増加すれば配達頻度は $1/\sqrt{m}$ との関連で減少する、そしてトン-マイル当りの輸送費は $1/\sqrt{m}$ に比例して減少する。これが意味することは、m の特定の1単位について、それが特定の時間期間内に配達される確率は $1/\sqrt{m}$ に比例して減少する。搬送企業が多数の顧客からの m という個別単位を包含する統合された委託貨物を運ぶ場合には、m の水準に関わらず2地点間の特定のサービス水準が維持されることを確実にするために、配達束の大きさは、$1/\sqrt{m}$ に比例的であり続けるとともに m に比例的でなければならない。この場合、トン-マイル当りの輸送費用は m のいかなる水準に対しても一定である。しかしながら、配達のこの形は、企業が時間期間当りに特定の場所に配達されるべき少量の財のみを持つときにのみ適切である。企業がいつも特定の一組の立地点へ動かす時間期間当りきわめて大量の物資を持つ通常の場合には、それが「自己取引」を用いるかサード・パーティ搬送サービスを用いるかに関わりなく、企業がロジスティクス作業を制御することの方がより経済的である。そして実際に、これこそが大部分の大企業の政策なのである。

　留意すべき最後の点は、われわれがトン当り輸送費用を平均搬送距離に対して描くとき（チショルム　1971）、われわれはしばしばほぼ線形の関数に気付く。しかしながら、このことの理由はこの測度は搬送者が直面する総体的ロジスティクスを反映しており、それは搬送距離の平方根の関数ではあるけれども、かなりの距離に関して搬送距離について線形であると近似しうるからである。他方、明示的に空間的なトン-マイルあるいはトン-マイル当り輸送費率は切片に関して平方根関数である。これら後者二つの場合では、切片は搬送者が直面する「間接」費用を表しており、それは通常「ターミナル」費用として知られ移動のための輸送費用以外のロジスティクス-費用成分のすべてを反映している。

第4章
JITのロジスティクス-費用分析

4.1 ジャスト・イン・タイム(JIT)の理論的根拠

　任意特定の投入あるいは産出連繋に対して最適配達サイズおよび頻度が計算されたとき、その特定の連繋の総ロジスティクス費用は最小になっている。すべての各種パラメータを所与とすれば、伝統的な西欧流の購入接近法ではパラメータの一つが変化しない限りこの状況から乖離する理由は何もないことになる。しかしながら、JIT接近法ではQの大きさは可能な最小値にまで減少する。このことの理由はJIT製造の理論の背後にある論拠の中にあり、主として「品質費用」の問題にその中心がある。

　調達および設立費用を別にすれば、伝統的な西欧流の購入技術では在庫の水準と通常関連する唯一の費用は利子支払いと保険料支払いの資本費用である。何故なら空間費用は通常長期の間接費用として扱われ、品質費用は企業組織と労働実践の問題として扱われるからである。われわれが附録4.1で見るように、この慣習の下では、生産物品質の欠陥に基づく顧客信用の喪失の問題によるいかなる市場機会費用も最適緩衝在庫の計算として処理される。JIT生産哲学は財が「内部財」として工場に受け入れられた瞬間から、仕掛け品WIPの期間を通じ、完成財の最終在庫となるまでの生産過程の各時点において保有される在庫の水準を最小化するという考え方を中心にして動く。原則としては、外部供給者から投入物の大量の個別配達を受け取りつつもなお、JITを純粋に社内的な在庫制御政策として用いることも可能であるように見える。しかしながら、日本人の哲学ではJITは単に社内的な在庫制御メカニズムであるに止まらず、

むしろ生産連鎖の全体にわたる絶えざる改善の総体的哲学なのである。従って日本人の経験では、品質上の理由から、すべての投入物が外部供給者から顧客企業へ JIT 配達されることが、工場内の個別の隣接した作業場の間で部品供給や仕掛け品が JIT 配達されることと同様に決定的に重要なのである。この理想型の理論的意味内容は生産地点において在庫が存在しないということだけではなく、企業に出入りする財は正確にそれらが必要とされる時に可能な限り最小の個別発送規模において動かされるべきであるということになる。この議論をより形式的に提示しよう。

総品質費用 (TQC) は：

$$TQC = n \times \varphi$$

で与えられる。ここで総品質費用とは：

（ⅰ）最終的品質管理の行政費用、それらは材料を処理すること、すなわち、故障解決および問題解決の費用、失われた注文の費用、返却注文費用、廃棄と棄却の費用などである

（ⅱ）最終生産物の悪い品質や信頼性による市場喪失

（ⅲ）n は欠陥のある最終生産物の個数[1]

（ⅳ）ϕ は欠陥完成生産物 1 単位の企業にとっての品質費用である

ϕ の値は産出生産物の価値と産出物市場内での競争の水準に依存する[2]。

JIT の理論は m の任意の所与水準 (ここで m は時間期間当りの最終生産物の量である) に対し、また ϕ で表される任意所与の生産物の型と市場構造に対し、n の大きさは保有された在庫の平均数量と直接に関連しているということである。すなわち：

$$n = \theta Q / 2$$

ここでパラメータ θ は生産される生産物および実行される技術的作業の複雑さ、特殊性および脆弱性に依存する。従って：

---

1. これは付録 4.1 の確率パラメータ b に類似している。
2. これは付録 4.1 の在庫不足パラメータ k に類似している。

$$TQC = qQ/2$$

であり、ここで

$$q = \varphi \times \theta$$

である。品質費用が保有される平均在庫量に直接関係すると考えられることの理由は、保有される平均在庫量が大きければ大きいほど、部品が損害を受ける危険がより大きく、かつ個別部品の欠陥が生産過程の中で発見されずに経過する危険が大きくなるからである。

現代の寡占的な製造業市場では、生産物は販売の将来の成長を確保するためには高い所得弾力性を持たなければならない。価格競争は生産物間よりも市場間の差別化を促す傾向がある。個別の生産物市場内においては競争は費用に基づくというより主として品質に基づくものとなり、生産物の品質と信頼性が企業にとって決定的な競争の武器となる(コウツォイアニス 1982)。多数の日本の製造企業は最終生産物の失敗率を100万個の生産について部品の1ケタあるいは2ケタの個数にするという成果を得ている。これは品質は99.9%を十分越えることを意味し、投入物の個別束配達の量は可能な最小単位に近づく、すなわち Qi はカンバン・システムの場合と同じく1に近づく。これは、従って、市場の競争条件によって決定されたものとしての、究極の最適配達束の大きさとなる。実際、かなりの程度、最近の製造業においての価格競争的市場から品質競争的市場への世界規模での移行の多くを生み出したのは、日本の生産技術そのものおよび彼等が生産した生産物にほかならない。このことの意味はパラメータ q の値はきわめて重要でその結果EOQが空間費用を外生的あるいは内生的であるとして計算されたかに依存する

$$Q_i^* = \sqrt{\frac{2m(S + a\,d_i)}{(q + I)\,c_i}} \quad \text{あるいは} \quad Q_i^* = \sqrt{\frac{2m(S + a\,d_i)}{q + s + I\,c_i}}$$

の最適値はゼロに近く、発送の最適率はごく小さい配達の連続的な流れへ向かうことになる。しかしながら、パラメータqを測定することはきわめて困難である、というのはそれは生産される生産物と、主として競争他企業の行動に

よって決定される長期的な産出物市場環境の両方に依存しているからである。品質費用は主として失われた販売の機会費用として顕示され、それはより少ない長期の収入および利潤の形で実現する。JIT 哲学のもう一つの側面は、伝統的な西欧の購買手法では EOQ 計算の中に包含されない長期的空間および空間処理費用は実はきわめて重要な費用成分であり、かつ Q を減少させることによりこれらの費用の大幅の低下をもたらすということである。しかしながら、われわれがこれもまた既に見たように、現在の会計上の慣習のためにパラメータ s を測定することはきわめて困難である。同様に、産業の床面積は少なくとも短期には固定されており、「間接費用」として扱われるという事実のために、われわれはこの費用パラメータを、本質的には非生産的な活動に用いなければならない労働および土地のために断念された産出能力の短期機会費用を反映するものと考えることができる。従って、JIT の直線的な政策処方は、敷地に保有された在庫の測定可能な価値と数量を Q_i の値を減ずることによって絶えず減少させることであるけれども、これらの政策の結果は生産物の品質と現存の産出条件と比較しての産出能力に基づく失われた販売の機会費用の長期的減少の形でのみ見ることができるということのために、これらのインパクトを測定することはきわめて困難である。機会費用というものはどのような勘定の中にも明示されないから、従って状況を企業が明白に気付いているそれらの目に見える短期費用の形でのみ叙述することが必要である。何故なら企業がその購入注文決定をなすのはこれらの費用に基づいてだからである。われわれが次節で見るように、企業が q の値がきわめて重要であることに気付いたとしても、短期において企業は変数 m, I, および φ のあるものを同様に変更することを試みないでは、単純に Q をゼロへと減少させることはできない。それは以下の方程式 4.1 の凸構造は Q^* 以下に Q を減少させることは企業の勘定に表れた総投入費用を指数的に増加させる結果になることを意味するからである。その結果、企業がうまく JIT を採用するためには、それは $Q = Q^*$ の値を減少させなければならない。従って、ここから先では JIT 哲学の分析は経済的発注量の標準的な現存の計算の中に通常含まれる目に見える諸費用、すなわち設立および

調達費用、輸送費用および在庫保有の利子および保険費用の文脈の中で行われることになる。

4.2　空間的状況においての EOQ モデル

前節までに展開されたモデルによって、総ロジスティクス費用成分の各々が、配達束 Q の大きさが徐々に低下するように促されるにつれてどのように変化するかを知ることができる。われわれの以前の表現により、前と同じように顧客企業が投入物配達を制御するとき、われわれは f.o.b.価格づけ方法を持つと仮定すれば[3]、われわれは：

$$TLC_i = \frac{m_i}{Q_i}(S_i + d_i v_i) + \frac{IQ_i c_i}{2} + \frac{Id_i v_i}{2}$$

を持ち、それは：

$$TLC_i = \left[\frac{m_i}{Q_i}(S_i + d_i v_i)\right] + \left[\frac{IQ_i c_i}{2} + \frac{Id_i v_i}{2}\right]$$

と再表現される。パラメータ S_i, m_i, c_i, I, v_i および d_i の各々を所与とすれば、これら三つのロジスティクス費用成分の各々が束の大きさ Q_i の変化にともなっていかに変化するかを示すことが可能である。

ロジスティクス費用成分：

$$\frac{m_i}{Q_i}(S_i + v_i d_i)$$

は第 4.1 図で見るように、Q_i の増加にともなって減少する早さで低下する。第 4.1 図より、m_i が m_1, m_2, m_3 等々へと増加しうるならば：

$$\frac{m_i}{Q_i}(S_i + v_i d_i)$$

の曲線は平行移動的に外側へシフトする。

---

3. .付録 4.2 で示されるように、もしわれわれが c.i.f.産出物配達を用いるならば、すべての結論は f.o.b.投入物価格づけ方式の場合と同じである。f.o.b 価格づけ方式は単に説明の目的上用い易いということである。

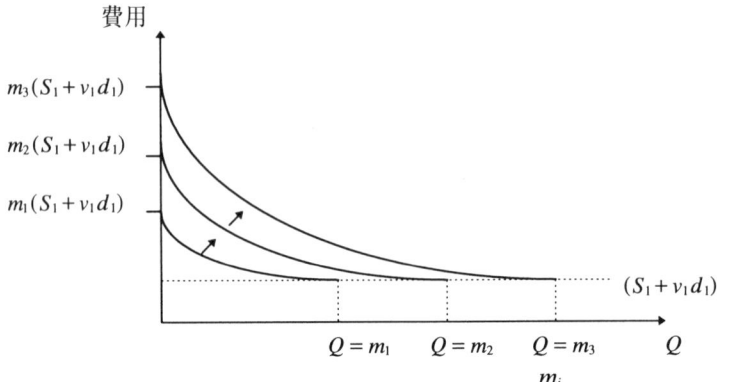

第4.1図　増加する m_i の値についての曲線 $\dfrac{m_i}{Q_i}(S_i + v_i d_i)$ の位置

同様に m_i が一定で配達距離 d_i が d_1, d_2, d_3 等々へと増加しうるならば：

$$\frac{m_i}{Q_i}(S_i + v_i d_i)$$

の曲線はその勾配を増加させながら外側へシフトする、すなわち：

m_i と d_i の両方が同時に増加するならば、上述二つの場合の効果が組み合わさ

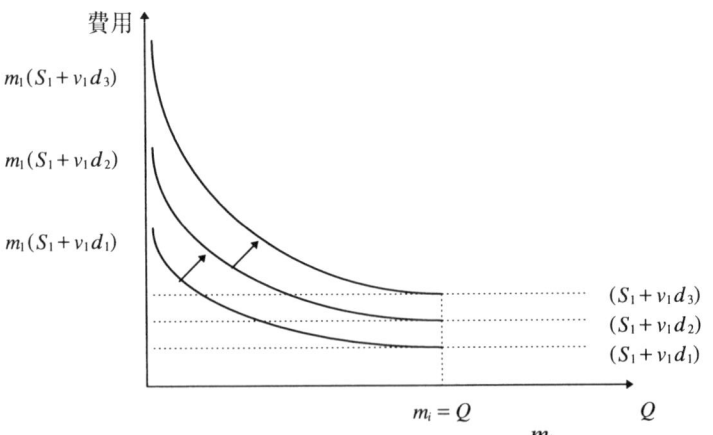

第4.2図　増加する d_i の値についての曲線 $\dfrac{m_i}{Q_i}(S_i + v_i d_i)$ の位置

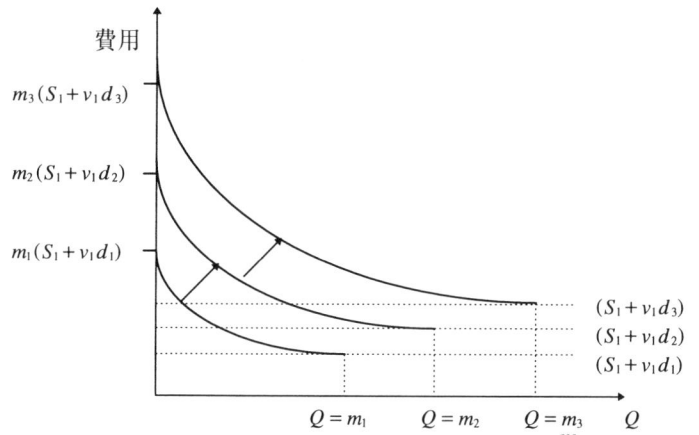

第4.3図 m_i および d_i の両方が増加する場合の $\dfrac{m_i}{Q_i}(S_i+v_i d_i)$ の位置

れて、曲線：

$$\frac{m_i}{Q_i}(S_i+v_i d_i)$$

は第4.3図で見るようにいっそう速く外側にシフトする。

上掲の図から同様に明らかなことは、m_i および d_i の値を所与として、S_i および／あるいは v_i が増加させられるとき、曲線はまた直接上方にシフトしかつ勾配が大きくなる。もし S_i および／あるいは v_i が減少させられると曲線は直接下方に動き勾配は低下する。

ロジスティクス費用成分：

$$\frac{I c_i Q_i}{2}+\frac{I d_i v_i}{2}$$

は第4.4図に示すように：

$$\frac{I v_i d_i}{2}$$

において切片を持つ線形関数である。d_i の値が d_1 から d_2, d_3 等々へ増加するとき、あるいは v_i の値が輸送のより大きい、あるいはより速い手段として増加するとき、勾配は上方へシフトし、曲線上の各点は等しい垂直方向のシフトを

ともなう。

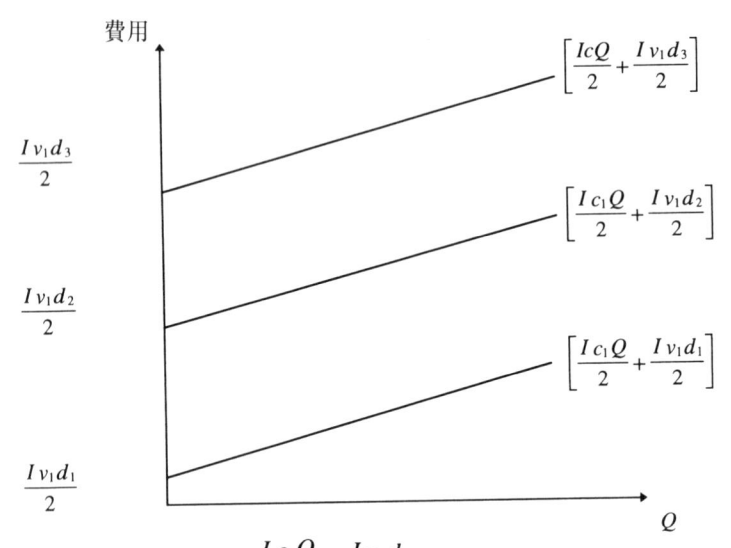

第4.4図　曲線 $\dfrac{I c_i Q_i}{2} + \dfrac{I v_i d_i}{2}$ の d_i の増加する値に対する位置

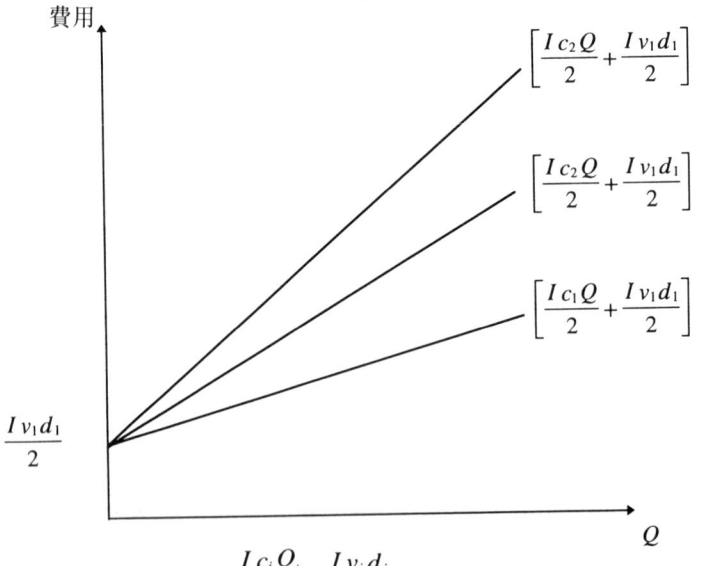

第4.5図　曲線 $\dfrac{I c_i Q_i}{2} + \dfrac{I v_i d_i}{2}$ の c_i の増加する値に対する位置

第4.5図において見るように、もし c_i の値が c_1 から c_2, c_3 等々と増加するならば、勾配の傾斜は増加するが、切片は一定に止まる[4]。これらの費用曲線は今や重ね合せることができる。その結果は明示的に空間的な状況に適用された EOQ 分析と同等なものである。

二つの曲線のはじめの位置と形状は産出物の特性に依存する。財の価値がより高ければ右上がりの関数の傾斜はより鋭くなる。もし生産物の価値が $\varDelta c_i$ だけ増加すれば、傾斜は arctan $\varDelta c_i/2$ だけ増加する。これは他の条件にして同じであれば Q^* は低下することを意味する。財がより重く、あるいはよりかさばるならば、パラメータ v_i の値はより大きくなる。もし v_i の値が $\varDelta v_i$ という大きさだけ増加するならば、両方の曲線とも上方にシフトする。右上がりの関数は $I \varDelta v_i/2$ の大きさだけ垂直にシフトする。このことは、他の条件が一定であれば、Q^* は低下することを意味する。しかしながら右下がりの関数もまた $m_i \varDelta v_i/Q_i$ に等しい大きさだけ上方へと動く。m_i/Q_i は $I/2$ より大きいから、v_i が $\varDelta v_i$ という大きさだけ増加すれば、Q^* の値は上昇する。

第4.6図よりわれわれは、点線で示される非空間的 EOQ の場合には、最小総ロジスティクス費用は二つの曲線の交点で起ることを知る。しかしながら、この明示的に空間的な場合には、輸送費用マーク・アップもまた計算に含まれる故に総ロジスティクス費用がはるかに大きいのみならず、最小の総ロジスティクス費用は二つの曲線の交点においてのものよりも大きい Q の値において起る[5]。

S_i, c_i, v_i および m_i の所与の値に対し、以下の第4.7図は d_i が $d_i=0$ から $d_i=1$, $d_i=2, d_i=3$ 等々へと増加するにともなって曲線の各々がどのように上方へと動くかを示している。

---

4. 付録4.3において曲線の集合の両方とも配達束の大きさ Q_i が増加するとより大きな輸送手段が用いられるかも知れないという事実を考慮に入れるために多少変更されうることが示される。このことは v_i および/あるいは S_i の値が増加しうることを意味しよう。その結果は両方の曲線の離散的な階段状の上方シフトである。しかしながら附録4.3ではまた、明確性と単純性の目的で、われわれの図表による表現ではこのことは理論的分析に影響を与えることなく、無視しうることが示される。

5. 証明は付録4.4を見よ。

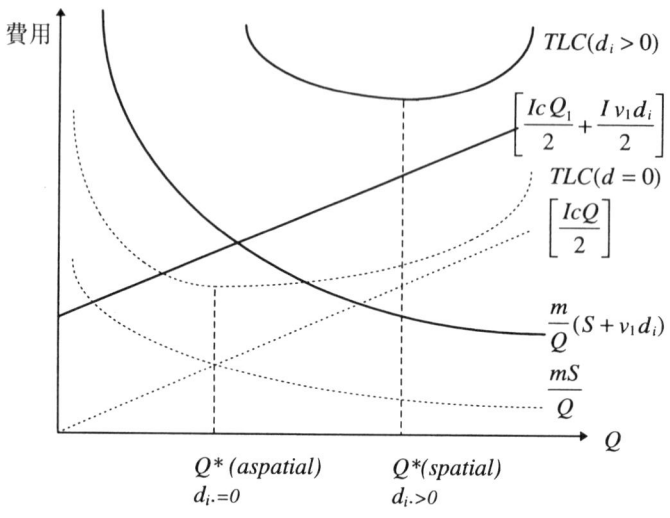

第4.6図　空間的および非空間的 EOQ の比較

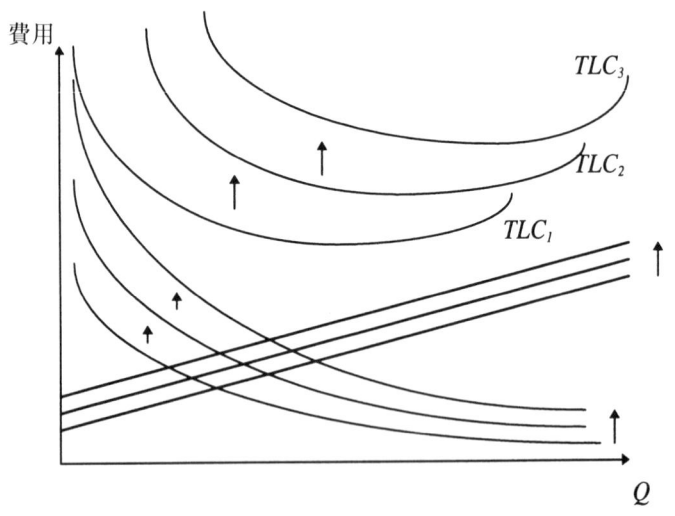

(figure shows curves: $TLC(d_i > 0)$, $\left[\dfrac{IcQ_1}{2} + \dfrac{Iv_1 d_i}{2}\right]$, $TLC(d=0)$, $\left[\dfrac{IcQ}{2}\right]$, $\dfrac{m}{Q}(S + v_1 d_i)$, $\dfrac{mS}{Q}$; horizontal axis Q; marked points $Q^*\ (aspatial)$, $d_i=0$ and $Q^*(spatial)$, $d_i>0$)

第4.7図　d_i の増加する値についての両方の曲線の同時的な動き

(figure shows TLC_1, TLC_2, TLC_3 with arrows indicating simultaneous shifts)

われわれの以前の方程式から、Q^*は$\sqrt{d_i}$に対し比例的である一方、総ロジスティクス費用はd_iおよび$\sqrt{d_i}$の両方に同時的に比例して上昇するので、それは$\sqrt{d_i}$に比例してのみ上昇する総輸送費用よりも距離に対してより敏感である。

二つの曲線のはじめの位置と形状は生産物の特性に依存する。財の価値がより高ければ右上がりの関数の傾斜はより鋭くなる。もし投入財の価格がΔc_iだけ増加すれば、傾斜は arctan $\Delta c_i/2$ だけ増加し、そのことは他の条件にして一定であればQ^*が低下することを意味する。他方、財がより重くあるいはよりかさばるならばパラメータv_iの値はより大きくなる。もしv_iの値がΔv_iの大きさだけ増加すれば両方の曲線とも上方にシフトする。右上がりの関数は$I \Delta v_i/2$の大きさだけ垂直にシフトし、そのことは他の条件にして一定であればQ^*が低下することを意味する。しかしながら右下がりの関数もまた$m_i \Delta v_i/Q_i$に等しい大きさだけ上方に動く。しかしながらm_i/Q_iは通常いつでも$I/2$よりは大きいと観察されるから、v_iがΔv_iの大きさだけ増加するとき、Q^*の値もやはり増加する。

4.3 JITのロジスティクス-費用としての意味内容のモデル化

産業の購入行動についてのわれわれの分析に潜在的にあったのは、企業はそのロジスティクス作業を、投入物供給点および市場の空間的配置の各々に関して最適化の形で組織するという仮定である。ロジスティクスモデルをこのような特定の形でEOQ条件の仮定を用いつつ構成することにより、われわれは配達の束の大きさQの変化が種々の費用成分におよぼすインパクトの強さを分析することができるようになる。このことはロジスティクスモデルの背景にある問題を逆転することによって可能になる。前述においては、すべての空間的および非空間的費用パラメータを所与としたとき、問題は経済的発注量Q^*の値を見出し、その結果として最適配達頻度m/Q^*を見出すことであろう。しかしながら、第4.1節で見たように、企業がJITを採用する場合には、Qが変

化するにともない、Q のあらゆる水準に対してわれわれは Q を Q^* として扱わなければならない。このような状況の下で、他のすべてのパラメータを一定に保ちつつ、ある一つのパラメータの値が何であるかを見出し、なおかつその値が $Q = Q^*$ が変化するときいかに変化するかを評価することができる。このようにしてわれわれは $Q = Q^*$ の変化にともなう個別のロジスティクス費用成分の変化を評価することができる。

JIT の背後にある議論は、もしわれわれが品質費用および空間および空間処理費用をもまた考慮に入れるならば、在庫保有費用パラメータ I の感知された値は現実においてその真の値よりは実際には甚しく低いということである。このことは関数：

$$\frac{I c_i Q_i}{2} + \frac{I d_i v_i}{2}$$

の勾配と切片の両方が通常仮定されるよりもはるかに高いことを意味する。さらに、これらの品質費用は JIT 接近法では近代の製造業市場においての主要な費用項目であると仮定されている。それらはまたこの関数の勾配および位置の両方の主要な決定要因でもある。品質競争の意味内容は、産出生産物価値が高ければ高いほど、産出生産物市場はより競争的であり関数：

$$\frac{I c_i Q_i}{2} + \frac{I d_i v_i}{2}$$

の勾配はより険しくなり、ある種の生産物については、$Q = Q^*$ の真の値がゼロに近づくとともにこの曲線はほとんど垂直になる。その反対に、低技術の低費用生産物については、品質競争は重要ではなく、$Q = Q^*$ の真の値は伝統的な経済的発注量によって表される[6]。

もし企業が JIT を採用し Q が連続的に低下しうるならば、他の条件にして

---

[6]. もし実際に $Q = 1$ であれば、財の各単位が個別に配達される。この特定の状況を上記の記号を用いて叙述するならば、供給点価格が c_i の財の m_i 単位が d_i の距離にわたって、v_i の輸送費率において個別に移動させることの総ロジスティクス費用は、$TLC_i = m_i(S_i + d_i v_i) + \frac{Ic_i}{2} + \frac{m_i I v_i}{2}$ によって与えられる。

一定であれば、総ロジスティクス費用は Q が低下するとき増加する率をもって増加する。例えば、もし第4.8図において配達束の大きさが Q_1^* から Q_2 へと減少するならば、他の条件を一定として、B点において負担される総ロジスティクス費用は TLC_1 曲線で与えられるように Z_1 から Z_2 へと増加する。ロジスティクス費用成分曲線の初期位置が与えられれば、もし Q の値を絶えず減少させることが優先されるならば、他のパラメータのあるものもまた、可能なところでは変更されなければならない。そうでなければ総ロジスティクス費用は大幅にふくらまされるであろう。もし企業がロジスティクス費用曲線を TLC_2 へと低下させるべくパラメータのいくつかを変更することができるならば、Cにおいて負担される総ロジスティクス費用は、はじめと同じ水準の Z_1 となる。しかしながら、顕示された費用データに関しては、束配達の大きさを Q_3 まで増加させて、負担される総ロジスティクス費用を D^* においての Z_3 までいっそう低下させることをしてはいけないという理由は何もない。

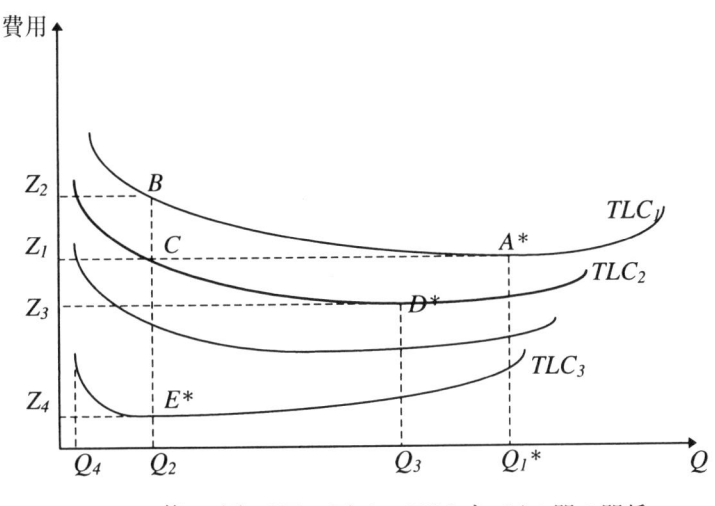

第4.8図 JITの下でのEOQと Q^* の間の関係

ここでの重要な点は、企業が直面する種々の直接的費用パラメータを所与とすれば、企業は常にこれらの費用を最小化しようと試みるということである。Q_1

の値が変化するにともない、短期の顕示された費用に関する最適な企業のロジスティクス行動は点 D^* および A^* の両方を通る諸点の軌跡によって表される。この軌跡は最適配達束の大きさに関しての最小総ロジスティクス費用の拡大経路として扱うことができる。

それは企業は Q^* から Q_2 への転換の潜在的な品質改善は Z_1 から Z_2 へのロジスティクス費用増大を相殺しても余りあるものと企業は感じるかも知れないということである。しかしながら、JIT の理論はまた企業の直面する主要な生産費用は「隠された」費用であると主張する。というのはそれらは短期の目に見える費用についての標準的な最適化原理によっては顕示されないからである。従って、もし同等の競争企業がロジスティクス費用パラメータのいくつかを総ロジスティクス費用曲線が TLC_1 から TLC_2 へと低下するように減少させようと試みるならば、その競争企業は、他の条件にして一定として、より低い価格を課するかあるいはより大きな利潤を得るかを可能にしつつも、競争者の生産物品質に適合することができる。このことは総ロジスティクス費用曲線が TLC_3 へ低下するまで続き、そのとき実際の総ロジスティクス費用は E^* において Z_4 で与えられる。従ってこの拡大経路の分析は、他の種々の個別ロジスティクス費用パラメータもまた、この政策を経済的に最適なものとするために変更されなければならない程度を示唆するものである。いい換えれば、企業が投入物の配達束の平均的な大きさを減少させようと試みるとき、この拡大経路およびすべてのパラメータが一定に保たれたときのこの経路からの乖離の程度の分析は、種々のロジスティクス費用パラメータにおいての変化への圧力の強さを示唆するのである。

パラメータ $c_i, v_i,$ および I (それらについては顧客企業にとっては外生的に決定されると仮定してよいのであるが)が所与であるとして、もし企業が総ロジスティクス費用の過度の増加を負担することなく Q_i を減少させたいと望むならば、企業が変更することを試みうるパラメータは S_i および d_i のみである。

4.3.1　設立費用削減の効果

　過度のロジスティクス費用の増加をともなわずに配達束の大きさを削減する第1の方法は S_i の値を削減することである。企業は調達および設立費用 S_i を削減することによって、配達束の大きさ Q_i および総ロジスティクス費用を減少させようと試みることができる。調達管理は付録4.1で見るような結合発注とか、企業間の情報の流れを制御するための電子的データ交換（EDI）といった新しい情報技術の利用とかの政策によって効率化することができよう。しかしながら S_i のはるかにより重要な費用要素は設立費用である。もし工場の中の専用機械の数が生産される産出物種類の数に等しければ、相異なる機械操作を可能にするために機械を改造する必要は全くない。しかしながら、一つの企業が広汎な範囲の生産物を生産している場合には、このような状況は起こらず、機械類を調整するのに費される労働時間はきわめて重要な費用成分となる。設立費用の減少は労働の機械的役割のはるかにより柔軟な実用動作への総体的再組織化および工場の資本機械設備の多くを、機械を生産時間の大きな喪失をともなわずに操作間で迅速に切り替えうるようにする再設計をともなうものとなろう。迅速かつ廉価な設定操作および異なる使用法の間での転換を可能にする

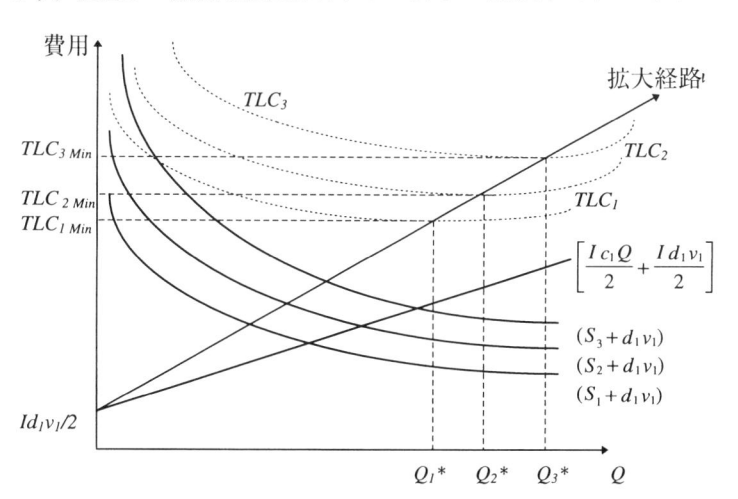

第4.9図　組立費用 S_i 削減の EOQ への効果

ための資本-労働関係の再設計および再組織化は時間がかかりかつ複雑な手続きである。この費用を削減することの重要性は、日本のトヨタが今なおその直営店において、20年間にわたる努力でそれらの設立時間を10時間から165秒にまで減少させてきた(他の自動車生産者はなお大部分の設立時間を10時間の単位で扱っている)という事実の後でも、それを減少させようと試みているという事実からも推測される(フィナンシャル・タイムス1989年5月20日)。

もし S_i が削減されるならば、曲線

$$\frac{m_i}{Q_i}(S_i + v_i d_i)$$

は S_i の低下にともない下方および後方に動く。しかしながら、われわれが第4.9図から知るように、S_i の等しい大きさの削減はそれに続くものとして Q_i^* および総ロジスティクス費用のより大きな減少を生み出す。このことの理由は方程式:

$$Q_i^* = \sqrt{\frac{2m_i(S_i + d_i v_i)}{I c_i}}$$

より知ることができる。すなわち Q_i^* は $\sqrt{S_i}$ に比例するのである。従って、S_i を減少させることにより、企業ははじめ Q_i^* および総ロジスティクス費用 TLC の両方の小さな減少を経験するであろう。これらの減少は S_i の等しい大きさの減少に対して累進的に大きくなる。しかしながら、明らかに S_i の引き続く減少により Q_i^* および総ロジスティクス費用の等量の引き続く減少を達成することは次第に容易になるけれども、問題は技術的理由によって S_i を等量ずつ減少させることが次第に難しくなるということである。この技術的効果は従って、いかなる経済的費用の削減に対してもある程度の抵抗作用となる。

4.3.2 投入物搬送距離削減の効果

過度のロジスティクス費用の増加を負担することなく投入物配達束の大きさを減少させる第2の方法は d_i の総体的な値を削減することである。

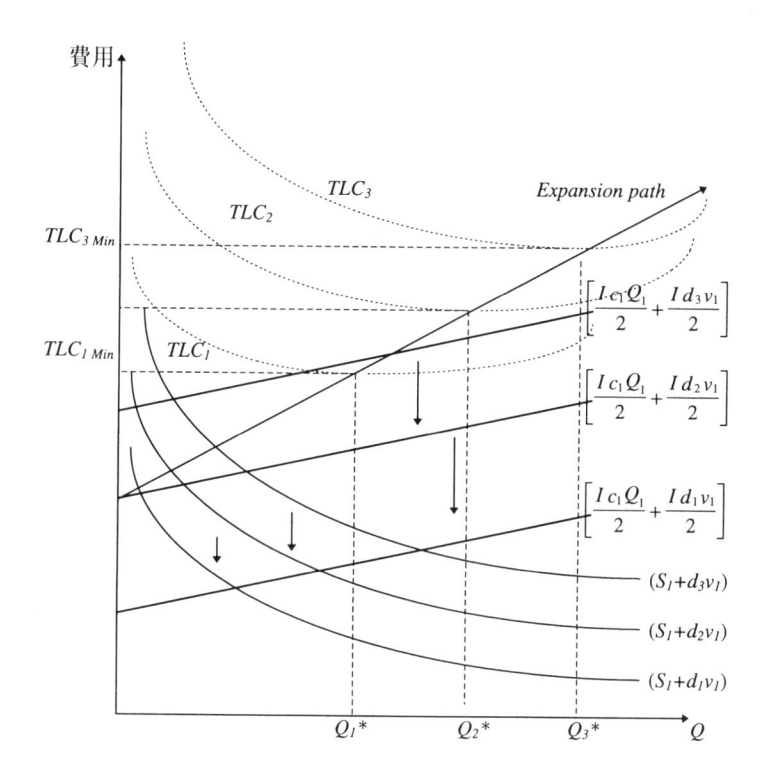

第4.10図 搬送距離 d_i 削減の EOQ への効果

第4.10図より、d_i が等量だけ低下すると Q_i^* は次第に増加する量だけ低下することが明らかである。何故なら Q_i^* は $\sqrt{d_i}$ に比例的であるからである。他方、最小総ロジスティクス費用 TLC は等量よりも近似的にはより大きい引き続く大きさにおいて低下する。何故なら同時に切片 $Iv_i d_i/2$ も d_i に直接比例して下方に動くからである。投入物配達発送の大きさの連続的な削減という JIT 政策への仮説的な品質費用理由を所与とすれば、配達距離と最適化された輸送サイ

ズとの間のこの関係はJIT原理の採用に反応しての局地化経済の開発を支持する論拠を提供する。すなわち、これは第4.8図の総ロジスティクス費用曲線の形を観察することによって知られる事例である。もしわれわれが任意所与の空間的および非空間的費用パラメータの一群に関して単純なEOQ配達状況から出発し、またもしわれわれが Q_i の値を減少させることの必要性を受け入れるならば、これの即時的な目に見えるインパクトは Q_i が次々と減少するとともに測定可能な総ロジスティクス費用の累進的な増大であろう。目に見えてかつ測定可能な短期の総ロジスティクス費用の受容可能な任意所与の上界水準(第4.8図の z_1 のような)に対して、空間費用パラメータ d_i の値は達成可能な Q_i の最小値を決定する。第4.8図において d_i の d_1 から d_2 への減少は総ロジスティクス費用曲線を TLC_1 から TLC_2 へ、 Q_i の最小値を Q_1 から Q_2 へと低下させることを可能にする。しかしながら、もし d_i がさらに d_3 まで減少させられるならば総ロジスティクス費用曲線は TLC_3 まで低下し、 Q_2 の値はわずか z_4 の総ロジスティクス費用をともなってなお到達され、かつもともとの z_1 という受容可能な総ロジスティクス費用の上界はわずか Q_4 の大きさの投入物発送をもって到達されうる。もしJIT仮説が真であれば、投入物発送距離を減少させることは、生産物品質改善が伝統的な会計慣習によって設定された目に見えかつ測定可能な費用制約の範囲内で達成可能であることを意味する。<u>ここに顧客企業にとってJITの採用に反応してあらゆる空間的水準においてそれ自身とその供給者の間の平均距離を累進的に減少させることへの費用的動機が存在する。</u>

4.3.3　多数の投入物および産出物を考慮に入れた政策

現実の世界では、企業は広汎な種類の投入物、しばしば100あるいは1,000種ほどでのそれらを買い込む。そしてまた広汎な範囲の産出物を同時に生産する。しかしながら、各々の個別工場では、産出物の範囲は一般的に同じ生産物の諸変種の系列となるであろう。この状況では供給点価格 c_{1i} の n_1 種の投入物と市場価格 c_{3i} の n_3 個の異なる種類の産出物を動かすためのロジスティクス費用に関するウェーバー‐モーゼス利潤 π 方程式を：

$$\pi = \sum_{i=1}^{n_3} c_{3i} m_{3i} - \sum_{i=1}^{n_1} c_{1i} m_{1i} - \sum_{i=1}^{n_1} \left[(2I c_{1i})^{\frac{1}{2}} m_{1i}^{\frac{1}{2}} (S_{1i} + d_{1i} v_{1i})^{\frac{1}{2}} + \frac{I d_{1i} v_{1i}}{2} \right]$$
$$- \sum_{i=1}^{n_3} \left[(2I c_{3i})^{\frac{1}{2}} m_{3i}^{\frac{1}{2}} (S_{3i} + h_i v_{3i})^{\frac{1}{2}} + \frac{I h_i v_{3i}}{2} \right]$$

と表すことが可能である。ここで個別ロジスティクス費用成分は、投入物および産出物価格、輸送費用、数量、配達距離、従って立地上の座標の全範囲にわたって集計されている。一つの投入物配達束の平均的なサイズは：

$$\frac{\sum_{i=1}^{n_1} Q_i^*}{n_1}$$

によって与えられ、投入物在庫の集計的最大総数量は：

$$\sum_{i=1}^{n_1} Q_i^* = \sum_{i=1}^{n_1} \sqrt{\frac{2 m_{1i}}{I c_{1i}}} (S_{1i} + v_{1i} d_{1i})$$

によって与えられ、平均的総在庫は、投入物の各々に対する安定的需要を仮定すればこれの半分となる。単一の点から全周囲の市場圏に供給する企業の場合には、JITの焦点は平均的な投入物配達束サイズ Q_i^* に対する上記表現を減少させることにある。従って、最適行動は、ほかの条件一定として、次式で与えられる集計された最小総投入物ロジスティクス費用の減少がなければならないことを要求する。

$$TLC_{inputs} = \sum_{i=1}^{n_1} \left[(2I c_{1i})^{\frac{1}{2}} m_{1i}^{\frac{1}{2}} (S_{1i} + d_{1i} v_{1i})^{\frac{1}{2}} + \frac{I d_{1i} v_{1i}}{2} \right]$$

これは各々数量が m_{1i} で供給点価格が c_{1i} である n_1 個の財を種々の供給立地点から企業の立地点へ動かすことによる総ロジスティクス費用を表している。企業は総設立費用

$$\sum_{i=1}^{n_1} S_{1i}$$

の減少を試みるだけではなく、それはまた：

$$\sum_{i=1}^{n_1} d_{1i}$$

を減少させようと試みる。

この過程はいくつかの手段によって実行しうる。

（ⅰ）投入物の現存数量を供給する現存の供給者を企業の近くに再立地するようにと説得することにより

（ⅱ）より近隣の代替的な供給者と新しい取引きの話し合いをすることにより

このことは明らかに利用可能な近隣の潜在的供給者がそもそも存在するかどうかに依存する。その結果として

（ⅲ）遠くの供給者から来る供給の割合を減少させ、投入物のより大きな割合がより近隣の供給源からくるようにする

しかしながらこれについては二つの重要な問題がある。第1に、EOQのごとき最適化政策の真の論点は総費用を最小化することにある。企業は結合された総配達価格が潜在的な近隣の供給者からのそれよりも低いかぎり遠隔の供給点からの財を買い入れようとする。遠隔供給点はよりやすい労働および土地費用その他で競争可能でなければならない。従って、定義により、もしある企業が投入物をより近隣の供給者からへと供給点変更をするか、あるいは現存の遠隔供給者を近隣へ移動するよう説得する、といったことを試みるならば、顧客企業は、供給者企業がその利潤水準を維持しようと望む故に、より高い投入物価格を支払わざるを得なくなるかも知れない。もし切片：

$$\frac{I d_i v_i}{2}$$

にかなりの補償的な低下がないかぎり総ロジスティクス費用曲線を次の関数の勾配を増大させることで Q_i の一定水準の下で押し上げるであろう

$$\frac{I c_i Q_i}{2} + \frac{I d_i v_i}{2}$$

第2に、企業は供給者から投入物を買い入れるけれども、それらの供給者自身彼等にとっての供給者から投入物を買い入れなければならない。何故なら最終

財の生産は生産連鎖を含んでいるからである。われわれは生産連鎖の中にはフットルースでもなければ広く分散しているのでもないいくつかの連結があると仮定することができる。それらは土地基盤の資源より本源的生産商品を生産する大きな資本集約的施設、例えば鉄鋼や化学生産の用地である傾向が強いであろう。これらの問題はいかにわれわれの分析に影響するであろうか。この疑問への答は、これらの問題の両方ともウェーバー-モーゼス3角形内の立地-生産モデルを用いることで取扱いうるということである。もしわれわれが第2.1図のウェーバー-モーゼス3角形を想起するならば、われわれは顧客企業を固定点 M_3 で表し、供給者企業を最適立地点 K で表すことができ、さらに供給者企業の立地的には固定された供給者は固定点 M_2 および M_3 で表しうる。顧客企業にとって、投入物配達距離 d_i は第2.1図の距離 h で表現でき、かつ立地点 M_3 にある顧客企業への最終投入物配達価格は c_3 で与えられる。この立地-生産モデルについてのわれわれの諸結論から、われわれは K が M_3 の方向へ動くとともに、すなわち $d_i = h$ が減少するとき、供給者企業の総付加価値余剰は増大しなければならない。この付加価値余剰 π はその生産地点で負担される地代、賃金および利潤支払いのすべてを表し、それは c_3 の値に依存する。もし供給者企業が顧客により近く立地したとき、その最適利潤水準を維持するために、顧客企業に対して材料 m_3 の同じ量を生産するならば、顧客企業は、われわれが通常のウェーバー平面を扱っていると仮定するならば、その購入価格 c_3 を高める意志がなければならない[7]。もし、供給者企業と顧客企業との間の距離 $d_i = h$ が減少するとき、c_3 がそれにつれて増加しなければ、産出物単位当りの供給者企業の純利潤は、任意所与の使用される資本、労働および土地の水準に対して低下する。顧客企業 M_3 が供給者企業 K に補償を与える意志がな

---

7. もし空間費用に変動があり賃金および地代の水準もまた顧客企業に近ければより高いのであれば、c_3 はこれらの投入費用増加を考慮して比例的に高くされなければならないのみでなく、余分の空間的処理費用を含まなければならない。これは生産が価値/重量比率および価値/容積比率の増大をともなうという事実は総空間および空間処理費用は K が M_3 の方向へと動くとともに増大することを意味する故にである。何故なら投入在庫容積の増大は産出物在庫容積の減少よりも大きいであろうからである。

いかぎり、顧客企業は、財の1年当り特定量を非常に小さい個別束の大きな個数という形で配達するという近隣の供給者を見出すことができないであろう。もし顧客企業に、それをすれば小さい束での配達による潜在的な品質上の便益を無効にしてしまうことを怖れて、その購入価格 c_3 を大幅に引上げることによって供給者企業に補償する意志がないのであれば、顧客企業がとりうる他の方法は、近隣の供給者からのずっと大きな購入量を保証することによって供給者の総利潤水準を維持あるいは増加させることを確実にすることである。これを行うためには、顧客企業は他の供給者によって供給される投入物の数量をいっそう減少させなければならない。従って各々の投入物の販売者の数は減少されなければならず、それによって地方的供給者の市場シェアを増加させかつ産出物単位当り利潤の水準は減少させるけれども総利潤水準は維持するのである。もし供給企業が規模に対する収益一定を示すならば、地方的供給者は、不確実性の状態の代りにJIT実行と結びついた確実な長期の産出物需要の代償として産出物単位当りのより低い限界利潤を進んで受け入れるであろう。このようにして、地方的供給者は保証された長期収益の代償として減少した短期収益の機会費用をよしとするであろう。さらに、もし供給者企業が規模に対する収益逓増を経験するならば、増大した保証された産出は、生産においての規模に対する収益一定あるいは収益逓増の下で、産出量 m_3 の増加に付随する単位ロジスティクス費用の減少と同じように低下する単位利潤を軽減する。投入物の立地的な供給源変更はこうして、供給者企業によって供給される各々の数量の再組織化と連結された形になる。それ自身の投入物の与えられた量に対して、顧客企業は個々の供給者に対し、各々の特定投入物市場のより大きな市場シェアを提供しうるように供給者の数を減少させなければならない。ある場合には、この政策はもし顧客企業と供給者企業が、類似した種類の供給物のグループは個別の地方的供給者によって供給されるような統合の協定を持つことに同意するならば、いっそう向上されることになる。この場合、単一のより地方的な供給企業は投入物のある範囲を同一の企業に供給し、そのことによりそれ自身の、その特定の地方的顧客企業の業務との市場シェアをさらに増大させる。さらに

いえば、われわれが付録4.1で見るように、この形の統合は総調達費用を減少させるかも知れない。これらの政策すべての純結果は、他の事情にして一定として、平均投入物発送距離 d_i が減少するということである。その理由は供給のより地方的な源泉が探索されるのみならず、これらの企業によって構成される総投入物の割合が増加するからである。顧客企業にとっては、このことのインパクトは地方的に生産される財への限界消費性向が増加するというものであろう。

　明らかに、JITは供給者企業および顧客企業の両方に以前の場合よりもはるかに高い水準の生産過程の調和と統合を要求する。さらにJITの日本での経験は、より大きな業務量の委託と結びついた供給者と顧客の間の密接な近接性が顧客と供給者の間で生産過程の再設計および設立時間の減少の形での強い相互に有益な作業関係を発展させることに役立つということである。企業は設立費用を減少させるために機械設備と労働役割の両方とも再設計する必要がある。従って、供給者企業と顧客企業の間の近接性によって創り出されたもう一つの可能性は顧客企業が多くの機械による操業をすべてなしで済ませることによって、ΣS_i を減少させることである。この場合、顧客企業は供給者企業に対し全体の機械作業および製造作業のより大きな割合を実行することにより、彼等の付加価値内容を増大させ、その結果顧客企業へ「より高い水準の」すなわちより完成した下位部品を供給するようにと促すことになる。顧客企業は、事実上、多くの操業を供給連鎖の後のほうへと「押し戻す」のである。このことの結果は最終生産者は要するに最終組立て作業のみを行うということである。これによって顧客企業の投入物の価値は、他の事情が一定として、それの産出量の価値との相対において増大し、生産の最終地点においての付加価値は低下する。しかし、より高い投入物価格が究極的には最終産出物の市場価格に組み込まれるとともにすべての費用が依然生産連鎖の上方へと押し上げられるときに、供給連鎖の後方への、操業のこの移転の意味は何であろうか。この移転には二つの理由がある。第1に付録4.5においてわれわれは全体の生産連鎖体系の、すなわちはじめの供給者から中間的供給者を通じて最終生産者までの総ロジス

ティクス費用は、最終供給者企業と最終生産者企業がお互いにきわめて近接して立地している場合、そしてまた最終生産者が以前は供給者に比べてはるかに高度の付加価値操業を行っていた場合には、かかる操業の移転によって、実際に減少させられることを見る。従って、最終生産物産出価格は低下させうる。設立作業の供給者企業への移転は最終生産者内部の設立作業を減少させる。そのことは最終生産者内での組立て生産作業は以前よりもはるかに迅速に異なる生産物を生産する相異なる作業へと切り換えることができることを意味する。大きな付加価値作業になお適応しなければならない個別の供給者企業においては生産の硬直性がなお残存する。しかしながら、最終的な組立て生産者顧客企業はそれの種々の長期供給者からある一時点においてどの供給物を配達させるかを変更することによってこの硬直性を克服することができる。いい換えれば、最終生産者の低い設立費用はそれの高い付加価値供給者との長期的に密接な関係と結びついて、最終生産者が全体の生産ラインをすべて変化させることによる莫大な費用を負担するのではなくそれへの供給の流れを変更することによりはるかにより柔軟になることを可能にする。

　明らかに、供給者企業は、もしいうまでもなくそれ自身への供給者をしてより近くに再立地するようにと説得するか、あるいは自身交代的なより地方的な供給源を用いることへと転換できないかぎり、より多くの投入在庫を保有するようにと要請されるであろう。しかしながら、上掲の例よりわれわれはこれらの政策は単一の顧客企業によって保証される単一の供給者の産出ビジネスの量が供給者の現存の全体的産出ビジネスとの関連で大きい場合にのみ可能になることを知っている。ある解説者たちが示唆したように、供給者たちを"搾取"しないためにはある程度の需要独占性が必要である。しかしながら、もしよりいっそうの下位水準での再立地が可能でないのであれば、JITシステムにとっては可能な最下位水準において在庫を保有することの方がよりよいことになる。これは、上述および附録4.5で概述される特定の立地ケースの場合を例外として、費用を理由とするものではない、というのはすべての費用は究極的には生産連鎖の頂点へと移転されるからである。むしろ、在庫保有が生産物品質を大

きく阻害するというように、生産物の特定性と複雑性が重大なほどに導入されない場合には下位レベルにおいて在庫を保有する方がよりよいということになる。さらにいえば、生産連鎖の下位レベルでは大部分の生産物は束のような量では生産されず、化学製品、金属製品等々の流れ生産システムではむしろ、それらが束として保有されているか否かに関しては無関心である。他方、最終組立て生産者は可能な限り少ない在庫を保有し、きわめて低い設立および転換費用を持ち、かつ地方的な高付加価値最終供給者から多数の小さな束での配達を受ける。これらの諸要因はすべて最終生産者はより高い産出物の品質と多様性の両方を増大する総体費用の負担なしに到達することを意味する。このことは最終生産者の競争能力を長期的に高めるのみならず、その運命が最終生産者の運命に決定的に依存している、最終生産者への長期・高付加価値・高数量供給者の総体的長期ビジネスをも高める。こうしてシステム全体が長期的に利益を得るのである。

4.4 展望と結論

本章では第3章で展開されたロジスティクス距離モデルがJITの生産および調達の哲学を徐々にしかし一貫して採用しつつある企業という特定の理論的文脈に適用された。ロジスティクスモデルはいかに投入物価格、投入物配達束の大きさ、購買量、立地、および生産の伸縮性がすべて関連し合っているかを示した。すべての空間的および非空間的ロジスティクス費用パラメータの所与の値に対して、第4.6図の総ロジスティクス費用曲線 TLC_1 の形を調べることにより、Q_i の値が現存の可視的費用による経済的発注量水準 Q_i^* 以下に連続的に減少させられるとともに、総ロジスティクス費用の変化率は増加する。Q_i が引き続き減少するならば、総ロジスティクス費用の比例的な増大もより大きくなり、従って総生産費用のロジスティクス費用に関する偏弾力性もより大きくなる。Q_i の減少にともなうこの増加とともに S_i および d_i を減少させることへの圧力はより強くなる。いい換えればJIT政策がより集中的に追求されると、

供給者再配置政策への圧力はますますより強くなる。

　JITの製造および調達戦略の導入を試みつつ単一の立地点から遍在的市場へと供給する企業に関して、ロジスティクス距離モデルは以下の諸結論をもたらす。

　（ⅰ）平均設立時間費用S_iは平均投入物配達束の大きさと総ロジスティクス費用の両方が、他の事情にして一定として、S_iの平方根に比例して連続的に低下するように連続的に減少させられなければならない

　（ⅱ）企業とそれへの供給者との間の距離d_iは、平均投入物配達束の大きさがd_iの平方根に比例して低下し、かつ総ロジスティクス費用が、d_iに比例して一般的に低下するように、連続的に低下しなければならない

　（ⅲ）投入物供給の地方的供給者への変更は個別の地方的供給者企業により供給される量の増加をともなう。このことは企業への供給者の総数は減少しなければならないことを意味し、この減少は可能な限り主として遠方よりの供給者についてなされる

　（ⅳ）d_iの値が低下すれば、企業はそれの付加価値活動の大きな部分をそれの地方的供給者に移転すべきである。このことはその最終生産物の総価値の一部分としての最終生産物生産者企業の支出購入価格の増大と結びついて、投入物配達束の大きさを減らす最も効率的な方法であろう

　（ⅴ）第3章より、われわれは政策（ⅱ）、（ⅲ）、および（ⅳ）の最終結果、すなわち非常に高い単位付加価値生産過程を持っている供給者企業が、顧客企業に隣接して立地している状況は事実産出量の水準とは独立な永続的な長期の最適解である

　「フットルース」であるとともに単一立地点から遍在する市場を対象とし、かつJITの生産および調達の哲学をも導入しようと試みている最終産出物生産者にとって、ロジスティクス距離モデルは以下のことを示唆する

　（ⅵ）適切な供給者の集中がある地区に立地し、かつ

　（ⅶ）上述の（ⅰ）〜（ⅳ）と同じ原則を用いる

　JIT産出物政策を採用したい、また可能な場合にはいつも、JIT投入物政策

をも採用したいと願う固定された供給者企業にとって、ロジスティクス距離モデルは以下のことを示唆する。

（viii）この企業は地方的顧客企業へその業務のより大きな比率を供給すべく試みるべきとともに、

（ix）この企業は以前習慣としていたものより大きな水準の付加価値活動を実行する用意がなければならない

JITの生産および調達政策を採用することを願う「フットルース」の供給者企業にとって、ロジスティクス距離モデルはこの企業が：

（x）それの主要な現存あるいは潜在的な顧客に近く立地し、かつ

（xi）上記の（i）〜（iv）と同じ政策を実行すべきことを示唆する

その正確な形が企業の上述の諸性質および、全体的な生産連鎖の中での企業の特定の位置に依存するこれら種々の再立地政策が実行されるのでなければ、上述のロジスティクス距離分析からわれわれは、他の事情にして一定として、企業が直面する目に見える総ロジスティクス費用は、Q_iが目に見えるEOQの現存値の下に継続的に減少させられるとき、累進的により速い率で増加することを知る。このことはこれらの政策の継続した採用の障碍となり、長期的には企業の長期的競争力を失わせることになる。

全体としていえば、これらの理論的な立地に関する意味内容は、本質的には、集中の経済性増大への動きを示唆する。地域成長分析の言葉でいえばこの変化は、他の事情にして一定として、限界（平均）移入性向の減少に基づく、地域乗数の値の増大と見ることができる。本書のはじめで論じられた地域連繋分析の言葉でいえば、最終産出-生産物生産者によるJIT製造業およびロジスティクス原理の展開は、実際的にはかなりの程度このような企業がその性格をA型企業からB型企業へのそれへと変化させることを意味する。6ページにあるような、自明のAb型からBb型への動きを別とすれば、ここで概説されたJIT政策は企業の高価値／重量比率投入物の異質的な購入は以前そうであったような距離および分散よりはむしろはるかに近接性と結びついているのだということを意味している。

付録 4.1　在庫管理システムには沢山の型がある。しかし不確実な需要の条件下ではすべての西欧的生産哲学は Q-システムと P-システムとして知られる二つのシステムに基づいている（バルー　1985）

　(a) 不確実な需要と結びついた Q-在庫管理システム

　基本的な EOQ モデルは需要の水準についての不確実性のことを考慮していない。このことは在庫切れを避けるために必要な余分の在庫の水準は知られていないことを意味する。また各々の「サービス水準」において在庫切れがどれほどの頻度で起るかも知られていない。「サービス水準」とは与えられた時間期間内で現存の在庫によって満たされうる注文の百分率のことを指しており：

$$1 - \frac{在庫切れの期待単位数}{総年間需要}$$

によって定義することができる。

伝統的なモデルの下で最適費用状況のためには、余分な在庫保有の費用を在庫切れによる失われた生産と販売の費用に対してバランスさせなければならない。微分してゼロと置くという同じ EOQ 手続を用いて（ブン　1982　chp 2；ラブ　1979　p.57〜61)、EOQ は：

$$Q^* = \sqrt{\frac{2m(S + kb(r))}{Ic}}$$

によって与えられる。ここで：

　k = 失われた利潤と失われた消費者の信頼の形での在庫切れの単位費用

　$b(r)$ = システムの中でのある所与の安全在庫の r という水準についての、
　　　　　1 発注期間内の失われた注文の期待値。

この特定の安全在庫水準において在庫切れを生ずる確率 Pr は、

$$P_r = \frac{IcQ^*}{mk}$$

で与えられる。

確率的な不確実の条件下でのEOQは需要が既知で一定である状況でのEOQよりも大きくなる。しかしながら、EOQはなお時間期間当り需要される財の数量と調達費用の両方の平方根に対し直接に比例的であるとともに、生産物価値の平方根に逆比例する。従って確率的な需要は集計的平均需要、最適配達発送の大きさ、在庫水準および総ロジスティクス費用の間の長期的関係を叙述するモデルの正当性を損うものではない

(b)不確実な需要と結びついたP-システム

不確実な需要と結びついたP-システムに対しては、われわれは1発注期間プラス先行時間期間について需要変動からシステムを守るような安全在庫水準を見出さなければならない。われわれは最適発注間隔の良好な近似を見出すために単純なEOQ接近法を用いることができる。これによりわれわれは必要とされる余分な量の安全在庫rを、安全在庫を保持することの超過費用を在庫切れの費用に対しバランスさせることにより決定するために需要の分布を観察することができる。従って

$$TC(r) = Icr + \frac{m}{Q}kb(r) \quad かつ再び \quad P_r = \frac{IcQ^*}{mk}$$

概念的には最適サービス水準を見出すことには何の困難もない。しかしながら、実際上は、在庫切れ費用を評価することには相当程度の困難がある。何故ならばそれは市場の動学に依存するからである。このことのために、企業はしばしば費用と便益の間の「満足すべき」バランスを目標とする。この接近法を採用すれば通常そこから二つの選択肢に至る。すなわち費用最小化かサービス最大化かである。P-システムの問題点により、大部分の西欧の企業は不確実性の条件下ではQ-システムを用いた。

(c)結合発注

しばしば、供給物は個別独立にではなく集団で購入され集団で管理される。これは通常多数生産物の供給者が存在する場合にであり、束配達の経済に到達するために行われる。もしn個の異なる投入物が共同で購入され配達される

とすれば、各々の投入物 i = 1, ..., n についての最適発注量は：

$$Q^* = \sqrt{\frac{2m_i(L + \sum_{i=1}^{n} S_i)}{I \sum_{i=1}^{n} c_i}}$$

という表現で与えられる。ここで

L = 発注当りの共通調達費用

S_i = 発注当りの個別項目調達費用

m_i = 年間の複合生産物需要

であり、分母の項は c_i が複合投入物単位当りの各個別項目の複合投入物の単位当りの各個別項目に対する比例的需要に従って加重された価値を表すとしたとき需要の1複合単位の総価値を反映する。

付録 4.2　もしわれわれがロジスティクス費用を分析する上で、産出物配達方程式を用いるとするならば、われわれの総ロジスティクス費用方程式：

$$\text{Min } TLC_3 = (2Ic_3)^{\frac{1}{2}} m_3^{\frac{1}{2}} (S_3 + hv_3)^{\frac{1}{2}} - \frac{Ihv_3}{2}$$

は

$$\text{Min } TLC_3 = Ic_3 Q_3^* - \frac{Ihv_3}{2}$$

となる。それは与えられた h について Q_3^* に関し線形である。しかしながらわれわれが h が増加するとき、Q_3^* に対し TLC_3 を描くならば、それもまたほぼ線形関数である。しかしながら、関数の勾配は、h が増加するにつれて載片 $Ihv_3/2$ は低下するので、(Ic_3) 以下となる。

付録 4.3　Q_i が増大するとき、もしより大きな輸送手段が必要とされるので

第 4 章　JIT のロジスティクス費用分析　197

あれば S_i および v_i の増大があるであろう

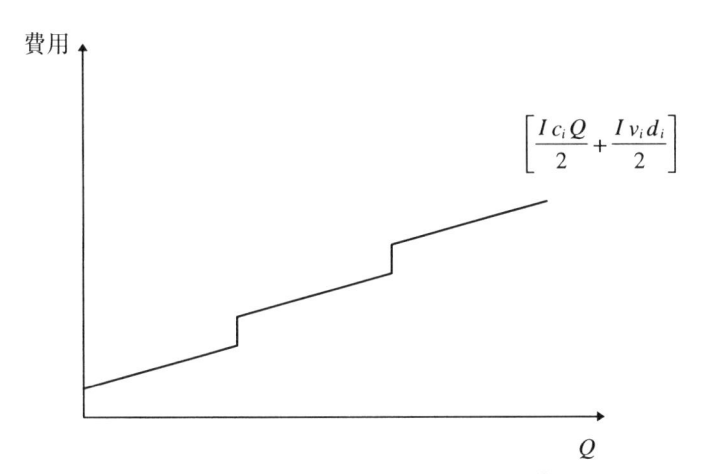

```
費用
        ┌─────────────┐
        │ $\dfrac{I c_i Q}{2} + \dfrac{I v_i d_i}{2}$ │
        └─────────────┘
                                    → Q
```

第4.11図　より大きな車輌が用いられるときの $\dfrac{I c_i Q_i}{2} + \dfrac{I d_i v_i}{2}$ の階段状の増加

曲線の上向きの勾配

$$\frac{I c_i Q_i}{2} + \frac{I d_i v_i}{2}$$

は一定に止まる。しかしながら勾配は Q_i のある水準を越えては、より大きな輸送手段が用いられるのにともなって、第4.11図で示されるようにあたかも載片項が $\dfrac{I d_i \Delta v_i}{2}$ だけ増加するように階段状の垂直的増大を提示する。
他方、曲線

$$\frac{m(S_i + d_i v_i)}{Q_i}$$

の下向きの勾配は：

$$\frac{m d_i \Delta v_i}{Q_i}$$

に等しい垂直の階段状の増大を呈示するとともに、v_i および S_i の階段状の増加にともなって第4.12図で示されるように増加する。

費用

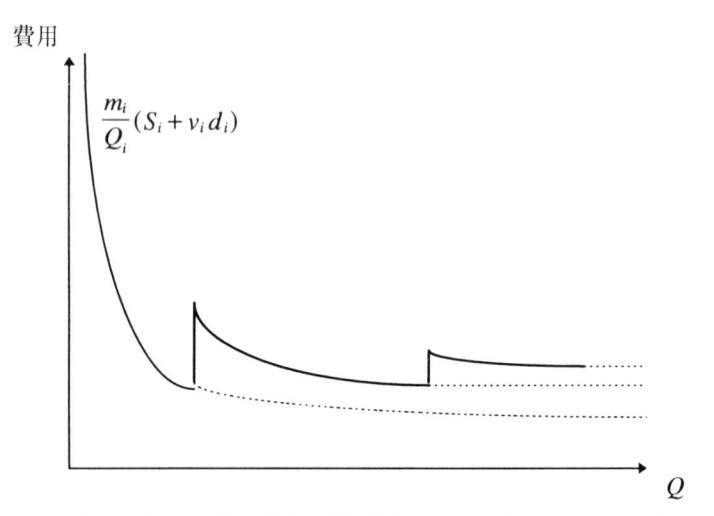

$\dfrac{m_i}{Q_i}(S_i + v_i d_i)$

Q

第4.12図　より大きな車輌が用いられることにともなう
曲線の $\dfrac{m(S_i + d_i v_i)}{Q_i}$ の階段状の増大

　これらの不可分割性は、第3.7節で述べられた諸方程式に、それらの一般的な行動はそこで示されたとおりであるとしても、不連続性を惹き起す。われわれはこのことを第3章で示された顕在的輸送費用のデータより理解することができる。それはこれらの種々の不連続性を許しつもなお、ロジスティクス距離モデルの原理に従って動いている；すなわち総トン-マイル輸送費用は$\sqrt{d_i}$に比例して変化し、トン-マイル当りの輸送費用は$1/\sqrt{d_i}$に比例して減少し、トン当りの総輸送費用は直接d_iに比例するということである。もしそれが不連続性が大きくて、v_iおよびS_iの費用増加が直接にQ_iに比例するという程度にまでなれば、われわれは輸送においての規模に対する収益一定の状況を持ち、存在するロジスティクス作業は連続的な流れ、すなわちジャスト・イン・タイムとなるであろう。このことは観察によって明らかに反証されている。従って作図上のおよび分析上の単純性と明瞭性のために、この不可分割性に由る階段状の費用増加という問題は、全体的な結論を基本的に変更することなく、無視することができる。

付録4.4 われわれはこのことを単純な EOQ 分析より知ることができる：

$$TLC(Q_i) = \frac{m_i(S_i + d_i v_i)}{Q_i} + \frac{I c_i Q_i}{2} + \frac{I d_i v_i}{2}$$

であり、かつ：

$$\frac{\delta(TLC(Q_i))}{\delta Q_i} = -\frac{m_i(S_i + d_i v_i)}{Q_i^2} + \frac{I c_i}{2}$$

である。
従って：

$$Q_i^* = \sqrt{\frac{2 m_i(S_i + d_i v_i)}{I c_i}}$$

これは：

$$\frac{m_i(S_i + d_i v_i)}{Q_i} = \sqrt{\frac{m_i I c_i (S_i + d_i v_i)}{2}}$$

を意味する。すなわち：

$$\frac{I c_i Q_i}{2} = \sqrt{\frac{m_i I c_i (S_i + d_i v_i)}{2}}$$

である。
これらの二つの成分は等しい、すなわち

$$\frac{m_i}{Q_i}(S_i) = \frac{I c_i Q_i}{2}$$

であるから、合計すれば：

$$TLC_i = (2 I c_i)^{\frac{1}{2}} m_i^{\frac{1}{2}} (S_i + d_i v_i)^{\frac{1}{2}} + \frac{I d_i v_i}{2}$$

となり、Q_i^* は二つの曲線の交点で得られ、そのことは $d_i = 0$ のときのみ起るから

$$\frac{m_i}{Q_i}(S_i) + \frac{I c_i Q_i}{2} = (2 I c_i)^{\frac{1}{2}} m_i^{\frac{1}{2}} S_i^{\frac{1}{2}}$$

となる。
そうではなく、もし $d_i > 0$ であれば

$$\frac{m_i}{Q_i}(S_i + d_i v_i) + \frac{I c_i Q_i}{2} = \sqrt{2 m_i I c_i (S_i + d_i v_i)}$$

であり、それは：

$$TLC_i = (2Ic_i)^{\frac{1}{2}} m_i^{\frac{1}{2}} (S_i + d_i v_i)^{\frac{1}{2}} + \frac{Id_i v_i}{2}$$ よりも小さい。(証明了)

顧客企業が c.i.f.価格を支払う交代的な状況では、輸送費用の上乗せは価格 c_i の中に含まれる。バン(1982)の中の例のような、単純な EOQ 分析は、従って距離-輸送費用要素をその中に含んでいる。

付録 4．5　例示目的のために、再び f.o.b.価格づけの場合を仮定するならば、われわれは供給連鎖(サプライ・チェーン)の一部が固定され、他の部分が「立地自由(フットルース)」な状況を分析することができる。

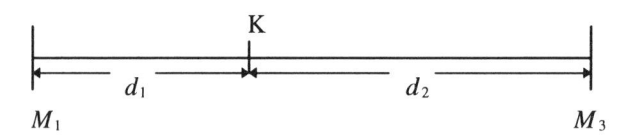

第4.13図　1次元の立地空間の中での供給連鎖

例えば、われわれは価格 c_1 の m_1 財を生産している固定立地の供給者の供給点を M_1 と定義することができる。中間的な「立地自由」の供給企業 K は m_1 投入物の M_1 および K の間の d_1 に関する輸送費を支払い、点 K において設立費用 S_s を含む付加価値作業を実行する。その都度 m_1 財の束が K へ配達される。固定立地の最終組立生産者顧客企業 M_3 は K 点の供給者企業に対し単位産出物当り c_2 の「作業前」f.o.b.価格を支払い、その後 m_1 財を K と M_3 の間の距離 d_2 について輸送し、M_3 において設立費用 S_c を含む付加価値作業を実行する。その都度 m_1 財の束が M_3 へ配達される

供給連鎖の中の各点においての最適行動を仮定すれば、点 K において総ロジスティクス費用は：

$$\sqrt{2Ic_1 m_1 (S_s + d_1 v_1)} + \frac{Id_1 v_1}{2} = c_2 m_1 \tag{4.5.1}$$

によって与えられる。これは産出物 K の「作業前」f.o.b.価値である。顧客企業 M_3 にとっては、総ロジスティクス費用は：

$$\sqrt{2I\,c_2 m_1(S_c+d_2 v_2)}+\frac{I\,d_2 v_2}{2}=c_3 m_1 \tag{4.5.2}$$

で与えられる。今もし機械作業 S_c が移管される、すなわち企業 M_3 から企業 K へ下請けに出されるならば、K においての我々の総ロジスティクス方程式は：

$$\sqrt{2I\,c_1 m_1(S_s+S_c d_1 v_1)}+\frac{I\,d_1 v_1}{2} \tag{4.5.3}$$

となる。

明らかに c_2 の価値は増加した。他方 M_3 においての総ロジスティクス費用方程式は今や：

$$\sqrt{2I\,c_2 m_1(d_2 v_2)}+\frac{I\,d_2 v_2}{2}=c_3 m_1 \tag{4.5.4}$$

で与えられる。方程式（4.5.1）と（4.5.3）を再編成することによって設立作業が M_3 から K へと移管される前および後での c_2 の値についての表現に達することができる。もしこれらの表現がさらに方程式（4.5.2）および（4.5.3）に各々代入されるならば、その結果の表現は、m_1 財を K から M_3 へと動かし、その間に付加価値作業 S_s および S_c が実行されその都度委託貨物が発送される場合の総システムロジスティクス費用（$m_1 c_3$）を与える。簡単な挿入によって、下請け政策は、$(d_1 v_1)$ が相対的に $(d_2 v_2)$ よりずっと大きく、S_s が S_0 より相対的にずっと大きい場合には総システムロジスティクス費用（$m_1 c_3$）を減少させることが知られる。後者の場合は、生産が大部分「企業内」で行われる大きな伝統的西欧の製造工業企業では典型的ではない。しかしながら、JIT 政策が d_2 の平均的な長さが d_1 との相対で減少させられるように導入されるならば、企業の付加価値作業の多くを高次水準の供給者へと移管することは費用的に有効となる。

第5章
研究の方法論

5.1 序論

　前章で到達されたロジスティクス-距離の理論的結論はJITの連続的かつ漸進的採用は投入物連繋の連続的局地化に至るということを示唆している。逆に強力な地方的連繋の先行的存在は企業をして、現存の集中した空間的産業構造の内側にJIT購入連繋を展開する能力を通じてJIT生産哲学をうまく実行することを可能にする。しかしながら、現実にはこのようなJIT連繋再編成の政策はすべて、適当な交代的供給者の利用可能性に依存し、かつ恐らくは複雑な購入についての交渉を必要とする時間がかかり選択的な過程であろう。このような連繋の局地化が見出せるか否かは理論的というよりは実証的な問題である。

　われわれが直面する一つの問題は個別企業あるいは産業にとってはロジスティクス費用関数の構造あるいは行動を配達頻度としても連繋の長さの変化としても、跡づけることはできないということである。そのことの理由は、われわれが第3章で見たように企業はこのような特定の方法で計算されたデータを保存していないということである(ジョンソンおよびカプラン　1987)。このことの故にわれわれは輸送費用価格づけの構造をロジスティクス費用関数の行動を確認する間接的な方法として見做すのである。従って、ロジスティクス-距離モデルのJIT購入哲学採用の空間的インパクトに関する理論的予測を実証的に検定する交代的な方法を見出すことは依然として必要である。これを為すためには、われわれにとってミクロ経済レベルで個別企業によるJITの採用と、それの投入物連繋の平均的地理的長さの減少との間に明瞭に正方向の関係があることを指し示す方法の発見が必要である。

これについての以前の試みはレイド(1995)によってなされた。彼は種々の空間的水準に分解される投入支出の割合をJITの適用に回帰するロジット・モデルを用いた。彼の発見は地方的レベルでの高頻度の投入物取引ということであった。しかしながら、われわれが第3章で見たように、伝統的な西欧的な、あるいは日本的な購入システムのどちらの場合も、最適化された発送頻度は非地方的な投入物発送との比較において地方的水準においてきわめて高く、この行動は、宣伝のために、企業によるJIT哲学であるとしばしば述べられているが、事実をいえばそれは単に正統的な最適化行動の反映であるに過ぎない。従ってわれわれにはこのモラルハザードの問題を避ける方法を見出すことが必要である。同様に、単純に種々の空間的尺度で支出割合を測定することもまた時間を通じて結果を比較するとき非常に間違いをおかし易い。従ってわれわれにとっていかなる条件の下でこの接近法から投入物連繋の空間的構造の情報が得られるかを決めることが必要になる。そこでわれわれにとってはこれらの連繋の短縮が地域成長におよぼす効果を、自律的な輸入の成長率の増加によって惹き起された乗数の上昇から独立な地域乗数の変化を計算することによって確かめる方法を見出す必要がある（ケネディおよびサールウォール　1983 p.128；マッコビー　1985　p.67）。この分析の目的では、後者の方法論的問題をはじめに論ずる方が容易である。何故なら集計的地域的水準において成長変化比較を示すために必要な最小データ要請を検討したかなりの文献量が既に存在するからである。このような集計的理論的アプローチの議論は次にマクロ経済的なデータ要請のみならず、前者のミクロ経済的な方法論的関係の中に正式に結びつけられるために必要なデータ要請のあるものを示唆するために用いられる。

5.2　地域乗数分析

投入-産出分析は地域乗数の動きを分析するために用いられる通常の手法である。何故ならばそれはすべての中間生産物の流れを考慮に入れるからである。しかしながら、この手法は分析の時間期間について生産係数が安定的であると

ともに他の地理的地域との間の中間財交易も同じく安定的でなければならないという仮定に依存している。これはわれわれにとっては適切な手法ではない。何故ならばここでわれわれは企業の投入物連繋の空間的変化により惹き起される製造工業部門の支出パターンの変化がいかに地域乗数の値の短期的変化を通じて地域成長の短期的増大を生ぜしめるかを調べることに関心を持っているからである。集計的な投入-産出表はそれらが頻繁に改訂されるのでなければこのような地域乗数の変化についての情報を提供するために用いられることができない。これが不可能とすれば、交代的な接近法は企業への供給者の数と立地における変化を観察することであろう。しかしながらこれには問題がある。何故ならば企業の地域的顧客および供給者の数の変化は必ずしも地域乗数の大きさの変化の証拠にはならないからである。というのは企業は個別の連繋の中で所得フローの水準を変えることができるかも知れないからである(ゴレッジおよびブラウン 1967)。連繋フローの貨幣価値についてのデータを集めた連繋研究はほとんどない。また以前の輸送搬送研究(チショルム 1985)は地域的連繋フローの重量あるいは数量に焦点を当てていて、ここではほとんど役に立たない。何故なら財の小量かつ不規則な流れは大きな数量のフローとしてよりは価値のタームでより重要であろうからである(ホア 1975)。さらに連繋の貨幣的価値の評価は多数の補助的工場が個別の利潤中心ではない場合、また連繋が倉庫を通じて組織されている場合には困難な仕事となる。ウッド(1987)は従って貨幣的な流れの連繋分析は工場がその産業部門によってよりも生産の連鎖の中でのそれらの位置、それらの組織上の地位、それらの所有権上の背景によって分類されている場合のみ意味を持つことを示唆している[1]。

---

1. もしGDP乗数が市場価格で評価されるならば、乗数は第1ラウンド輸入性向を含まなければならない。もしGDP乗数が要素価格で評価されるならば第1ラウンド租税支払い性向もまた含まれなければならない。この研究では前者の方法論が用いられる。何故ならばこれが入手可能な第2次データの性質であるからである。もしGNP乗数が市場価格で評価されるならば、第1ラウンド輸入性向および他地域への利潤、利子および配当支払い性向が含まれるべきである。もしGNP乗数が要素価格で評価されるならば、間接税支払い性向が含まれるべきである。もしPDI乗数が市場価格評価されるならば、それは輸入、利子利潤支払い、直接および間接税支払い性向、国民保険料支払いおよび失業保険受け取りの性向を含まなければならない。

地域乗数の分析についての方法論的問題はまた用語法の混乱によってもいっそう悪くなっている。これらの混乱は「直接」、「間接」、および「誘発された」などの言葉の不整合性をめぐって発生している。通常の用語法では、「間接」効果という言葉は地域的な供給企業の産出物の第1ラウンドの購入に適用される。しかしながら、所得および雇用効果の場合には、「直接」という言葉は乗数が適用される産業内に発生する所得および雇用を定義することに適用される。他の部門へのインパクトは「間接」と分類される。すべての場合で、「誘発された」効果とは消費の派生された増加に関係するものを指し、投資変化を含むかも知れない(ナイカム 1986 p.231 を見よ)。ウェストおよびジェンセン(1980)はこれらの不整合性を乗数インパクトの改訂された階層的分類を示すことによって解決しようと試みた。すなわち「第1ラウンド」インパクトは直接の投入物を供給している部門においての効果と定義される。他方成分投入物ないし要素投入物および「産業支持」インパクトは第2、第3、等々のラウンド投入物効果のことを指している(ナイカム 1986 p.320 を見よ)。ウェストおよびジェンセンの分類は従って全体的な乗数メカニズムを単に連繫の指標を用意するのではなく、乗数過程の原因と効果の成分を明示的に取り出すためにその構成部分に分解し尽くすことを可能にする。

一つの単純な直接的方法論は個別工場の精細な調査を実行することである(グレイグ 1971；ブラウンリィグ 1973；レーバー 1974 a, b)。この方法は通常きわめて費用がかかりかつ時間消費的であり、かつ乗数分析の試みとしてはほとんど常にクロス・セクション的なものに止まる結果となる。接近法の一例はレーバーによる研究(1974 a, b)である。

彼は西中央部スコットランドの6産業部門の24個別工場を分析した。購入および販売のデータから、彼は各工場の地域移入および移出の個別推定値に基づいて、企業の限界(平均)移入性向 mpi を次の表現により計算することによって乗数を構築しようと試みた。

$$mpi = \frac{地域外からの投入物}{総投入物}$$

　しかしながら、この接近法は下請け総体の全体的産出量水準への貢献が変化するときに移入性向の変化を計算しようと試みるならば間違った結果を生じてしまう。その理由は総粗産出量水準との関連においての総支出水準の相対的変化は、移入の総価値が変化しなくても、産出量の総価値との関連においての限界移入性向を変えるからである。例えば、集計的部門別移入性向の増大は企業がそれらの企業間購入連繋を短くするよりはむしろ、下請け優先の立場から移入財を「自家」生産することを決定することによって惹き起されうるからである。地域の視点からすれば、これらの選択肢間に差はほとんどないのであるが、データ観察の立場からすればどちらの政策も物的取引き費用と在庫回転比率を減少させることになる。しかしながら投入物の「自家」生産増大の通常の理由は情報内部化と結びついている。われわれが研究対象の地域部門内の企業が、同じ企業に属する他の工場へではなく他の企業への下請けとしての投入物産出量に対抗するものとして投入物「自家」生産の水準を増加させたのではないということを知っている場合のみ、移入性向の観察された減少は企業間の空間的連繋の長さの減少によるものとなる。テュロック(1993)はレーバー(マッカン1997)と正確に同じ問題に直面し、この接近法は中間的移入および移出の取扱いについて、再移出は移入の減少というよりは増加した注入であるという意味での共通の問題を提起する(マックドウォール　1975)。スウェールズ(1975)に従えば、移入性向の計算には全体的な地方的付加価値内容を組み入れることが必要である。すなわち：

$$mpi = \frac{地域外からの投入}{総産出 + 地方的付加価値 + 間接課税}$$

これは全体的最終産出の名目価値の任意の変化に対して、地域内への純所得注入の名目価値の比例以上の増加があるかどうかを計算することができるということである。

　われわれがミクロ経済的支出変化を集計することによって地域乗数の動きを

描き出そうと試みるとき、産業構造の変化の問題および再移入の役割と同様に、支出性向の時間的変化を観察するとき考慮しなければならないもう一つの問題は技術変化である。連繫の不安定性は集計的レベルにおいてよりも個別事業所レベルにおいてより重要であるように見えるけれども、バスター(1980)は事業所レベルの投入産出連繫もまた2年の期間では、特に一産業にわたる水準で集計されればきわめて安定的であることを見出した。同じようにティラナス(1967)およびガーニック(1970)による集計的研究は地域産業構造および技術の変化に直面しつつも、集計的地域乗数の安定性はきわめて高度のものであることを見出した。このことはウェストおよびジェンセン(1980)の「産業支持」インパクトはすべて第1ラウンドインパクトについての明瞭なモデル構成として適切にグループ化できることを示唆している。

　この産業支出性向のクロス・セクション的調査を、われわれが技術変化は短期的には成分別の投入-産出比率を大きく変化させないこと、また産出物価格は投入物の価格との相対で上昇しないことの両方を仮定できる場合には、地域的移出基盤産業の後方連繫においての空間的変化を決定する方法として用いることができる[2]。明らかに各々の場合で、乗数の適切な定式化は特定の企業の連繫パターンと結び付いた実際の投入および回収に依存するのみならず乗数過程の逐次的なラウンドがいかに規定されるかに依存するのである。これは何故かといえば、地域一般の関連でいえば乗数表現に現れるのは後者であり、他方前者は被乗数の中に含まれるからである(ブラック　1981；1984，シンクレアおよびサトクリフ　1983；ブラウンリグ　1971)。もしわれわれが一つの特定の地域産業部門の指定の乗数インパクトの変化に焦点を当てているのであれば、最も適切な手法は第1ラウンドの所得インパクト(ここで第1ラウンドは部門的および時間的の両方の意味で規定される)とそれに続く標準化された所得インパクトとを区別することである(スティール　1969；シンクレアおよびサト

　2.　何故なら、これはもし価値が現行価格によって与えられるならば、地方的付加価値項を独立に変化させるからである。これは実際S.D.A.の2次データと本研究のために集められた基本データの両方が与えられている形式である。

クリフ　1978 p.183；ウェストおよびジェンセン　1980）。これらの意味では、もしわれわれが第 2 およびそれに続くラウンドの一般的な地域的投入および漏出が分析の対象となっている特定の地域的産業部門の第 1 ラウンド支出パターンの潜在的変化におおむね影響を受けないのみならず、その部門が主として産出物価格が短期的にはその投入物価格との相対で上昇しないような地域の移出基盤であると仮定することができるならば平均的な部門移入性向の任意の変化の観察は地域乗数の値の逆方向への変化を示唆するのに十分であろう。一般的に比較時間期間は技術的変化の効果を排除するために短期でなければならない。さらにいえば第 1 ラウンドの支出の引き続くラウンドへの効果に関するわれわれの仮定が真実であるか否かは事実上この問題にまったく影響しない。何故ならばこの接近法は部門的連繋構造を分離するのに必要な他の条件一定というわれわれの基準を単純に用意しているからである。

　ここまでわれわれは個別企業の地域移入係数の絶対的変化の観察が投入連繋の平均的長さの地理的変化と結び付くための条件を概説した。これは本章のはじまりで紹介された第 2 の方法論的問題であった。しかしながら、われわれにはなお任意の集計的な平均部門移入性向の観察された減少を特に JIT に反応しての企業間連繋の長さの減少にいかに関係させるかという第 1 の方法論的問題が残されている。この場合、ミクロ経済的地理的連繋の長さとミクロ経済的貨幣連繋価値の間の関係は二つの理論分析的手法の組合せによって検討されかつ叙述されることが可能である。これらの手法は在庫回転分析とパレート分析である。これらの二つの手法の議論はわれわれをして JIT 購入行動と投入物供給源の局地化の間の連鑽を確立するために必要な最小のデータ必要量について決定することを可能にする。

5.3　在庫回転分析

　投入物として購入された資材についての在庫回転は大部分の会社が生産過程の効率性を監視するために用いる 1 指標である。投入物の在庫回転は時間期間

当り投入物購買の価値を時間期間当りに保有される在庫価値の平均で除したものとして定義される。われわれの記号法によればこれは：

$$IT = \sqrt{\frac{m_i I c_i}{2(S_i + v_i d_i)}}$$

と表すことができる。

ここで m は時間期間当りに買われた資材の総量を、I は資本保有係数を、c は企業により買入れられた財の平均単位価値を、S は配達当りに負担される平均発注および設立費用を、d は平均投入物配達搬送連繋の長さを、v は単位距離当り平均車輛移動費用を表している。投入物の大きな範囲にわたって、この表現は時間期間当りに動かされる資材の個別量によって加重された、配達されるすべての生産物に対する平均在庫回転に等しいであろう。上記の表現の中の個別パラメータの各々は、従ってそのパラメータの持ち込まれた個別生産物のすべてについてそのパラメータの平均値なのである。他の条件にして一定であれば、JIT生産哲学を利用している会社は、それによって投入物配達の平均的大きさが減少し、典型的な伝統的EOQに基礎を置いたロジスティクス作業を採用する企業との相対でずっと大きな在庫回転比を持つであろう。いい換えれば、在庫回転表現の値はJIT原則を採用する企業については、他の条件を一定として、それを採用しない企業との比較においてより高いということである。このことは伝統的購買政策を止めてJIT政策を用いることに切替えた企業はそれの在庫回転比率の増加を経験するであろうことを意味する。会社の在庫回転実績の改善はこうしてJIT哲学採用の部分的示唆となり得るのである。

　改善された在庫回転比率および総投入物支出の部分としての地方的に供給された購買の価値増加の両者の同時的観察はその企業によるJIT供給政策の採用を反映していると見ることができる。しかしながら、改善された在庫回転実績および地方的範囲の中で生産された生産物として数えられるものの総支出の中での増加した比率はなおJITの採用に対応しての局地化のロジスティクス経済の明示的に意図された展開の証明とはならない。その理由は為替レートの低下も同じ効果を生み出すからである。従って、われわれはかかる為替レート変化

の効果と JIT の意図された採用とを区別する能力を必要とする。これをどのようにするかは今説明される。

5.3.1　為替レートの効果

　在庫回転表現より、いくつかの一般化をすることができる。第1に自国通貨の価値が他国通貨との相対で上昇するならば、他の条件一定として、企業が個別供給者から購入する財の量の形での連繋パターンが影響を受けなければ企業によって国外から購入される投入物の平均価値は低下する。通貨の変化によって他の連合王国地域内で生産される生産物の国内価格はそれらが相対的にほぼ一定に止まる形で一般的に影響を受けないと仮定すれば、われわれは国内生産者が一般的に直面する平均的な投入物価格は低下しなければならないということができる。もしこれが事実であれば、そのことは従って、在庫回転もまた、上記の表現の中での c の平均的な値が低下しなければならないために、低下しなければならない。一方、地方地域内部あるいは国内の他の地域内のいずれかで生産された生産物に帰せられるべき企業支出の比率は増加していなければならない。何故ならば定義によって輸入された財の相対価値が、限界輸入性向もまた低下しなければならないように、低下するからである。逆に、同じ仮定の下では、自国通貨価格の低下は改善された在庫回転の実績および地方地域内部あるいは国内の他の地域内のいずれかで生産された財に帰せられるべき総支出価値部分の減少と結びつくであろう。

　同じ接近法はここで購入においての代替、すなわち企業が相対的な国内および国際の生産物価格の決定において通貨変動の価格弾力性効果を考慮に入れるより一般的な場合へと拡張することができる。企業が投入物を同国内の他の地域からも、また他の国々からも買うようなこれらの状況の下では、もし英ポンドの価格が上昇すれば国内生産者は外国で生産された財をより多く買うことへと当然切り替えるであろう。上記の在庫回転表現の形でいえば、これは一般的に c の値の低下および一般的に d の値の増加に結果するであろう。その結果として、英ポンドが上昇するとき在庫回転実績は低下する。しかし地方的に生

産された財への限界購入性向（ここで「地方」とは地域あるいは国内を意味するものと定義できるのであるが）へのインパクトはなおあいまいである。その理由は、そこではなお自国内で生産された投入物と他の国々で生産された投入物の間の交叉価格弾力性を知ることが必要であるからである。もし需要の交叉価格弾力性が1より大きければ、英ポンドの価格の上昇は外国財に対する需要の比例以上の増大をともなうであろう。従って、地方的に生産された財への限界購入性向の低下が在庫回転実績の低下と自国為替レートの増大をともなって見られるであろう。そうではなくて、もし需要の交叉価格弾力性が1より小さいか1に等しければ、為替レートの上昇および在庫回転の低下は地方的に生産された財への限界消費性向の上昇か不変を各々ともなうであろう。自国為替レートが低下するという交代的なシナリオの場合には、もし外国産および自国産の投入物の間での需要の交叉価格弾力性が1より大きければ、改善された在庫回転実績は地方的に生産された財への限界消費性向の増大のみをともなうであろう。もし交叉弾力性が1より小さいか1に等しいかであれば、改善された在庫回転実績とともに、自国通貨の低下は地方的に生産された財への限界消費性向の低下あるいは不変を各々導く。

　以上の議論は、個別企業の在庫回転実績はJIT配達政策の意図された適用によってのみではなく、単に高い投入物交叉弾力性の条件下での自国通貨の切下げによっても改善されうることを示唆している。このことは、自国通貨の価値低下に直面している個別企業にとっては、地方的に生産された財への限界消費性向の増加および在庫回転実績の改善の同時的観察はそれ自体ではJITの適用による局地化のロジスティクス経済増大の存在を保証する表示ではないことを意味している。その理由は同様な結果は単に通貨価値に関連した購入パターンの切替えによっても起こりうるからである。従って、詳細な知識、需要の交叉価値弾力性に関するもののみならず、特定の競合する国内および地域市場で生産される代替財についての相対的国際生産物価格の現実の趨勢的な動きについての知識なしには、われわれが在庫回転実績および地方的購入成分の増加の関連するデータのみによって局地化のJITロジスティクス経済の発展が存在する

ことを断言的に指摘することは可能ではないと思われる。もちろん為替レートの変化が存在せず、あるいは自国通貨の変化の方向と個別企業の在庫回転実績が正方向に関連していないとしてのことである。しかしながら、さいわいなことにこれらの困難は二つの理由によって克服不可能なものではない。

　第1に、期間を通じての通貨変動が1ケタのパーセントほどでごくわずかである場合、そのように小さな為替レートの変化は会社の在庫回転実績に無視可能なほどのインパクトしか与えない。その理由は上記の表現からみて、在庫回転の変化は投入物の価値の変化の平方根にのみ関連しているからである。会社の生産実績数字の意味では、このようにわずかな在庫回転変化は事実上変化なしと見做される。従って例え企業によって買入れられる投入物が(負の)価格および1よりずっと大きい(正の)交叉弾力性を持ち、小さな為替レートの動きが地方的購入価値成分に重要な効果を持つとしても、為替レートの動きもまたきわめて大きなものでなければ、地方的に生産される財への限界購入性向のこのような変化は在庫回転実績の目につくほどの変化と結び付かないであろう。もし相対的な通貨変動が実際ごく小さければ、明らかに改善された在庫回転実績、例えば20%変化以上の水準のもの、あるいは2〜300%の水準の改善と地方的に生産された財への限界(平均)消費性向の増大の同時的観察は実際局地化によるロジスティクス経済の存在と発展を大いに示唆するものであろう。

　改善された在庫回転実績と地方的に生産された財への限界(平均)消費性向の増加の結合した存在の観察されることが局地化によるJIT経済の発展を示唆するものであると実際仮定してよいことの第2の理由はJIT購入哲学の存在そのものである。ある会社の全体的な在庫回転実績は工場内で単にMRPI, MRPII, 'カンバン'、あるいはOPT(コックス　1988；ラブ　1979；バルー　1985 p.472〜481)のような内部生産組織と計画の最小在庫法を採用することによって改善されうる。しかし、生産ラインの組織と計画に最小在庫アプローチを採用することは必らずしも投入物が工場に対しこれも最小在庫ベースで配達されなければならぬことを必要とはしない。投入物が工場へ伝統的なEOQ型のベースで配達され、それから内部的な生産管理の最小在庫法が個別投入物が投入物在庫

倉庫からいつ取り出されるべきかを決定するのに用いられることも完全に可能である。しかしながら、われわれが既に見たように、もし財が工場へと最小在庫、最小束サイズ、最大頻度ベースで配達されないのであれば、施設内に保有される在庫の総価値はある最低水準以下に低下することができない。逆にいえば企業の在庫回転実績はある最高水準を越えて増大できない。従って、もし個別企業がその全体的在庫水準を連続的に可能な限り減少させようと試みることを決定したならば、それはまたその平均的投入物配達束サイズをも減少すべく試みる必要がある。いい換えれば、それはその特定の内部生産計画技術と並行して、あるいはそれと独立に JIT 購入政策を実行しなければならない。しかしながら第1・4章においてわれわれは内部的カンバン生産体系から区別されたものとしての JIT 購入政策の重要点は投入物に対する需要の(自己)価格および交叉弾力性をゼロにまで低下させることである。このことの理由は主要な購入規準は単に投入生産物の価格であることを止めて、いまや生産される投入生産物の質および投入物配達サービスの質をも包含するからである。このことは従って、生産投入物の需要の(負の)価格および(正の)交叉弾力性の両方ともいまやきわめて非弾力的になり、そのことによって行われるあらゆる観察を複雑化する為替レートの動きを排除することを意味する。いい換えれば、もし企業が、多かれ少なかれ投入物をより小さなより頻繁な個別束配達で供給するより少ない数の同一供給者を維持することに焦点を当てる、また下請けの一定のあるいは増大した水準を含む JIT 購入政策を実行するならば、他の条件にして一定であれば、自国通貨の変化の方向および地方的に生産された財への限界消費性向の値は不変であろう。さらに代替効果は、この変化の方向が、在庫回転実績の観察された変化が、通貨変化とはおおむね独立な現象によって主として惹き起されたのでなければ、在庫回転実績とは「逆向き」であることを意味する。従って、企業の増大した在庫回転比率、地方的に生産された財に帰すべき総支出の比例的値の増大、および JIT 購入哲学の採用の同時的観察はミクロ経済レベルにおいての局地化の JIT ロジスティクス経済の存在および発展を確認するほとんど十分な条件であろう。

地域分析の観点からすれば、問題の地方的に生産された財への特定の限界消費性向は国家内の地域パラメータである。上述のデータから、局地化の地域的ロジスティクス経済の増大した発展をあいまいさなく指し示すためには、異なる国内地域の相対的土地および労働価格もまた問題の時間期間を通じて1位のパーセント点数字の意味でほぼ一定であったことを示すことが必要である。

5.3.2 産出量変化の効果

　産出量の水準とその変化もまた在庫回転比率の行動に影響しうる。例えば、通貨の切下げは、連合王国他地域あるいは他の国々に居る消費者が問題となっている地域で生産された財の購入を増加させることを意味する。これは産出物数量の増大を生じさせるであろう。われわれが第2章で見たごとく、生産技術の意味で投入物の数量は産出物数量と1次の関係にある。従って、最終産出の増加は上記の在庫回転表現の中のパラメータ m、それは投入物購入の水準を反映するのであるが、それもまた上昇しそのことにより在庫回転率を増加させる。いい換えれば、為替レート変動の対産出物需要へのインパクトに基づく在庫回転表現への効果はわれわれの観察を混乱させるものではない。為替レート変動の在庫回転比率への全体的効果は完全にあいまいさのないものである。

　産出量に関してなお観察をあいまいなものとする唯一つの問題は景気後退期あるいは景気拡大期に直面しての在庫蓄積および在庫放出の各問題である。もし企業が最終需要の水準を過剰予想すれば、それは資材の超過貯蔵を積み上げるであろう。需要が縮小すれば、企業は購入を切り下げ現在の貯蔵を可能なかぎり切り下げるであろう。この種の放出行動は在庫回転表現の値を減少させる。同様に企業が販売の成長を予想するときは、それは時間期間当りの購入水準を増加させ、そのことにより在庫回転比率を増加させる。われわれの目的のためには、このような循環的効果をわれわれの在庫回転観察から取り除くべく試みることが必要である。

5.4 パレート分析

　第4章に述べたことから、JIT購入哲学を採用した企業はその投入物の平均的地理的搬送距離を縮めるべく試みるという理論的主張を所与としても、このような連繋再組織化の過程は、それが行われるとしても、漸進的で、非連続的で、かつ選択的な過程であろう。何故ならば連繋再組織化政策は購入についての交渉とロジスティクス計画を包含するからである。従ってこれらの状況の下では、われわれは企業がはじめは彼等の連繋再組織化および供給再立地政策を主要な現存の、および潜在的な供給者に焦点を当てて試みると期待し、このことは企業がかかる再組織化政策において何が主要な投入物連繋であるかをいかに決定するかという問題を提起する。ロジスティクス費用モデルは、最適決定作成規準は連繋減少努力を平均的な総ロジスティクス費用を最速の率で減少させるように、初期において最も有効に再組織化できるような供給連繋に焦点を当てることであるということを示唆する。われわれが第3章で見たように、個別の投入物ロジスティクス費用がいかに決定され制御されるかを説明するのは、成分投入物生産関数と結びついた投入生産物の特性それ自身なのである。これらの規準は個別の投入生産物特性の各々の全体的ロジスティクス費用としての重要性を評価するために、またJIT局地化政策の焦点を決定するために用いられるべきである。実証分析の視点からわれわれが直面する問題は種々の企業は投入財の莫大な異なるタイプおよび範囲のものを買い入れ、これらの財のばらつきはしばしば何千もの数の生産物タイプにもなるということである。このことはJIT連繋再組織化の一般的パターンというものを示唆することは困難であることを意味する。しかしながら、これらの困難にも関わらず、JIT在庫減少政策の焦点となるであろう投入物の種類に関して従ってまた可能なJITロジスティクス費用局地化政策について一般的な予測を提供することはまったく簡単なことである。これを行うためには、ロジスティクス費用モデルの理論的予測と「パレート分析」として知られる実際的分析手法を組み合せることが必要

である。

　パレート分析はイタリアの経済学者ビルフレド　パレートに由来している。1897年に所得の富の分布の研究において、彼は総所得の大きなパーセントが人口の小さなパーセントに集中していることを観察した。ほぼ80％の所得が人口の20％へと帰属するのである。この一般的原理はそれ以後企業管理や生産工学に広く通用しうることが見出された。何故なら多くの生産工学現象は同様の特性を示すように見えるからである（コンプトン　1979　p.85〜102）。例えば、企業の購入支出費用のほぼ80％は購入された投入物のわずか20％に対応するというのが代表的である。

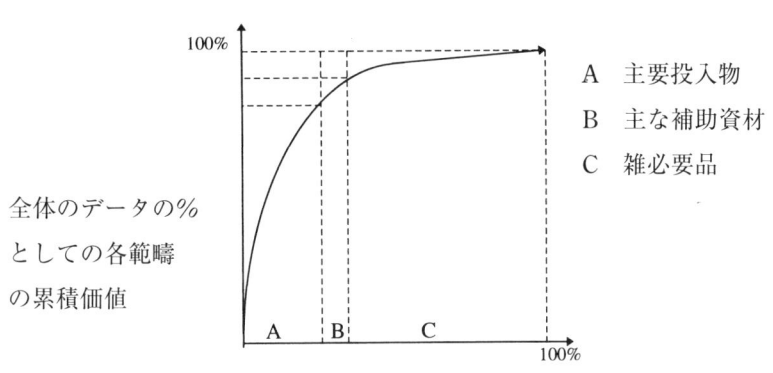

```
100%                          A  主要投入物
                              B  主な補助資材
全体のデータの%                 C  雑必要品
としての各範疇
の累積価値
        A  B    C
                    100%
```

データの全範疇の％としての各範疇の累積合計
第5.1図　在庫のABCパレート分析
出典：コンプトン(1979)

　正確な80：20の比率はすべての企業で見られるわけではないが、この特定の規則はたしかに一般的には正しいのである。従って、企業はこの原理を個別の投入物供給をそれらの総購入支出への各々の貢献分によって範疇化するために用いることができる。分類の適切なシステムは'ABC'分析として知られ、製造業工学においてきわめて普遍的に用いられている。基本的には、それは垂直軸にとられたデータの個別単位と水平軸にとられた累積総量との間で比較をすることである。累積的データがグラフの上にプロットされることにより、独特の急勾配の曲線が描き出される。曲線の上昇部分の第1の部分は総購入価値の

80％は購入された供給物のわずか20％に帰せられること、そして前者の90％は購入された供給物30％に帰せられることを示唆している。累積曲線はA,BおよびCの三つの主要な分類グループに分割される。グループAは高位累積価値供給物を、グループBは中間価値供給物を、そしてグループCは低位累積価値供給物を反映している。しかしながら、われわれが理解しうるように、累積パレート値は個別単位投入物の価値に需要される単位の数を乗じたものであり、もし成分生産関数が産出生産物の単位当りにすべての投入生産物の等しい量を要求するのであれば相対的な個別投入生産物価値とそのパレート値とは単に同義語になってしまう。これらの一般的なパレート原理はまた個別企業によって買入れられた投入物の集計的な組合せの累積的在庫容積および累積的在庫重量特性を叙述することにも適用できる。いい換えれば、投入生産物価値、容積量および重量のほぼ80％は、総投入物のほぼわずか20％に帰せられる。しかしながら、このことはパレート高位価値の投入物が同時にパレート高位容積量あるいはパレート高位重量投入物であることを必ずしも意味しない。それはまたパレート高位価値投入物が必ず高い個別価値を持つ生産物であることを意味しない。それは単にそれらが需要される個数がそれらの累積価値が高いことを意味するだけである。それはある種のパレートCクラス価値の投入物が個別にはきわめて高価値であるが、少ない個数しか購入されないということかも知れない。もしすべての財が同じような総量において消費され、同じような頻度と束の大きさで配達されるならば、パレート価値モデルは多かれ少なかれパレート在庫価値モデルと同義であり、その両者とも高位価値／重量財と同義である。しかしながら明らかに、EOQ分析で決定されるように、他の条件にして一定であればすべての投入物は種々の頻度で配達され、投入物の価値が高いほど配達束の大きさはより小さくなり、配達頻度はより大きくなる。しかしながら、第2章で論じられたように、高い価値の財の投入源泉はより疎らに立地し、その平均連繋搬送距離はより大きく、そのことにより配達頻度を減少させ配達束の大きさを増加させる。他方価値／重量および重量／容積比率が低い財は、より短い平均配達距離がそれの低い価値を相殺する傾向があり、そのこ

とにより配達頻度を増大させ配達束の大きさを減少させる。その結果は、実際上パレート在庫価値モデルはパレート価値モデルときわめて類似したものになる傾向を持つ。

　もし増加した配達頻度が総輸送費用の増大を意味するのであれば、伝統的な連繋分析（レーバー　1974 c）はこの増大した輸送費用の効果を相殺するために本当に必要なのは低い価値-重量比率を持つ生産物の平均連繋距離を減少させることだけであることを示唆している。このことの理由は輸送費が総生産費用の無視できない成分であるのはこのような財についてのみであり、従って総輸送費用の増大が重要な効果を持つのはこの型の財の場合のみであるからである。もしわれわれがパレート分析と伝統的な連繋および立地分析の接近法を結合させるならば、このことはさらに投入物配達頻度が増大するならば、他の条件にして一定とすれば、地理的連繋の長さの減少ははじめパレートクラスA重量あるいはパレートクラスC容量である生産物およびクラスC価値投入物である生産物の場合に起る。何故ならばこれら二つのグループは輸送において不経済であるからである。いい換えれば、標準的連繋理論によれば、パレート低位価値-重量あるいは価値-容積比率生産物である生産物がJIT局地化政策の初期的焦点であり、他方パレート高位価値-重量あるいは価値-容積比率生産物である生産物はいかなるJIT局地化政策においても最後の投入物である。さらにいい換えれば、伝統的連繋分析はJIT局地化経済の発展に与えられる優先順序は個別投入物の生産物価値-重量あるいは価値-容積比率に逆向きに関連すべきであると示唆するであろう。他方、ここでのわれわれの議論は伝統的な立地理論および連繋分析はいかなるJIT局地化経済の発展を論じるにも不十分であり、またロジスティクス費用モデルがこのような目的にとっての唯一の適切な理論的方法論であるということなのである。これらの意味ではわれわれが第4章で見たように、いかなるJIT局地化経済の発展も配達束の大きさが減少させられたときの種々のロジスティクス費用成分の各々へのあらゆる「可視的」かつ「測定可能な」インパクトによって決定されるのである。もし企業が高位価値-重量あるいは価値-容積投入物を買い入れているならばわれわれの総ロジスティ

クス費用表現の定義からすればこのことの意味は在庫保持費用が総ロジスティクス費用の主要な成分であり、他方低位価値-重量あるいは価値-容積生産物を買い入れている企業にとっては、輸送費用が総ロジスティクス費用のはるかにより重要な成分であるということである。従ってパレート分析の原理をロジスティクス費用モデルと組み合せることによって、結論は高位価値-重量比率投入財を買い入れる企業にとっては、平均配達束の大きさが低下し平均配達頻度が増加するとともに、総体の可視的ロジスティクス費用を減少させる最速の方法はパレートクラスA価値の投入物の配達頻度の増加を通じて在庫の価値を減少させることである。可視的な費用効率性を維持する必要性は企業は彼等が直面する個別のロジスティクス費用パラメータのいずれの値の集合に対してもなおEOQ原理に基づいて計算された発送物を買い入れることを続けるということを意味する。パレートクラスA価値の投入物のEOQ発送の大きさを減少させるために、そのような投入物発送の地理的連繋の長さは減少させられるであろう。パレートクラスBおよびクラスCの投入物はその後にのみ、このような連繋局地化政策に従うであろう。かかる局地化政策の第2次的な焦点はまたパレートクラスAの容積投入物に当てられる。何故ならそれらは在庫保有費用に貢献するからである。しかしながら資本価値持越し費用はなお在庫縮小努力の主要な焦点である。何故ならそれらは短期的には主要な可変在庫費用成分であると見られ、他方空間および空間取扱い費用は短期固定間接費用と見られるからである。企業が低位価値-重量財を買い入れる交代的な状況にあっては、パレート分析とロジスティクス費用モデルの組合せはあらゆるJIT局地化政策の焦点は初期的にはパレートクラスA容積およびクラスA重量投入物であることを示唆する。

　JIT局地化連繋の発展パターンに関するロジスティクス費用結論ははるかにより特定的であるのみならず標準的な生産物価値-重量連繋分析の予測とはまったく異なるものである。さらにこれらの結論は、必要とされるフェイス・トゥ・フェイスの接触の頻度、および含意によって、コンサルタント技術者および生産促進要員によって時間期間当りに行われる企業間トリップの数が直接

的に投入生産物のパレート価値分類に比例するというのでなければ、第2章で論じられたような情報伝達の理由によるJIT局地化経済の可能な発展を指し示すものともまったく異なっている。しかしながら、そもそも何故これが成立つかという理論的理由はまったくない。われわれが第2章で見たように、問題解決は特定の企業で生産される生産物のトン当り価値にも総量にも必ずしも関連していない。従って個別顧客企業のパレート価値モデルが特定の顧客企業によって買い入れられる生産物の単位価値によってのみならずそれの生産関数によっても決定されるということを所与とすれば、パレート生産物-生産欠陥モデルはパレート価値偶然モデルと同意であるに過ぎない。われわれが各個別顧客企業にとっての投入物と供給者の全系列および顧客企業の全シリーズを扱っているとすれば、われわれは生産作業を調整するためのフェイス・トゥ・フェイス接触の必要性は、われわれがパレート分析とロジスティクス費用モデルを組み合せることから得た諸結論の正当性には影響しないと確信してよいのである。

5.5 展望と結論

集計的乗数理論とパレート分析および在庫回転分析の両方に基づいたミクロ経済的連繋接近法の組合せは、われわれに本書の分析目的のために必要とされる十分の実証的要請を決定する方法論的結論を与える。

移出基盤として適切に特性づけられ、かつその第1次移入性向が与えられた時間期間を通じて低下する地域的産業部門の場合には、地域乗数の増大が局地化のJIT経済性の発展によって生み出されたものかどうかを識別することが可能である。このことをなすためには、われわれはこの総部門的支出の重要な部分に対して、下請けの一定あるいは増加した水準という条件の下で個別企業の移入支出性向の低下がJIT購入政策の採用と同時に起った現象であるかどうかを実証的に証明しなければならない。ここでわれわれはJITを供給者の数の減少およびそれらの同じ個別企業による増加した在庫回転実績を包含するものと

して定義する。

この結論は第4章の理論的なロジスティクス-距離予測を実証的に評価しうるきわめて単純な方法を与える。しかしながら、地域経済学が典型的に直面する共通の問題は適切なデータの欠落である。このデータの利用可能性困難の頂点にあるものは地域の定義自体に問題があるということである（リチャードソン 1978 p.17～19）。しかしながら、地域の制度的、歴史的、地理的および計画上の定義の各々の意味では、われわれの実証分析の焦点として選ばれた地域的産業部門は上記で概説された理論的方法論的要請の各々を満すような部門である。スコットランドのエレクトロニクス産業はいかにも地域的移出基盤産業であり、かつこの特定の地域的産業部門は、この特定部門に関する大量の集計的部門データが実際利用可能であることにおいて通常とは異なる。エレクトロニクス産業一般として、それをここでの特定の実証分析の目的にとってとりわけ適当なものとする第2の重要な特性は、この産業によって買入れられかつ生産される生産物はそれが全産業部門の中でまさに最高位の価値／重量比率を持つ生産物であり、かつ総産業費用の中の輸送費用成分がほとんどすべての他の製造業部門よりもこの産業において低いということである。われわれが見たように典型的な伝統的連繋分析は、結果としてこのような産業は地方的地域連繋構造とはほとんどあるいはまったく関わりないし依存性を持たないであろうことを示唆するであろう。このことはこのような産業はおそらく情報獲得といった理由によることを除いては距離的な取引費用を、減少させるという理由で地域的な局地化経済を発展させることが最もありそうにない産業部門の一つであることを意味している。従ってこのような産業部門は、投入物の配達頻度の増大に結びついた輸送費用のあらゆる可能な増加に、多かれ少なかれまったく影響されないはずである。何故なら総産業費用への総体的インパクトは無視可能なものだからである。他方、ロジスティクス費用理論は、企業がその投入物配達の平均的な大きさをどこまでも減少させようと決定する限り、JIT地域的局地化経済の発展は、企業によって買入れられる、あるいは生産される生産物の価値-重量比率とは無関係に促進されるであろう。ただしこの発展の初期パター

ンは企業によって買入れられる生産物の価値-重量および価値-容積比率に依存するのであるが。従って、もしわれわれの観察がロジスティクス費用のそれらにまさに対応するならば、それはロジスティクス費用モデルの方が輸送費用と価値-重量比率の役割に基礎を置く伝統的モデルよりも産業立地と連繋についての一般的分析により適した手法であり、またJIT局地化効果は全体としての産業に適用可能であることの双方を示唆するものである。

　次章においてわれわれはこのような現象を実証的に観察するための最も適切な技法は線形-ロジットモデル化であることを見る。われわれは地域乗数インパクトの強さを測定することは試みない。何故ならばそれは、それ自身の権利において別のプロジェクトとなるからである。むしろ、われわれの意図は単に、JITロジスティクス作業をロジスティクス作業のより一般的な連続体の一つの特殊な極限の場合として扱って来た伝統的な立地理論および連繋分析の再定式化を通じてかかる現象の性格を説明しようとすることなのである。

第6章 実証的研究：
スコットランドのエレクトロニクス産業

6.1 序論

　本章の目的は第4章においての理論的予測を検証するために、特定の地域産業の実例に統計学的モデルを当てはめることである。第5章ではJIT購入政策の採用の局地化経済インパクトのロジスティクス費用予測を識別するために必要とされるマクロおよびミクロ経済データが示唆された。そしてここでの分析のために選ばれた産業ケーススタディは1980年代後半においてのスコットランドのエレクトロニクス産業である。われわれの目的のためにスコットランド全体は連合王国の一地域として扱われる。この規定はスコットランドの地理的境界は明確に規定されるので、直截的である。さらにいえば、これは中央統計局(Central Statistical Office)によって採用されている接近法であり、国としてのスコットランドについて刊行されているデータをわれわれの目的にとっての地域経済データとして扱うことを可能とする。この第2次刊行データは第1次データが収集された背景を提供するのみならず、第5章の要請を満たすためにどのような種類の第1次データを得ることが必要であるかをもおおむね決定するものである。従って、われわれが採用されるべき特定の統計学的モデルを論ずる前にまず利用可能な第2次データを論ずることが必要であり、このデータを意味あるものとするために、当該ケーススタディの簡単な背景から始めることにしよう。

6.2 スコットランドのエレクトロニクス産業の背景

　スコットランドの中央ベルト内へのエレクトロニクス企業の集中はしばしば、より大きくより有名な「シリコンバレイ」として知られるカリフォルニアへのエレクトロニクス企業の群生を意識して「シリコングレン」として知られるものへと発展して来た（スコット　1988；サクセニアン　1994）。第6.1図よりわれわれはこのハイテク企業集積の地理的範囲は大まかにダンディー、エジンバラ、グラスゴーおよびアイルの町々によって境界づけられていることを知る。この地区はスコットランドの伝統的産業ベルトであるものと一致している。ただし過去においては工業雇用および産出の形で重機械、繊維、および造船によって支配されていたものが1980年代の末までにはSEIがスコットランドの工業および商業産出額[1]（スコットランド・ビジネスインサイダー　1992年7月）総額の6％が世界のパソコンの10％をスコットランドが生産することによって説明されるとする程度まで、エレクトロニクス部門によって今や置き換えられている（スコットランド・オフィス1994，1995，1996，1997）[2]。SEIの投入‐産出連繋構造は図の助けを借りて叙述することができる（第6.2図）。1990年代の初めにSEIは分析上の目的により三つの異なる企業グループに分割しうる337の工場から構成されていた[3]。第1の、かつ雇用、付加価値および売上げの意味で卓越して最大のグループは約40の大きな本来の設備製造業者（OEM）であり、それらはほとんどすべてスコットランド外部の顧客、連合王国内の他の地域あるいは他の国や産業、家計および公的な顧客への販売のために最終生産物を生産している。これらの企業の多くはきわめて大きく、200人から3,000

---

1. すなわち830億ポンドのスコットランド産出額のうち50億ポンドのSEI産出額（SDA/SE　エレクトロニクス調査）。
2. スコットランド統計公報J 1.1, J 1.2, J 1.3およびC 1.7。
3. "スコットランド1991のエレクトロニクスおよび支援会社"。スコットランド企業局。

第6章 実証的研究：スコットランドのエレクトロニクス産業　227

第6.1図　スコットランド　エレクトロニクス産業の立地

人の雇用という種々の規模を持ち、かつこのグループはデータ処理および防衛システム製造業によって支配されている。これらの企業は成分投入物および下位組立て部品を地方的地域内、すなわち第6.2図の投入物連繋EGD、およびスコットランド地域の外、すなわち連繋Mの両方から買入れる。企業の第2のグループは大きな供給サービス企業である。このグループは従業員200ないし900の約25の中〜大規模の企業により構成され、それらは地方的OEMおよび他の連合王国および海外地域の産業的顧客の両方のために高水準の技術に洗練されたかつ複雑な下請け下組立てのあるいは部品製造作業を行っている。いい換えれば、この企業グループの産出物は部分的には地方的供給連繋、すな

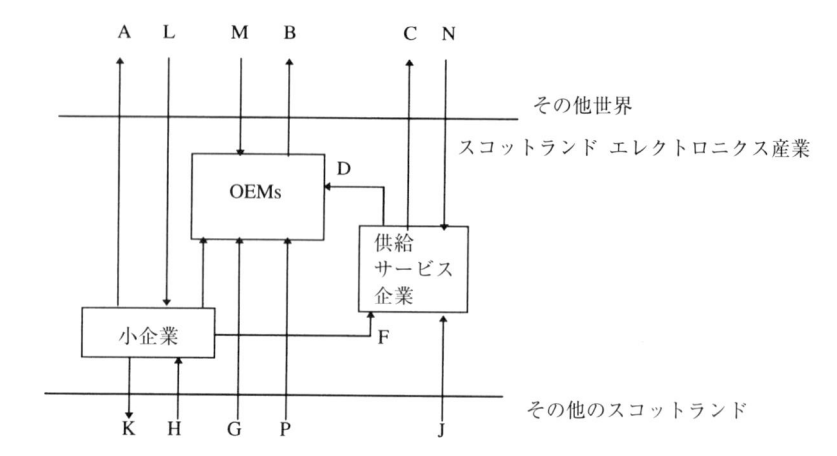

```
        A   L   M   B       C   N
        ↑   ↑   ↑   ↑       ↑   ↑
        │   │   │   │       │   │
────────┼───┼───┼───┼───────┼───┼──────  その他世界
        │   │   │   │       │   │      スコットランド エレクトロニクス産業
        │ ┌─┴───┴─┐ │       │   │
        │ │       │ │  D    │   │
        │ │ OEMs  ├─┼──→┌───┴─┐ │
        │ │       │ │   │供給 │ │
        │ └───┬───┘ │   │サービス│
        │     │     │   │企業 │ │
      ┌─┴─┐   │     │   └──┬──┘ │
      │小企業│←──────────────┘F   │
      └┬─┬┘                      │
       │ │                       │
───────┼─┼──────┼───┼────────────┼──  その他のスコットランド
       ↓ ↑      ↓   ↓            ↓
       K H      G   P            J
```

第6.2図　スコットランド　エレクトロニクス産業の投入-産出構造

わち第6.2図の連繋Dであるとともに部分的には地域的輸出成分、すなわち連繋Cであることで同時に特徴づけられている。これらの企業は投入物成分を地域外の企業より買い入れる、すなわち連繋N、またスコットランド地域内の非エレクトロニクス産業部門からも買い入れる、すなわち連繋J、そして最後にSEI内部の企業の最後の主要なグループ、すなわち小さいエレクトロニクス企業部門からも買い入れる：連繋F。これらは従業員200以下の企業から成り立っている。この最後のグループはSEI内の企業の大多数から成り立つが、雇用、産出、投資および支出の意味ではその貢献度はごく小さいものである。この最後の部門それ自体は他の地方的産業部門、すなわち連繋H、および地域外の産業部門、すなわち連繋Lの両方から投入物を買い入れる。そしてこの小企業部門は地方的な非エレクトロニクス産業および家計消費者、すなわち連繋K、地域外の消費者、すなわち連繋A、地方的エレクトロニクスOEM、すなわち連繋E、そして最後に地方的エレクトロニクスサービス企業、すなわち連繋F、以上への産出物を生産する。

　われわれが第2章で見たように、個別的な産業の空間的集中の発展の立地的な理由は、常にある程度まで事例ごとに異なる。しかしながら集積の理論が示

第 6 章　実証的研究：スコットランドのエレクトロニクス産業

唆するところでは異なる個別の空間的成長過程の間には一般になおある種共通の説明上の連関がある。しかしながら、ホウグ（1986）の発見が示すようにスコットランドのエレクトロニクス産業（以下短縮のために SEI と記す）の成長過程は他の四つの日本以外のエレクトロニクス基盤の産業集中、すなわち 'シリコンバレイ'、'ルート 128 ボストン'、'シリコンフェン'、および 'M 4 回廊' のそれとは定性的に異なるものである（カステルスおよびホール　1994）。後者のハイテク集積の各々の成長の主要な推進要因は研究開発プロジェクトへの政府支出および大学と産業のパートナーシップであるとともに、スピン-オフに資金を与えるベンチャー資本の地方的な利用可能性と高い資質を持つ従業員を惹きつけ維持しうるのに必要なすぐれた地方的生活環境などであった。スコットランドの場合には、'シリコングレン' ははじめ合衆国所有の多国籍エレクトロニクス企業のヨーロッパ生産拠点として成長した。そして中心的ヨーロッパ市場との関係ではスコットランドの周辺的立地性は労働および土地の費用が安いことである程度相殺されたけれども、SEI 成長の背後にある決定的な立地要因はこれらの企業にとって利用可能であった中央および地域的政府による資金的動機の一括セットであったように思われる。

　スコットランドのエレクトロニクス製造業の歴史は第二次世界大戦末まで遡る。1943 年にマンチェスターに基盤を置く企業フェランティ Ltd. がエジンバラの用地にエレクトロニクス資本財の生産を確立した。大戦終了後、"スコットランドの交易産業および商業の水準を引き上げる・・・" ために設立されたスコットランド審議会（開発および産業）が "戦後のスコットランド産業状況において絶望的に不在である技術の移転に影響する最も現実的な方法の一つとして・・・" 地域外で所有されている製造業成長部門をしてスコットランド内に工場を設立することを勧奨することを始めた（マクダーモット　1979 p.292）。1940 年代および 1950 年代の間、この政策は多数のエレクトロニクス製造業者をして軍事および民生市場の両方に対しての財を生産するための操業を設定することへと導いた。これらの企業の中で最も重要なのは IBM であった。IBM (UK) はグリーノックのバッティリパークに創設された。7,000 平方フィートの

空間にちょうど10人の従業員が働く形で、この用地ではタイプライター、キーパンチャー、検定器、およびソーターを連合王国市場向けに組み立てる設備が置かれた。1954年までに、従業員の人数は250人に達しそれは会社がグリーノックのスパンゴバレーにその目的のために建てられた工場をスコットランド産業用地法人(これはスコットランド開発局の先駆者であるが)から賃借する形であった。1958までにIBMはその用地を購入した。1980年代末にはそれは2,500人の従業員をこの地に擁し、それを当時6,000人を雇用していたフェランティに次ぐ第2位のスコットランドエレクトロニクス雇用者となっていた。ただしIBMはSEI全体の総産出の38%を担っていた(スコットランドビジネスインサイダー Vol.9, No.1, 1992年1月、SDA／SEエレクトロニクスデータベース 1990)。

スコットランド内のエレクトロニクス基盤の外国直接投資を奨励する政策は孤立して追求されていたわけではない。1950年代の間には供給省はSEI内での内生的成長および開発を推進する図式を組織した。この公共投資に導かれたプロジェクトの特定の目標は従ってスコットランド所有のエレクトロニクス部門内での技術の規模と水準を増大させることであった。スコットランド事務所およびスコットランド審議会と横並びで、供給省はフェランティ Ltd. にあるR&D契約を付与し、同社はさらにこれらのプロジェクトの一部分を土着の電気的および工学的企業へと下請けに出した。これらのプロジェクトの背景にある理論的根拠は土着の下請け業者はエレクトロニクス産業の新しい技術と熟練を取り入れることができ、その後彼等自身の伝統的産業分野にそれらを適合させ、そのことによっていっそうのスコットランド成長の誘因を生み出すということである。技術移転実験はごく限られた成功しか収めていない(バーンズおよびストーカー 1961)。そしてその理由は土着の企業の組織構造および文化が、安定的な地域市場環境の需要に適合しており、市場中心が動的であるとともに国際的である新しい急速に発展する技術の採用および革新には適していないことにある。内生的技術の成長が実際に外国所有の多国籍企業の存在によって妨害されてきたことを示唆するはっきりした証拠はないけれども、1973年

までの結果は SEI 内の推定 42,700 人の従業員の 9% だけがスコットランド所有の事業所で雇用されており、さらに 36% のみがイギリス所有の事業所で雇用されている（マクダーモット　1979 p.292～303）。1970 年代および 80 年代の間、スコットランド開発局（SDA）のスコットランド内立地（LIS）部局の戦略的接近法はエレクトロニクス産業内の外国所有ハイテク会社の流入を奨励するスコットランド政策を継続した。1990 年代のはじめ、SEI がその主要な成分である電気および器械工学産業はスコットランド内に立地したすべての海外所有工場のほとんど 1/4 を占めており、かつこれらの企業の総雇用の 36% を占めていた（スコットランド統計年報 A 3.3　1990 年 8 月）。1994 年までに海外企業は総体のスコットランド製造業雇用の 65% を占めていた（スコットランド統計年報 C 1.7　1996 年）。

6.3　産出および雇用のデータソース

　エレクトロニクスはそれ自身では標準産業分類（SIC）の分類産業ではない。1996 年まではそれらはむしろ 1980 年標準産業分類においての"電気および器械工学"の下位グループであった。1997 年からそれは"電気および光学技術"分類へと改訂された。SEI についての公式の時系列データは主としてスコットランド産業省（IDS）の地域データシステム（RDS）より得られる。これは 1980 年代は雇用省、企業統計事務所、スコットランド開発局を含むいくつかの源泉からのデータより成り立つ。また 1991 年以後はそれを引き継ぐ代替組織'スコットランド企業局'のデータとなる。このデータシステムは従業員 11 人あるいはそれ以上の工場についての年次情報を保持し、かつ従業員 11 人以下の企業の産出および雇用への貢献を推定するためには ACOP からのデータを用いる。最新の SIC 分類は 1992 年からであるが最も歴史的なデータはなお SIC の 1980 年型の形になっている。これらの意味でスコットランド事務所のスコットランドに関する教育および産業省（EIDS）はエレクトロニクス産業を次の 10 個（1980 年　SIC）の活動標題によって定義している：

エレクトロニクスデータ処理設備

3302 エレクトロニクスデータ処理設備

エレクトロニクス部品

3444 活性部品以外の部品

3453 活性部品およびエレクトロニクス下位組立て

エレクトロニクス器械技術

3710 計測、検査および精密器械および装置

3732 光学精密器械

その他のエレクトロニクス

3433 警報および信号設備

3441 電報および電話設置および設備

3442 電気器械および制御システム

3443 ラジオおよびエレクトロニクス資本財

3454 エレクトロニクス消費財およびその他ほかで規定されていないエレクトロニクス設備

　RDS統計とは別に、SEI内の雇用に関する情報の他の源泉もある。これらの他の源泉は雇用センサス(CoE)および技術産業訓練部(EITB)である。EITBはエレクトロニクス産業を定義するのに1980年SIC分類とは異なる活動標題のグループを用いている。それはエレクトロニクスの定義において活動標題3433, 3710および3732を含んでいないが、他方活動標題3301事務機械および3452グラモフォンレコードおよび録音済みテープを含んでいる。この定義上の違いはかなり重要である。1985年のSEI内雇用のRDS推定は43,800人であったが、他方EITB推定は39,700人であった。しかしながら、EITB推定がエレクトロニクス産業のRDS定義を考慮に入れて修正されるならば、1985年雇用推定は1000人以下の違いしかない(スコットランド統計年報C 2.1. 1986年9月, p.5)。これと同じく、雇用センサス統計は、事後的には、真の雇用水準を2000人程度少なめに見ている。このことの理由は後者は3年置きに実行され、刊行されたデータは新規開業と再分類を考慮するように更新されていないからである。

第6章　実証的研究：スコットランドのエレクトロニクス産業　233

さらにまた RDS 分類と 1989 年スコットランド投入-産出表を構成するのに用いられた分類との間にはごくわずかの定義的差異がある(ジャクソンおよびパテル　1996)。これはエレクトロニクス革命はかなり最近の現象であるのみでなく産業そのものの性格も絶えず変化するという事実を反映している。活動分類による RDS、CoE、および EITB 定義のいずれも半導体を明示的に含んでいない。それは厳密には化学産業あるいは事務機械である。しかしながら、これらの特定産業の性質はあまりにも変化したので、現在ではこれら特定グループはそれぞれデータ処理設備およびエレクトロニクス部品グループの一部分として取り扱われている。

　地域データシステムによれば、世界的なエレクトロニクス市場が景気後退であった 1986 年を別として、1978 年から 1990 年の間の SEI は年平均 15% の産出量成長を経験した。1989～1990 年の産業景気後退期間中の一定産出量期間ののち、それは 1990 年代の前半においてほぼ年平均 30% の産出量成長における高潮が続いた。SEI 内部でのこれらの一般的趨勢は 1990 年代を通じて継続し、1986 年と 1994 年の間 SEI 全体にとって産出量は年平均 14% で上昇し、その中心はデータ処理設備およびエレクトロニクス部品部門での 20% を越える成長であった(スコットランド統計年表 C 1.7　1996)。総体の地域製造業経済に対しての SEI の相対的重要性は、1990 年に至る 10 年の間スコットランド製造業は 20% をわずかに下廻る上昇であったが、もし SEI による貢献を含めなければ、この数字はゼロであったと思われる(スコットランド統計年報 C 1.4　1991 年 9 月)という事実から推測できよう。同様に 1986 年と 1994 年の間にスコットランドの製造業総産出は 22% で成長したが、もし SEI がなければこれは－1% であったであろう(スコットランド統計年報 C 1.7　1996)。しかしながら、同じ期間、産出水準の莫大な増加は雇用水準の同等な増加をともなうものではなかった。約 46,000 人の従業員によって、SEI は 1994 年のスコットランド製造業の総雇用の 14% を占めていたが、その前 10 年において雇用成率はわずか 11% であり、1989 年以後はわずかながら減少することとなったがこれは主として既存の工場の拡張による莫大な生産性向上によるものである。SEI は

他のスコットランド製造業部門よりほぼ4倍も大きい生産性向上を経験した（スコットランド統計年報 C 1.7　1996）。

　SEI 内部では、しかしながら、種々の産業下位部門の間で劇的な差異があった。最速成長部門はデータ処理設備およびエレクトロニクス部品であった。1980～1990 年の期間にわたってデータ処理設備の産出は実質年平均で約 30％ の上昇率であった（スコットランド統計年報 C 1.4.　1991 年 9 月）、かつ 1986 年から 1994 年の間では平均 22.1％ であった（スコットランド統計年報 C 1.7　1996）。同じ二つの期間について、エレクトロニクス部品は各々年あたり 10.1％ および 22.7％ の上昇であった。他のエレクトロニクス部門は 85.6％ 上昇したが、エレクトロニクス器械工学の産出は 13.1％ の上昇であった。1987 年と 1990 年の間には主として連合王国所有であった二つの部門、器械工学およびその他エレクトロニクスの両方ではわずかながら産出の低下があった。これは主として公共的防衛支出の切り下げによって惹き起されたものであり、それはスコットランド防衛エレクトロニクス製造業への産出物発注を減少させた（スコットランド統計年報 C 1.3.　1990 年 3 月）。1990 年代にはその他エレクトロニクスは見通しが好転したがエレクトロニクス器械工学は 1980 年代半ばに到達した産出水準にも達しなかった（スコットランド統計年報 C 1.7　1996）。

　雇用インパクトもまた異なる下位部門に関してきわめてまちまちであった。1979 年から 1989 年までの間エレクトロニクスデータ処理は雇用において 67％ の増加を到達し、エレクトロニクス部品は 19.6％ の雇用増加を示した。他方その他エレクトロニクスと器械工学はそれぞれ 3％ および 26％ の総雇用減少を見た。しかしながら、1990 年代にはある種の変化が起りエレクトロニクスデータ処理の雇用は引き続き成長したが、エレクトロニクス部品はずっと速い率で成長した。1994 年までにエレクトロニクス部品の雇用は最大部門であるその他エレクトロニクスにごく近いものとなった。ここでもエレクトロニクス器械工学の雇用は低下し続けた。この間、投資の面では、SEI の純資本支出は、1987 年および 1991～1992 年の景気後退年があったにも関わらず、1978～1994 年の間に成長した。エレクトロニクス産業、とりわけ外国所有の企業は、他の

スコットランド製造業部門よりも、その収益のより高い比率を投資する。その結果エレクトロニクス部門に帰せられるべき総スコットランド製造業の純資本支出は 1993 年までに 25% に達した。この間、1979 年と 1989 年の間に 10 人以上雇用している工場の変化成分の意味では、工場の総資本ストックは 49% 増加した（スコットランド統計年報 C 1.4．1991）。平均工場規模はわずかに減少し（スコットランド統計年報 C 1.3　1990）、他方 1984～1994 年の期間中に総資本ストックは 1% のみの増加であり、その結果平均工場規模はわずかに増加した（スコットランド統計年報 C 1.7　1996）。

6.4　地域交易のデータソース

　既にわれわれが見たように、1980 年代は SEI の変質の期間であった。この変化が同産業の総体的地域間交易パターンにいかに影響したかを評価するためには、われわれはこの期間を通じての地域投入-産出構造の変化を見ることができる。スコットランドについての包括的な投入-産出表は 1979 年および 1989 年について作成された（スコットランド事務所　1984, 1994）。しかしながら、これらの二つの表の間での直接的な比較はかなりの注意をともなって行われなければならない。このことは、二組の表に関して用いられた産業分類が少し異なるという理由によってだけではなく、この期間を通じてエレクトロニクスの性格が大きく変化した結果、以前はエレクトロニクス企業として考えられていなかった多数の企業、例えば半導体基盤の活動がその後エレクトロニクスとして再分類されるようになったからでもある。このことに留意しつつ、もしわれわれが投入-産出の分類方式を用いるならば、われわれはスコットランド製造業からの購入財についての SEI 支出の比率はこの期間を通じてそれぞれ 570.5 百万ポンドおよび 3,747 百万ポンドの総経常支出のうちの 10% から 12% へとごくわずか増加したのみである（テューロク　1997）。他方、もしわれわれが 1979 年におけるエレクトロニクスのスコットランド事務所による定義を用いてこれを 1989 年の投入-産出定義と比較するならば、われわれはスコットラン

ド製造業に帰せられるべき購入財への支出の比率は経常価格においての488.85百万ポンドの総支出水準のうちの7%の値から増加したころになる(スコットランド統計年報 C 1.1 1986)。もしわれわれがこれらの計算の中に非製造業財およびサービスを含めるならば、スコットランド産業に帰せられるべき支出の比率は投入-産出分類方式を用いて1979年の28%から1989年の17%へと低下した。またスコットランド事務所によるエレクトロニクスの定義を用いるならば、27%ないし28%の一定水準にほぼ留っていた(スコットランド統計年報 C 1.1 1986)。しかしながら、これらの支出のあるものは他の連合王国地域への溢出ともなっているかも知れない。1979年を1989年と比較すればその他連合王国に帰せられるべき製造業財への支出の比率は投入-産出分類方式を用いるならば51.85%から53.55%へとごくわずか変化した。他方、もしわれわれが非製造業財およびサービスを含めるならば、支出比率は投入-産出分類方式を用いるならば41.6%から53.55%へと増加した(テューロク 1997)。また1979年のスコットランド事務所によるエレクトロニクスの定義を用いるならば39.6%から53.55%へと増加した(スコットランド統計年報 C 1.1 1986)。SEIの空間的支出パターンのこれらの変化の全体的地方連繋結果はスコットランドの所得および雇用の投入-産出乗数値(マッカン 1997)の1979年値(マックナイ 1984)から1989年値(アレキサンダーおよびホワイト 1994～95)への広汎な増加があったということである。

　われわれの目的にとって、この種の投入-産出データにともなう弱点は表の刊行が長い時間期間を隔てて行われるということである。スコットランドの投入-産出バランス表は1992年以来毎年刊行されているが1980年代半ばには定期的に更新された投入-産出データはまったく利用不可能であった。従って、この期間について、より短い時間尺度に関しSEI内の投入物連繋変化を調べるためには、比較目的でデータの交代的源泉を用いることが必要となる。そのようなデータ源泉はスコットランド開発局/スコットランド企業局(SDA/SE)エレクトロニクスデータベースであり1986年にはじめて刊行され、以後1988年と1990年に更新された。SDA/SEエレクトロニクスデータベースは産業内

第6章　実証的研究：スコットランドのエレクトロニクス産業　237

のすべての企業のクロス・セクション的調査によって構成されているが、ただしそれは生産年次センサス(ACOP)、SIC、投入-産出カテゴリーあるいはスコットランド事務所(EIDS)エレクトロニクスデータベースとは異なる定義基盤によって編集されている。"エレクトロニクス"企業のSDA/SE定義はその総売上げの50％以上をエレクトロニクス財の非店頭販売から得ているか、あるいはその所得の50％以上を特にエレクトロニクス専門技術の基盤においてエレクトロニクス企業へ供給したサービスによって得ているものである。同産業全体はさらに前者の'製造業'企業と後者の'供給者'企業に分割される。SEI会社はそれらの財売上げの総価値、およびそれらの労働あるいは資本といった生産要素サービスとは区別された部品投入物購入の総価値に関するデータの提供を求められる。さらに、これらの会社はそれらの産出物の行き先およびそれらの投入物の源泉の両方を価値比例的に地理的区域によって分解することを求められる。これらの地理的区域とはスコットランド、その他連合王国、EU、北アメリカ、日本、およびその他世界である。これらの総結果は次に総部門産出および総部門投入の価値を求めるだけではなく、同時に1986、1988および1990の各年についてそれらの総部門価値の地理的地域の値を求めるために単純集計される。SDA/SEと他の分類方式の間の定義の違いにも関わらず、1980年代半ばのSEI内の工場、事業所、算出および雇用の数についてSDA/SEデータベースで示唆された数字は、われわれに連続的に更新された数字を提供するEIDSデータベースによって示唆されるものとほとんど一致している。例えば、SDA/SEデータベースは1986年には従業員数50人以下のエレクトロニクス企業が210、250人以下のものが280と推定している。他方、EIDSデータベースはACOPを用いて1986年には従業員50人以下の企業が245、同じ年に200人以下のものが281と推定している。現実問題としては、これらの数字はどのような集計的推定値も互いにきわめて近いということを意味している。その理由は産業内の工場の大多数はごく小さく、その各々は集計された産業指数の微小な一部分として貢献するに過ぎないからである。このことは刊行されたデータ(スコットランド経済年報 No. 41. 1990年6月 p.21)から見ることができる。

そこでの推定によれば、従業員200人以下の281企業は1986年に全体として4,907人だけを雇用しているが、これはその年の総部門雇用のEIDS推定値の11.6%だけに帰せられるものである（スコットランド統計年報C 1.4　1991年9月）。他方281企業は1988年にSDAが推定した現存企業総数323の87%である。一方、EIDSの推定によれば、産業の中の最大5%の企業は総部門雇用の半分以上を占めている。従って集計的推定値の間の小さな乖離はすべて、大企業の分類においての乖離を観察することによって最も有効に分析される。その意味では、二つの大企業、ポラロイドとフラートンがあるが、それらはエレクトロニクスのSDA/SE定義には含まれてはいるがEIDS推定値には含まれていない。もしこれら2企業による貢献が1990年部門雇用のSDA/SE推定値から除かれるならば、両データベースの雇用推定値は47,000人で正確に一致する。

　同様に、産出に関して1986年SDAサーベイは産業産出の集計された粗産出価値、すなわち第6.2図の連繋A、E、F、D、C、BおよびKおよびPが経常価格で2,800百万ポンドであると推定した。その11%のみがスコットランド内部の産業および家計への販売のための生産物であった。1987年の後半に実行された研究に基づいて1988年に出版されたSEIの更新されたSDA調査は産業産出の総粗産出価値は経常価格で3,600百万ポンドであったと推定した。そのうち7%のみの生産物がスコットランドの産業および家計消費者向けであった。これらの数字はおおむね正確であると仮定しうるし、われわれはそれらを製造業輸出のスコットランド審議会（開発および産業）SCDI調査によって生み出されたものと比較することができる。後者は1986年と1987年にSIC分類による"事務機械およびデータ処理"および"電気およびエレクトロニクス工学"部門の国際輸出は経常価格で1,893.9百万ポンドおよび2,535.4百万ポンドであるとした。対応するSDA推定値は各々1,568百万ポンドおよび2,394百万ポンドである。従って、もしわれわれが1986年推定値の乖離、すなわち3,225.9百万ポンドは非エレクトロニクス電気工学企業の輸出貢献に帰せられるべきものとするならば、そしてさらにこの数字に1986～1987年のインフレ率3.9%を乗ずるならば、われわれは2,197.1百万ポンドという数字に達する。しかし

第 6 章　実証的研究：スコットランドのエレクトロニクス産業　239

ながら、エレクトロニクスを含む全体的な SIC 分類 "事務機械およびデータ処理" および "電気およびエレクトロニクス工学" は 1986 年と 1987 年の間に 13.4％ 上昇したけれども（スコットランド経済年報 No.43　1991 年 6 月 p.62〜63)、そのエレクトロニクス成分は 18.9％ 上昇した。このことは全体的 SIC 分類 "事務機械およびデータ処理" および "電気およびエレクトロニクス工学" の国際輸出の SCDI 推定値の非エレクトロニクス成分は 10.62％ だけ低下したことを意味する。従って、2,535 百万ポンドから 306 百万ポンドを差し引くことが必要であり、その結果は 2,229 百万ポンドを与える。この推定値はなお SCDI 推定値より 165 百万ポンド少ない。しかしこれは二つの推定値の間の乖離は総部門産出の 4％ にしか当らないことを意味する。後者は総産出の 66％ の範囲にある。このことはパーセント表示の地方的地域販売の数字に含まれる誤差は本当にごく小さいことをも意味する。何故ならばかかる SDA 推定値は総産出のパーセントとして与えられるのみならず、観察された地域比率はパーセント点の 1 桁数字の形であるからである。第 3 次スコットランドエレクトロニクス産業の調査が SDA によって 1990 年の第 1 四半期に実行され 1990 年のスコットランド企業局目録『スコットランドのエレクトロニクスおよび支援会社 1991』に部分的に刊行されたとき、それは産業内の 337 の工場が 50 億ポンドほどの全体産出を生産したと推定した。この産出の数字はそれ自身さらに二つの成分に分解された。すなわち 79％ の生産物（すなわち 3,985 百万ポンド）および 19.8％ のサービス（すなわち 990 百万ポンド）であり、ここで定義的な意味では "サービス" は非エレクトロニクスサービス部門というより産業内の主要な部品製造業、下請けおよび下請け組立て企業を表している。このデータより、また EIDS 加重値（1985 年価格によって加重）を用いて、1987 年の部門産出の推定値（すなわち 1988 年 SDA 調査）は $113.1/153.6 \times 5,000 = £3,681$ 百万ポンドとして与えられる。これは明らかに SDA 推定値と整合的である。交代的に、もしわれわれが 1986 年 EIDS 推定値を提供するために同じ手続きを用いるならば、われわれは $94.8/153.6 \times £5,000 = 3,085$ 百万ポンドという数字に到達する。これは対応する SDA 推定値よりも 285 百万ポンド大きい。しかし

ながら、1986年の調査はエレクトロニクス産業の大規模および中規模企業部門のみをカバーしており、反面1988年および1990年調査はその範囲においてはるかに悉皆的であった。もしわれわれがSDA 1986年産出推定に1986年の小規模企業部門の産出を加えるならば、われわれは2,989百万ポンドという数字に達する。従ってこれらの推定値はすべて、大まかには整合的である。

産出の数字は明らかにSEI全体としての地域移出基盤としての性格を示唆している。しかしながらより重要なことは、SDAの雇用および産出数字とEIDSおよびSCDIのそれらとの一致はわれわれがデータ構築においての定義上の差異を考慮している限り、SDA/SEデータベースを1980年代の特定の時点においてSEI内で普及していた状況と構造のかなり正確な反映であるとして扱うことが可能であるということを意味している。地域的投入物連繋というわれわれの主題に立ち帰れば、1986年および1988年のSDA調査によりSEIによってスコットランド内に立地している企業から購入された投入物の比率はこの期間中に12%から15%へと増加したことが知られる。他方、未刊行のSDAデータもまたこの比率的上昇は購入物へのSEI支出総価値の経常価格において1986年の1,600百万ポンドから1987年の1,900百万ポンドへの増加をともなっていたことを示している。このことはSEIの地方的地域投入連繋の集計的な価値、すなわち第6.2図の連繋E、D、H、GおよびJはこの時間期間において192百万ポンドから285百万ポンドへと増加したことを示唆している。第5章で述べられたスウェールズ(1975)の方法論を用いてわれわれは1986年および1987年(1988 SDA調査)の移入性向をそれぞれ0.5028および0.4486と計算することができる。この調査はその後1990年に更新されたが、この調査の完全な結果はついに刊行されることがなかった。そのことの主たる理由はSDAの"スコットランド企業局"への再編成によって課された職員数の制約であったが同時に過去の二つの調査を実行した以前のSDAエレクトロニクス部局がそれ自体としては存在しなくなり"スコットランド企業局"組織の新しい"先端技術"部門の一部になってしまったためでもある。この調査は1990年の総部門年支出は2,800百万ポンドでそのうち地方的支出のパーセントは12

%であると推定した(スコットランド企業局　1991年未刊行データ)。しかしながら、1986年および1988年の調査結果は、それらのサンプルは産業全体の相当の比率となっていた故に信頼できるものであったが(テューロク　1993)、1990年推定値は用いられた購入データが約1,600百万ポンドの総計となるわずか35企業よりのものであり、実際のパーセンテージ分解はわずか645百万ドルの支出の総下位サンプルに基づくものであった故にあまり信頼できない。一方、SDAのエレクトロニクス部局がSEI全体についての調査を行っていたちょうど同じ時に、SDAの供給者開発部門(SDD)はそれ自身の詳細な産業内の主要なOEMのクロス・セクション的調査に着手していた。この調査によってこれらの企業の地方的支出成分の集計的な平均値は21.5%であることが知られた。ただしこの推定値および総部門支出の推定値2,500百万ポンドは1,221百万ポンドの総支出値をカバーする調査から生み出されたのに過ぎない(未刊行のSE/SDDデータ)[4]。1987〜1990年の期間についてのSEI投入物連繋の展開に関する証拠はどちらかといえば矛盾を含んでいる。

6.5　産業実績の評価

　外国からの直接投資の定性的側面を予測することはきわめて困難なので、外国からの投資を促進することのスコットランドの政策は必然的に雇用創出という短期的見通しに基づくものとなり、長期的な成長インパクトの発生は附随的な希望であった(フード、リーブスおよびヤング　1981)。しかしながら、いかなる政策論議についてもそうであるように、プロジェクトの完全な評価はプロジェクトの目標がどの程度実現されたと思われるかに依存するのみではなく(ワノップ　1984；ガリバー　1984；フード　1991)、何よりも政策の設計の背後にある理論的な理由づけの正当性にも依存している。SEIの場合、外国所有のエレクトロニクス製造業の地域内立地を勧奨するという公共政策を支えて

　4．エンジニアリング・マガジン1990.9。スコットランド・オン・サンデイ1991.1.6；グラスゴウ・ヘラルド1990.11.27。

いる理論的根拠は事業経営者および政府関係者の間で「臨界量」理論として知られていたものに基づいている。この理論は SEI の成長は四つの区別された局面よって特性づけられるという仮説を立てる(ホウグ 1986, p.104)。これらの局面の第1は将来の拡大を見通してヨーロッパ市場に足場を確立するための、合衆国企業による組立て生産作業のスコットランドでの設立である。これらの工場は一般に「ねじ回し」工場と呼ばれた。何故ならその主要な役割は、キットの形で輸入された合衆国製の部品を組み立てることであったからである。その意味で地方的な外生乗数インパクトは最小水準であった。この「臨界量」理論の仮説的第2局面は企業がその市場シェアを発展させるとともに設立された工場内での雇用および産出の拡大である。この理論過程の第3および第4の仮説的な局面はスコットランド内においての R&D 施設の立地および展開として、さらに関係する技術者による企業としてのスピン-オフの成長として特性づけられる。このことは、ひとたび十分な数のエレクトロニクス会社がスコットランドに誘致されるならば産業は自己永続的になるであろうということを意味する。より多くの外国会社が誘引されたのではなく同地に設立され、一方土着的なイギリスの会社がそれらに供給するために湧き出て、また管理職者のチームが彼等自身の操業を設立するために多国籍企業を去るであろう(バクストン 1991)。

　第1の局面はほぼ30年の期間にわたって起った。他方成長の第2局面は最近の20年間に厖大な産出および技術的投資の拡大に結果した。「臨界量」理論によって特性づけられる第3の区別された成長過程は地方的な地域投入物購入連繋の発展である。この概念はスコットランド内でのエレクトロニクス部門の存在と成長はそれ自体外部的に所有されたエレクトロニクス企業がより多く地方的に生産され投入財、特別に訓練された労働力および土着のスピン-オフサービス企業の仮説的なネットワークの利点を得るためにスコットランドに立地することを促進する。しかしながら、多国籍企業はしばしば高度の中心的な企業統制を持つ。すなわちすべての重大な決定作成および R&D 活動は企業の本部においてあるいはそれに近い所で行われる。生産物デザインは自国内で生

第6章　実証的研究：スコットランドのエレクトロニクス産業　243

産される生産物に体化した技術を明示的に考慮し、海外の部品投入物を特定の特別技術を必要としない標準的な'棚から取り出す'部品に限定する。もしスコットランド内の流入エレクトロニクス企業がそのような組織的構造を持っているならば、地方的連繋を発展させる機会はきびしく制約される。さらにまたもしそのような工場が主としてキット組立て型の操業であるならば、'作業学習'（learning by doing）の機会、およびその結果としてのスピン-オフ発生は最小となるであろう。従って、補助的工場の購入決定の自律性が地方的連繋の発展があるか否かの主要な要因となる。しかしながら、1988年までに、ヤング、フードおよびダンロップは楽観主義のある理由を見出した。彼等の研究はスコットランド内に立地する外国所有の工場の1/3は生産物の専門家へと発展し、それにより個別生産物の生産に関するすべての戦略的決定は多かれ少なかれ親企業とは独立にスコットランド内で行われた。

　もし外国企業の流入がより多くの地方的スコットランド人の従業員が専門家としてのエレクトロニクス生産技術について訓練されることとなるならば、そのことはかかる従業員が彼等の親企業を去って彼等自身の土着の地方的エレクトロニクス企業を設立することを促進するであろう。これが「臨界量」理論の第4の局面である。この仮定の唯一の空間的側面は、企業はそれの創業者が既に住んでいるところに設立される傾向があるということである。もしこの結果スピン-オフした企業が親企業に供給せずむしろ他の地域に供給するとすれば、その結果としての外部連繋の数の増加は、主として'作業学習'の過程に基づく地域的移出基盤の増加として特性づけられうる。もしこのようなスピン-オフ企業の成功した発生がこの方式で続くとすれば、地域的エレクトロニクス部門により経験された技術的進歩機能の結果はスコットランドによる所有の部門的比率の上昇をもともなうであろう。しかしながら、もしスピン-オフした企業が小さければ、部門の所有関係のパターンに目につくほどの差異が認められるには長い時間がかかるであろう。もしスピン-オフ企業がR&Dあるいはコンサルタント事業所であり、それらが流入した生産企業に明示的にサービスを提供しているのであれば、そもそもそれらが設立される理由は生産企業が仕事

を下請けに出す方が、そのような仕事を'自社内'で実行するよりも安上りであることを見出したからであろう。これらの企業の地方的立地という意味では、彼等の立地行動は、第2章で概説されたようにある種のサービス部門あるいは競争的な下請け部門についてのそれと同一であろう。しかしながら、外国所有の企業の場合には、そしてとりわけエレクトロニクスような'先端'技術の場合にはこれはきわめて疑問のある仮定である。何故ならばかかる企業が情報を内部化する必要は R&D 活動のほとんど大部分は母国によって実行され、そのことによりそのような地方的なスピン-オフ企業の発展への見通しを制約することを意味する。

「臨界量」成長過程の第3の仮説的局面が、断片的な形でではあるが、はじまっていることを示唆する証拠が多少ある(ホウグ 1986；ホウグ、フードおよびヤング 1983)。それは多国籍企業が地方的なヨーロッパの経済環境に適応しようとする試みとしてである。1976年にはスコットランド内のどの外国所有の工場も R&D 活動は一切持っていなかった(フードおよびヤング 1976)。1985年には、SEI 内の13%の従業員は R&D 活動に携わっていた。1989年に、SDA はスコットランドの海外企業の43%が何らかの地方的 R&D 活動をしていることを見出した、かつこの数字のうちの44%はスコットランドにおいての R&D 活動を増加させていた。1990年に至ってスコットランド企業局はスコットランドの中の海外所有企業の50%以上が何らかの地方的 R&D を開始し、その数字のうちの約54%はそれらの活動を増加させていた。どちらの場合も、これらの数字はエレクトロニクス産業によって支配されていた。さらに、アメリカの工場においての R&D 従業員の比率は連合王国工場においてのそれよりも低かったが(ホウグ 1986；ホウグ、フードおよびヤング 1983)、外国所有の企業は規模においてはるかに大きいという事実はそれらの部門 R&D に対する全体的貢献はずっと大きいことを意味している。「臨界量」成長過程の第4の仮説的局面、すなわちスピン-オフ過程の意味では、ローダイムおよびミムテックのように、土着のスピン-オフ企業が創設されその後それ自身の権利において SEI への主要な貢献者となったいくつかの重要事例がある。しか

第 6 章　実証的研究：スコットランドのエレクトロニクス産業　245

しながら、1980年代および1990年代では産業内の最も土着的企業はなお従業員50人以下のきわめて小さいものであった(SDA/SE 調査　1988, 1990)。

　もし SEI の発展を促進する公共政策を判断するための規準が部門の土着的地域的所有が成長した程度であるとすれば、明らかにこの政策の成功には疑問の余地がある。ただし政策の雇用に対する有用なインパクトは一般に明白ではあるが。1978年と1989年の間で、SEI の中で連合王国所有の工場に雇用されていた従業員の部門的比率は58.4%から48.0%へと減少した。この期間中にヨーロッパ所有の企業の雇用貢献も低下した。他方アメリカ所有(41.4%)およびその他世界所有双方のそれは上昇した。とりわけ日本企業のそれは5.1%になった。これらの趨勢は1990年を通じて継続し、1994年までに雇用の35.7%は連合王国企業、50.7%は合衆国企業、9.1%は日本企業ということであった(スコットランド統計年報 C 1.7　1996)。バクストン(1991)は従って SEI の全体的実績に対する土着企業の貢献の小ささの観察は、SEI に適用されたときの「臨界量」理論の基本的な欠陥を示すものであると結論している。

　同じような論調はテューロク(1993)が SEI 内の海外所有企業がどの程度'埋め込まれた'かを、SEI 内の企業によって購入された地方的に生産された投入物の価値のパーセントが時間とともにどのように変化したかを評価することによって論じたときにも見出される。前に概説された SDA/SE 調査からの数字を用いて彼は1988年と1990年の間での地方的支出比率の15%から12%への明らかな低下を指摘した。そしてこれは彼自身の調査による12%という同一の値と一致するものであった。テューロクはさらに時間とともに、産業の粗付加価値-粗産出比率のゆっくりとした、ただし着実な低下があったという事実に焦点を当てこれらの数字はすべて SEI がスコットランド経済の中にうまく'埋め込まれ'なかったことの示唆であると論じた。しかしながら、時間を通じての地方的産業連繋の発展を分析するについて、テューロクの接近法は他のモーリスほか(1993)およびフェルプス(1997)などの研究とともに、二つの分析上の問題点を抱えている。第1の問題はレーバー(1974 a)が直面し前章で概説されたような解釈問題と同じものである。すなわちこの型の研究が教訓的であ

るためには当該時間期間を通じての産業の下請けの水準および空間的パターンの変化を考慮する必要があるということである。例えば、もし集計された部門支出が集計的粗産出との相対で増加したとすれば、それは単に産業内で下請けの利用が増えたことを意味するのかも知れず、その結果より高位の企業は供給者をしてより大きな付加価値作業を行わせるということである。われわれの場合、もし以前は OEM によって実行された付加価値操業が、そのうち SEI 内の地方的地域企業にのみ移転されるならば、これは地域乗数には何の差異も生まない。ただし第 1 次の地方的支出性向の値は増加するであろう。他方、もしこれらの付加価値操業のあるものがスコットランド地域外の下請け企業に移転されたならば、第 1 次支出性向の全体的インパクトは、すべての移転された操業のパーセントとしての地方的下請け付加価値操業が以前の集計的第 1 次支出性向より大きいか、小さいか、あるいは等しいかに依存する。第 2 の問題は新しい流入企業が引続き地域に入って来ている時には固定されたサンプルの行動を観察することによって、平均的な支出パターンへの効果を考慮に入れることが必要であるということである。スコットランド企業情報産業グループは 1991 年からのち継続して、主要な OEM の固定されたサンプル (それは SDD の 1990 年調査で用いられたものときわめて類似したものであるが) の特定範囲投入物についての支出パターンを点検している。このサンプルについての 1991 年地方支出比率は 27% であったが、その後それらは下方趨勢を示した。このサンプルが主として少なくとも 1980 年代中期以後産業の中に設立された企業によって構成されているとすれば、われわれは主要な SEI 企業にとって産業内の地方的下請けの比率的水準は 1980 年代には上方趨勢を持ち 1991 年付近で頂点に達し、その後は低下したと推測することができる。しかしながら、地方的下請けの総水準は地方的付加価値の総水準が増加し続けたように、増加し続けた。1990 年代中期には地域への流入投資の水準は過去最高を示し続け、その中にはチュン・ファのような主要な供給者企業が含まれていた (スコットランド立地年報 1993~94, 1994~95)。従ってどのような投入連繋の構造が次の 10 年間に SEI 内で展開するかは今後の問題である。しかしながら、内向けの投資

政策の有効性についてのいかなる議論も注意深く扱わなければならない。何故ならいうところの「臨界量」理論は実は理論ではまったくなく、むしろいくつかのまったく異なる集積および累積因果の理論的原理の混乱した融合であり、その存在自体なお多くの論争の残るものである。他方 '埋め込み' の概念もまたきわめてあいまいである（フェルプス　1997）。スウールズ（1975）が指摘したように、企業の流入を促進する政策の成功不成功は地方的産業による付加価値においての成長を観察することによる集計的な意味でのみ真に評価しうるものである。この意味では SEI は継続した成功である。

　本研究の目的はスコットランドの地域政策の成功不成功を評価することではなく（ベッグ、ライスおよびマクドナルド　1976；ムーアおよびローズ　1973, 1974, 1975, 1976；ムーア、ローズおよびタイラー　1977；アッシュクロフトおよびテイラー　1977；ダイアモンドおよびスペンス　1983）、むしろ JIT 購入哲学の採用の局地化経済的地域乗数インパクトに関するロジスティクス距離モデルの結論の実証的妥当性を評価するために SEI の特定例を用いるという試みなのである。その意味でわれわれが示唆しうるのはある種の第 2 次データは 1986～1990 年の期間中に SEI の部分であった企業の地方支出性向が徐々に増加したという証拠になるということである。

6.6　第 1 次ミクロ経済的交易連繋データ

　JIT の採用のロジスティクス距離インパクトに関する第 4 章の予測は、物財を搬送し保有する任意の企業に一般的に適用可能である。第 2 章で簡潔に述べられた初期の 34 の詳細なインタビューとケース・スタディはイングランドとウェールズで JIT を実行している企業について行われたものであるが、きわめて大量の事例ごとの情報の獲得となった。これらのケース・スタディから JIT の採用にともなう企業間連繋の変化は異なる企業について量的にも価値的にもきわめてまちまちであることが明らかとなった。ただし適用された JIT 原理はほぼ同じものであった。しかしながら、地理的地域の定義の欠如は多くの企業

が地域的支出データを提供することを不可能にし、JIT局地化経済のありうべき発展を示唆する証拠は、従って、個別事例の形で提出された。実際、レード(1995)、アンサリ(1984)、およびフリーランド(1989)[5]の分析(それらはすべてわれわれの目的にとってはごく制約された有用性しかないが)を除けば、今まではケース・スタディ例のみが今日に至る学術的およびジャーナリスティックな文献の中でJIT局地化経済のありうべき発展を紹介するものであった。従って、第4章で叙述されたようなJITロジスティクス距離原理が一般的に真実であるかどうかを見るためには多数の企業にわたってJITの採用のインパクトを分析しうることが必要である。さらに、われわれの第2次データは1980年代の後半の間にSEIの部分であった企業の地方的支出性向は上昇したようであると示唆するが、われわれが見たようにかかる変化は確立された投入物連繋の変化によると同時に、変化の任意の成分によって起りえたのである。これらの効果を分離するためには個別企業の連繋パターンのみならず、かかる連繋パターンの変化理由についての詳細な関連情報を持つことが必要である。SEIはどの年においても開業したり閉業したりする企業の大きな入れ替りを経験するので、ミクロ経済的構造の1期間についてのありうる変化に関する第1次データを評価しうるための、他の条件にして一定という規準を提供するためには、第2次データが利用可能な特定の時間期間にわたって存在したような企業の連繋行動に特別に集中することが必要である。そのことの理由はこれらの企業はSDA/SEサンプルの各々の部分であったということであり、この企業グループの全体的な部門指標への貢献が大きい限り、短い時間期間についてのこれらの企業のミクロ経済的連繋構造の観察は大むね集計的部門データのかかる

---

5. JIT購入のトピックについての二つの博士論文は50の企業についての事例を議論している。それらは：A.アンサリ『日本のジャスト・イン・タイム購入実践の実行の実証的検討、およびそれの合衆国企業の生産物品質と生産性へのインパクト』1984年ネブラスカ　リンカン大学博士論文、およびJ.R.フリーランド『合衆国におけるジャスト・イン・タイム購入実践』1989年バージニア大学ダーデン・スクール博士論文。しかしながらこれらの研究どちらもJIT源泉と立地の間の関係については決定的でないあいまいな結果しか生んでいない。さらに彼等の議論は純粋にアンケートへのパーセント回答によるものであり、この問題を理論的ないし統計的に分析する試みは存在しない。

第6章　実証的研究：スコットランドのエレクトロニクス産業　249

変化がどの程度ここで問題となる特定の種類のミクロ経済的連繋変化に依存するかを示唆するであろう。従って、ここで比較分析のために選ばれた日付は1987年と1990年である。これは統計的分析のためにはきわめて短い時間期間である。しかしながら、適切な第2次データの利用可能性のほかに、われわれの分析のためにかかる短い時間期間を選ぶことが必要であるいくつかの理由がある。この分析のためにこの特定の日付が選ばれた第1の理由は、この二つの年において SEI の部分であったすべての企業の名前と住所が示された SDA/SE 刊行の名簿が存在し[6]、それによってわれわれはこの両年の間に SEI の部分であった企業を見付け出すことができるということである。これらの特定の日付を比較のために選んだ第2の理由は、企業に過去および現在の両方についての機密の販売、購入および在庫回転データの提供を求めることはかかるデータが要請される時間期間の間隔が増大するほどより困難になるからである。第3により短い時間期間では、われわれは技術は第3章で叙述された成分生産関数、数量投入産出関係に重大な影響を与えないと仮定することができる。第4に、SEI 内の大部分の企業にとって JIT は1986年以来のみに実行された政策であり、比較分析のためにこれら特定の日付が選ばれた理由は JIT の導入以前には、多くの企業は地域的支出水準についてのデータを明確に保存していない。というのもこのような事項は購入政策が関連する限り重要性がないと思われていたからである。比較分析のためにこれら特定の日付が選ばれた第5かつ最後の理由は第5章で提起された問題点の一つに関連している。1987年と1988年は産業にとって成長の年であったが、他方1990年は産業にとって景気後退の年であり全体的産出水準がそれ以前の年とほとんど正確に同じに留まった（スコットランド統計年報 C 1.6　1995）、以前の過大予想された販売期待による、企業による貯蔵効果は企業が当該時間期間において低下した在庫回転実績を経験することを導く。従って、われわれは純粋に在庫非貯蔵効果の結果である在庫回転比率の改善をまったく観察しない、そしてこのことはある程度の混乱を惹き

---

6. スコットランドにおけるエレクトロニクスおよび支援会社　1991。

起する。このテーマについて、ある種の観察をあいまいにする第 2 の事項は産出量の問題である。明らかに 1990 年の SEI 産出水準は 1987 年のそれよりもはるかに大きい。従って、われわれの在庫回転表現よりすれば、このことは在庫回転比率が一般には改善したことを意味するはずである。しかしながら、実質タームでは、期間中に増加した産出はいくつかの個別工場の莫大な拡大によるものである。すなわち、コンパック、三菱リビングストーン、アベックス、OKI、SCI、シネツおよびディジタル エアがそれらである。産業内の他の工場は実質産出においてほとんど変化がなく、1987～90 年の期間にほとんど正確に同じ雇用水準を維持した。このことは一般に SEI 内の工場の在庫回転比率は当該機関についての集計的部門産出の変化によって影響を受けないことを意味している。これらの観察は従って一般にわれわれは改善した在庫回転比率の'事後的な'観察が産出水準の変化によって惹き起されたものであることを除外することができ、そのような観察は実際 JIT の採用を示唆するものであるとしうる。しかしながらさらに、われわれがそのような効果を観察するとしても、産出水準の在庫回転へのインパクトはいずれにせよ地方的支出比率に影響しない。このことは改善した在庫回転比率、増加した地方的購入性向、および JIT の採用の同時的観察は実際 JIT 局地化経済の発展を示すものとして十分であることを意味する。

　1990 年と 1991 年に、インタビューと郵送によるアンケートを組み合せた調査が行われそれは 1990 年に存在していた 175 企業のすべてを包含し、これらの企業は SDA/SE データベースによれば 1987 年から 1990 年の全期間にわたって SEI の一部であった。これらの工場の約 20% はこの時間期間にわたって SEI 産出、支出、および雇用水準のほぼ 80% を占めていた。さらに、この特定の場合には、パレートクラス A の産出企業グループは同時にパレートクラス A の雇用および支出の企業グループである。従って、企業の特定グループの連繋行動の詳細な観察は集計的な部門の交易パターンの変化がどの程度連繋パターンのミクロ経済的変化の特定の種類によって決定されるかをおおむね示唆するのである。この理由で、1990 年および 1991 年に、詳細な面接インタ

第6章　実証的研究：スコットランドのエレクトロニクス産業　251

ビューが，SEI 内の最大企業 35 の生産および購入管理操業に従事していた上級職員によって行われた。これはジャスト・イン・タイムの原理がほぼ文献で述べられているように採用されているかどうかを評価するためである。一方残った 140 の工場へはその後郵送によるアンケートが送られた。3 回の郵送ののち，63 の記入されたアンケートが返送され，それは 44.6% という成功した反応率であった。しかしながら，35 のインタビューと組み合されれば，われわれはここに 98 企業の総体から導かれた総体 1 次データの収集を持ちそれは全体母集団の 56% を表している。

　面接インタビューと郵送アンケートの両方で，企業は 1990 年の雇用，産出，および投入支出水準，スコットランド内でのパーセント支出およびスコットランド消費者への産出販売のパーセントの詳細を提供するように求められる。他方，この種の分析に固有の前述の困難を認識して，企業はまた地方的なスコットランド投入支出の比率が 1987 年と 1990 年の間に増加したかどうか，また彼等の在庫回転比率が 1987 年と 1990 年の間で増加したかどうかについての情報を提供するようにと求められる。企業はまた 1987 年と 1990 年の間に彼等が彼等への供給者の数を減少させたかどうか，また彼等の下請けの水準を減少させたかどうかについても尋ねられる。最後に企業は彼等が生産する生産物がスコットランド内で設計されたかどうか，また総投入物の価値のどれだけの比率が工場において自律的になされた購入決定に帰せられるかを示すようにと求められる。

　これらすべてのアンケートデータとともに，企業はまた彼等が彼等の投入物あるいは産出物の平均的な配達頻度を増加するように試みたかどうか，および平均的な配達束の大きさを減少させるように試みたかどうかを尋ねられた。もしそれが実際に起っていれば，企業はさらにそのような政策が主としてパレートクラス A の投入物に，そして第 2 次的にはパレートクラス A の大容量投入物に焦点を当ててなされたかどうかを尋ねられた。他方，逆が正しければ，企業はかかる政策が地方的なスコットランド消費者への販売に焦点を当てているかどうかを尋ねられた。彼等がスコットランドで供給された投入物の水準につ

いてのデータを保存していたとしても、多くの企業、とりわけ OEM は、彼等の地方的販売の比率の変化に関する同等な詳細なデータを用意することができなかった。何故なら販売はしばしば分離した販売および販売権作業によって処理されていたからである。しかしながら、そのようなデータが用意された場合には、大よその趨勢は JIT 産出配達を引き受ける主要な供給および下請け企業は実際彼等の政策を地方的なスコットランド基盤の企業に焦点を合せ、その結果彼等の全体としての地方的販売の比率は増大した。小さい企業については構図ははるかに断片的である。何故なら小企業の多くは主としてスコットランド外の消費者に供給しているからである。これらの場合、ほとんどの企業は JIT 産出配達を試みたこともない。このことの基本的理由は企業はその顧客がそうすることを希望するときのみ JIT 産出物配達を提供することができる。何故ならわれわれが見たように、伝統的な源泉のやり方から JIT 政策への変更は費用を増加させるのでこれを自発的に行おうと試みる企業は自らを市場から押し出してしまうからである。従ってこれがいかに投入物の地方支出性向が顧客企業による JIT の採用と関連しているかという問題を検討することの論拠となる。何故ならこのような状況の下では、顧客企業の選択それ自体が供給者がそのような行動をとる可能性を与えるからである。

インタビューあるいはアンケートに反応した企業サンプルは 1987 年から 1990 年まで SEI の部分であった企業総数の 56% のみであったが、38,813 の総サンプル雇用、2,256 百万ポンドの 1990 年総サンプル支出は 1990 年 SEI 雇用の 82.6% および 1990 年総部門支出の SDA/SE 推定値の 80% 以上を示している。われわれの目的にとっては、重要な集計的指標は地方的に生産された財への総支出である。この特定の企業サンプルについては、1990 年の総投入物支出は 2,256 百万ポンドであり、そのうち 388 百万ポンド、すなわち総投入物支出の 17.2% は地方的に生産された投入物への支出に帰するものであった。しかしながら、空間的連繋の再構築の意味では、1986 年および 1987 年データのやや適切な比較は、1987 年以前には連合王国連繋が存在していなかったサンプル中の 1 企業の貢献を除くことによって行うことができる。このようにすれ

ば、サンプル内の企業の集計的な支出は0.9となり、それは企業のこの特定のサンプルグループについては、1990年の部門の平均移入性向は1987年水準より低下したことを示唆する。

1987年と1992年の間ではデータ処理産業で得られた利潤は主として世界全体の消費者価格の低下によって軍事支出の切り下げによる防衛請負業者の支出減少とともに低下した[7]。従って産出物の単価は部品投入物の価格との相対で増加しなかったと仮定することができる。さらに、当該期間中には英通貨が他の主要通貨に関して1桁のパーセントポイントの範囲において動いたのみならず、一般的な地方投入物費用の代理変数として用いうるであろうスコットランドの平均賃金率がその他連合王国の賃金との関連で小さな規模でしか動かなかった（エコノミック・トレンド　1990；リージョナル・トレンド　1990）。このことは、われわれのサンプルの移入性向が以前のSDA調査値との相対での観察された低下は単なる為替レートあるいは相対価格変化の問題というよりは連繋パターンの変化を理由として出現したと、われわれは仮定することができることを意味する。同様に、大企業のあるものは下請けの増大のプログラムを広汎にはじめたけれどもこのことは分析の時間期間以前に完了していた。他方どの企業も当該時間期間中に'自家'生産の比例水準を増加させることはなかった。そしてこれはミルン（1990）の結論と直接に矛盾する。従って、このような構造的変化はわれわれの在庫あるいは購入係数データをあいまいなものとはしない。いま残ることのすべては、従って、われわれのサンプルデータから平均移入性向のこの減少がどの程度局地化のJIT経済の発展によって惹き起されたかを決定することである。

6.7　統計的方法論：線形ロジット分析

第5章よりわれわれは企業がその下請けの比率的水準をまったく減少させる

---

7. フィナンシャル・タイムズ・サーベイ「パーソナル・コンピューターとソフトウェア」1991.9.17。グラスゴウ・ヘラルド1992.5.5。

ことなく地方的に生産される財の平均購入性向を増加させることの観察は、改善された在庫回転実績および第1義的にはパレートクラスA値の投入物に、第2義的にはパレートクラスA大容量投入物に焦点を当てたJIT投入物配達政策の両方の同時的観察とともに、また企業への供給者の全体的個数の減少をも含めて、局地化のJIT経済の発展を示唆するのに十分であろう。われわれがかかる観察が第4章の理論的予測を確認するための必要な基礎であることを指摘することができることを所与としても、われわれはなお郵送アンケートとインタビューの両方から得られたこの特定の種類のデータをこれらの予測を確認するあるいは否定するためにいかに用いることができるかを決定する必要がある。

一つの可能な方法論は通常の最小2乗技法を用いることであろう。すなわち企業の地方的支出水準の変化をJITの採用(それはダミー変数として扱いうる)と関連づけることである。しかしながら、地方的連繋値の絶対的変化は一つのきわめて大きい企業からの観察によって大きく歪められる可能性がある。それに代るものとして、結果においてのそのような不安定性を回避するためにJITの採用にともなう地方的支出水準の比率的変化を測定することも可能であろう。しかし、この研究目的のために行われた全部で70の面接によるインタビューの全体から、そのような方法でもきわめて間違った結果が生み出されることが明らかになった。このことの第1の理由は単一の個別連繋においての変化は比率的な地方的支出水準に重大に影響し、その結果はとりわけ小企業にとってきわめて不規則なものとなる傾向があるということである。このことは企業の規模とJITの地方的購入水準へのインパクトの間の関係に関して間違った結果を生み出すおそれがあり、特に企業間の支出水準の変動が1:1,000といったオーダーの場合にそうである。第2に、企業の1987年地方的支出性向の推定値においてのわずかな誤差は基数的な従属変数に大きく影響するのみならず推定パラメータの結果にも影響する。とりわけ地方的支出性向がSEIの場合のようにごく小さい場合にそうである。従って、数値測度にともなう不確実性および不安定性の問題を回避するためには、この目的のための交代的で適切な方法は、地方的支出比率の総支出水準との相対での観察された増加がJIT局地化経済で

第6章　実証的研究：スコットランドのエレクトロニクス産業　255

生み出された尤度を推定するために回帰分析を用いることである。このような意味ではわれわれはJITの局地化経済へのインパクトの強さを測定しようと試みるものではない。それはそれ自身の権利において別の応用研究プロジェクトである。むしろ、われわれは単純に局地化経済の発展がどの程度JITの採用と結びついているかを示すべく試みたのである。このことはロジットあるいはプロビットモデルを用いることによって行うことができ(クメンタ　1986 p.550)、かつこの二つの交代的方法によって到達される累積確率の推定値はごく近いので、二つのモデルの間の選択は重要なことではなく、便宜上の要因で決定されてよい。例えば適切なコンピュータ・プログラムの利用可能性などである(ネルソン　1990 p.137)。事実、ここでの分析の目的のためには、このことがまさにロジットモデルが使われるべきとされた規準なのである。一般的にはロジットモデルは最小2乗回帰モデルよりもかなりの情報損失をともなうとされるけれども、特定の情報の意味では、この研究の目的のために調査された産業の観察からわれわれが得るものとしては、ロジットモデルは実際あいまいさが最小で最も有用な情報を提供するものである。

　ロジットモデルは次の形を持つ累積的なS型のロジスティック確率関数：

$$P_{1/i} = F(\alpha + \beta \chi_i) = \frac{e^{\alpha + \beta \chi_i}}{1 + e^{\alpha + \beta \chi_i}}$$

に基づいている。ここで$P_{1/i}$は説明変数x_iの観察に依存する、特定の範疇的反応(それは1と記録されるのであるが)の生起を観察する確率である。モデルの形から、確率$P_{1/i}$は$(\alpha + \beta x_i)$が負の無限大から正の無限大まで変化するのにともない0から1の間の値をとる。われわれはこのモデルを線形表現となるように書き変えることができる：

$$P_{1/i}(1 + e^{\alpha + \beta x_i}) = e^{\alpha + \beta x_i}$$

それをさらに再編成すれば：

$$P_{1/i} = (1 - P_{1/i})e^{\alpha + \beta x_i}$$

かつ：

$$\frac{P_{1/i}}{1-P_{1/i}} = e^{\alpha+\beta X_i}$$

が得られる。この表現の片対数変換は：

$$\log_e = \frac{P_{1/i}}{1-P_{1/i}} = \alpha + \beta X_i$$

で与えられる。これは線形ロジットモデル（リグレイ 1985 p.28）として知られる。1と0で与えられるただ二つの範疇的反応しかない場合には、$1-P_{1/i} = P_{2/i}$ であるから：

$$\log_e \frac{P_{1/i}}{P_{2/i}} = \alpha + \beta X_i$$

となる。従って観察値のサンプルから、パラメータ α および β の推定によりわれわれはある特定の範疇的反応の他のそれとの関連での発生の対数尤度を推定することができる。反応範疇は2項分布からの独立な抽出であると見るならば、特定の反応範疇選択の一つを観察する尤度は単純に観察された選択の生起の結合確率であり、このような状況での下での最も直接的なパラメータ推定法は最大尤度手法である（リグレイ 1985 p.30～38 参照）。

　一つ以上の範疇的反応変数があれば多項モデルを構築することができる（フィングルトン 1984；アプトンおよびフィングルトン 1989）。しかしながらここで調査された企業のサンプルについては、ただ二つのみの観察された交代的反応、すなわち地方的支出性向の増加かそうでなければ変化なししか存在しないことが見出された。この場合には最も単純な方法は2分法的な反応変数 (1,0)（ここで1は当該時間期間中に企業の地方的に生産された財への平均消費性向の観察された増加を表わし、0は増加の観察なしを表す）と連続的に定量的なおよび範疇的に定性的な説明変数の仮説的な混合の間の関係に基づく線形ロジットモデルを構築することである。観察された企業のグループ上で合計すれば、ある企業がその地方支出性向を増加させる確率 $P_{1/i}$ とある仮説的な条件の観察された存在とを関係させることが可能になる。第3章および第4章からある企業の地方的支出性向の増加を惹き起すと仮説化された説明的条件の一つ

第6章　実証的研究：スコットランドのエレクトロニクス産業　257

がJIT購入関係の採用であることは明らかである。このような関係は数の減少した供給者に、より頻繁な小さい束での配達に基づく財供給をともなう長期的な源泉編成を必要とする。しかしながら、第5章より、支出パターンの通貨変動のインパクトを排除するためには、JITの採用とともに在庫回転値が同時に増加したことが確実であることを必要とする。最後に、エレクトロニクスのような高価値-重量比率生産企業の場合には、これらのJIT購入政策の焦点が第1義的にはパレートクラスA価値投入物であり、第2義的にはパレートクラスA高容量投入物であるならば、個別企業にとってこれらの条件のすべての同時結合的な観察はロジットモデルにおいてここでは(JIT_c)とコードされた範疇的説明変数が1であり、これは企業の投入物財の消費においてのJITの採用を表している。いい換えれば、(JIT_c)の観察は企業が第4章で示唆されたようなロジスティクス操業を正確に行ったことを示すものである。われわれの議論では、この特定の組合せでの現象の観察は企業がその地方的支出性向を増加させることの原因となる主要な説明変数となるものである。

　第4章によれば、企業のその地方的支出性向を増大させる能力を説明する第2のものは顧客企業の規模である。このことの理由は、供給者の局地化の増大は他の条件にして一定として、個別の供給者供給量の増加を必要とする。このことはもし顧客企業が大きければより有効に実現しうる。何故ならば、それは企業の支出水準が高いことを意味するからである。ここで展開されるロジットモデルの目的のためには、会社の規模を示すものとして雇用の水準を用いることが最も簡単である。何故ならば産出、支出および付加価値といった変数は定性的な技術要因にはるかに大きく依存しているからである。これはモデルの中で連続変数($size$)としてコードされる。

　第1章によれば、企業の平均地方的支出性向を増大させる能力に独立した影響を与えうる第3の独立要因は地方工場で自主的になされた企業の購入決定の比率である。何故なら外部的な法人の決定作成主体は特に地方的な効率性の問題と無関係な規準に基づいてそのような決定を行うと思われるからである。従って、ロジットモデルでは、地方の工場で自主的になされた購入決定の価値

による比率は連続変数(pa)で示される。

　最後に、企業の地方的支出性向を増大させる能力に独立した影響を与える最後の可能な要因は、工業で生産される生産物がどこで設計されたかという問題である。このことの理由は投入物および産出物市場での情報利用可能性は地理的な結合によって促進される傾向があり、生産物はしばしば土着の技術のことを考えつつ設計されるからである。他の所で設計された生産物は、生産物の配置を決定する上で工場の地方的供給構造を考慮することを必ずしもしない。従って地方的な供給者を利用する可能性を減少させる。地方工場の総産出あるいは総雇用の中でR&D職員に帰せられるべき比率についてのような質問をすることは困難である。何故ならこのような事項はおおむね生産物の配置および法人の構造に関連する定性的な問題に依存しているからである。従って、地方的設計であるか否かは範疇的変数として扱った方がより簡単である。何故ならばわれわれの目的にとって関係するすべてはそのような事項が議論にいかに真に独立な影響を持つかどうかを示すことのみであるからである。単純化のために、この事項は2分法の範疇的変数(rdl)として扱われ、それの1はある企業によって生産される生産物のすべてについての研究開発がスコットランド内で実行されたことを表し、0はそれらの生産物がスコットランド地域経済の外で設計されたという観察を表す。

　ある企業がその地方的支出性向を増加させる尤度に独占的に影響しうる可能な諸要因に関するここでの議論に基づいて、いまや次の形の単純な加法的ロジットモデルを構築することが可能になる：

$$\log_e\left[\frac{P_{1/i}}{1-P_{1/i}}\right] = \beta_1 + \beta_2(size) + \beta_3(JITc) + \beta_4(pa) + \beta_5(rdl) \qquad (6.1)$$

ここで$P_{1/i}$は企業がそれの地方的に生産された財を消費するその総支出の比率としての平均性向の値の増加を経験する尤度である。マッカンおよびフィングルトン(1996)により、この特定のモデル形がサンプルデータに適用されたとき、われわれは次の推定されたロジット方程式に到達する。

第6章　実証的研究：スコットランドのエレクトロニクス産業　259

$$\log_e\left[\frac{P_{1/i}}{1-P_{1/i}}\right] = -1.884 + 0.00007091(size) + 1.654(JITc)$$

　　　　　　　(標準誤差 0.7156)　　(0.00032)　　　　　(0.5728)
　　　　　　　(t‐値 2.63)　　　　 (0.2247)　　　　　 (2.8875)

$$+ 0.003271(pa) + 0.4386(rdl)$$

　　　　　　　(0.007219)　　　(0.5242)
　　　　　　　(0.4531)　　　　(0.5242)
　　　　　　　　　　　　　　　　　　　　　　　　　　　（6.2）

$\rho^2 = 0.0954$[8]

調整済み乖離=113.97[9]

自由度=93（i.e.98 企業によるパラメータ推定値）

　明らかに、JIT 購入政策の完全な適用、すなわちモデルの中の($JITc$)が平均地方支出性向の値の観察された増加の背後にある統計的に有意な唯一の説明変数であるように見える。このことは独立説明変数の各々を上記表現から取り除き方程式（6.2）のその他の部分をそのままとしたとき、この表現による乖離の増加を観察することにより確認することができる。これが行われたとき、自由度が一つふえることに対し、調整された乖離、すなわち推定された方程式の当てはまりの損失は、($JITc$)の除去について 10.78, ($size$)の除去について 0.05, (pa)の除去について 0.21, (rdl)の除去についての 0.71 である。χ^2 分布と t‐比率に対し検定されたとき($JITc$)についての比率のみが 5% 水準で有意である。さらに変数($JITc$)以外の説明変数のすべてが方程式（6.1）より取り除かれたならば、そのときの調整済み乖離のすなわち当てはまりの損失の全体的増加は自由度が 3 ふえるのについてなおわずかに 1.25 である。これは χ^2 分布との関

---

8. ロジットモデルの場合、ρ^2 '尤度比指数'（クメンタ　1986 p.566)は R^2 と同じような当てはまりの良さの測度である。しかしながらその値は R^2 よりずっと小さくなる傾向がある。0.2 と 0.4 の間の当てはまりはきわめて良好ということになる(マクファーデン 1979)。さらに記された t‐値は厳密には t‐値ではなく、標準的正規分布の場合に意味のある推定値‐標準誤差比率である。
9. スケールデビアンス(調整済み乖離)は OLS の残差 2 乗和に当るロジット統計量である。乖離の減少は尤度の増加と同等である。これはここでは GLIM プログラムで計算された。

連ではなお有意ではない。

　上に叙述された当てはまりの良さの部分テスト手続き、そこでは推定された仮説的説明による線形方程式から個々の説明変数が取り除かれたのであるが、それとは別に限界的当てはまりの良さテスト手続きを行うこともできる。その場合われわれは切片パラメータ推定値プラス一つの他の説明変数のみを含む誘導型方程式から出発することができる。四つの別々のこのような方程式、その各々には異なる説明変数を一つ含むのであるが、われわれはこれらの場合の各々について個別の説明変数を各方程式から取り除くことで生ずる当てはまりの損失を比較することができる。この意味では、誘導型方程式から(JIT_c)を除去したとき調整済み乖離の増加は 12.52 であり、それは自由度の一つの増加に関して有意である。他方、同じ手続きを変数($size$),(pa),および(rdl)について行えば、当てはまりの損失は各々 2.31、 0.3 および 0.01 であり、そのどれもが χ^2 分布との関連で有意ではない。これらの発見は従って、推定された方程式（6．2）の中で、企業がその総支出の比率としての地方的支出を増加させるに関して有意に働く唯一の個別説明変数は JIT 購入哲学の採用のみであることを結論的に示す。

　この特定の結論は上記に与えられた特定のモデル規定の結果であるに過ぎないということも可能である。この可能性は明らかにパラメータ共分散行列の観察は変数(JIT_c)と($size$)はある程度相関しておりその値は－0.3721 である、変数($size$)と(rdl)も 0.4069 の値をともなってそうである。さらにもしわれわれが(JIT_c)を従属的な範疇的変数とした新しいモデルを推定し、またもう一つの新しいモデルを(rdl)を範疇的な反応変数とし、いずれの場合も($size$)を唯一の説明変数とし、かつ再び部分的な当てはまりの良さテストを用いて、すなわちこの特定例では変数($size$)が二つの新しい方程式から除去される、その結果われわれは増加した乖離は前の方程式について 22.05 であり、後の方程式について 0.13 である。自由度 1 に対しては前の場合だけが χ^2 分布に関して有意であり、それは JIT の適用と企業の規模の間には実際強い関連があるけれども、企業のその平均の地方的支出性向を増大させる能力に独立の影響を与えるという

ことについては、企業の規模は無関係であることを確認させる。しかしながら、単純な加法的ロジットモデルの結論は第3章の結論と整合的ではあるが、ある種の可能な説明現象はある程度関連し合っていることの観察は、企業がその平均的地方支出性向を増加させることの説明の背後にあるいっそうの情報を提供しうるこれらの現象の間の交叉的効果があるか否かを見ることが適当であることを意味する。

サンプルモデルからすれば、この問題をいっそう明らかにしうるであろう唯一の可能な説明変数は($size$)である。何故なら要するにそれは単一の有意な説明変数(JIT_c)と関連しているからである。従って、われわれは新しい再定式化ロジットモデル(6.3)を規定する。それは単純な加法的線形ロジットモデル方程式(6.1)プラス三つの変数-交叉効果すなわち企業の規模に他の可能な説明パラメータの各々を乗じた積で表される。この再定式化されたロジットモデルではこれらの追加説明交叉変数は(JIT_c × $size$)、($size$)と(pa)の種である($sipa$)、および最後に($size$ × rdl)として与えられる：

$$\log_e\left[\frac{P_{1/i}}{1-P_{1/i}}\right] = \beta_1 + \beta_2(size) + \beta_3(JITc) + \beta_4(pa) + \beta_5(rdl)$$
$$+ \beta_6(JITc \times size) + \beta_7(sipa) + \beta_8(size \times rdl) \quad (6.3)$$

このモデルの特定の構築され方についての論拠は説明変数(pa)および(rdl)の各々はそれ自身では説明力を持たないけれども、これらの現象が企業が大きいという事実と結合されれば、これらの同時的観察そのものは企業がその地方的支出性向を増加させる尤度に独立に影響するかも知れないということである。サンプルデータから新しく推定された方程式は：

$$\log_e\left[\frac{P_{1/i}}{1-P_{1/i}}\right] = -0.010502 - 0.0005337(size) + 0.5250(JITc)$$
$$\text{(s.e.1.034)} \quad (0.0007127) \quad (0.6893)$$
$$(0.5025) \quad (0.7488) \quad (0.7616)$$

$$-0.008292(pa) - 0.8146(rdl)$$
$$(0.00841) \quad (0.6605)$$
$$(0.9859) \quad (1.2333)$$

$$+ 0.005102(size \times JITc) - 0.00002847(sipa)$$

(0.003211)　　　　　(0.00001545)
(1.5889)　　　　　　(1.8427)

$$-0.0004943(size \times rdl)$$

(0.001497)
(0.3301)　　　　　　　　　　　　　　　　　　（6.4）

$\rho^2 = 0.1992$
調整済み乖離=100.94
自由度=90

　もし三つの交叉的変数が上の方程式から取り除かれるならばわれわれは本来の単純な加法的モデルに戻ることになり、その結果としての自由度3に対する調整済み乖離の結果としての増加は13.03、すなわち113.97－100.94であり、それはχ^2分布との関連で5%水準で有意である。このことは交叉項の少なくとも一つはそれ自身の権利において有意な説明変数であることを示唆する。さらに交叉項(sipa)および(size × JTc)についてのパラメータ推定値はそれらの標準誤差のほぼ2倍である。このことはこれらの交叉項のどちらもそれ自身の権利において有意な説明変数であるかも知れないことを示唆する。従って、もしわれわれがここで部分的当てはまりの損失テストを用いるならばわれわれは自由度の増加1に関して方程式（6.4）からパラメータ(sipa)および(size × JITc)の単一の除去にともなって起る当てはまりの損失はそれぞれ5.28および6.43である。これらの値の両方ともχ^2分布と関連させられるとき5%水準で有意である。他方もしわれわれがやはり上で述べられた当てはまりの限界的損失テストを用いるならば、すなわち方程式（6.2）から出発してそれに個別的交叉的パラメータの各々を独立的に加えるならば、その結果としての当てはまりの損失の減少は自由度の減少1に対して(sipa)では6.56、(size × JITc)では2.31である。この場合前者のみが有意である。このことはわれわれがいまや本来の加法的線形ロジットを交叉して（6.1）の定式化をこの単一の交叉項(sipa)を包含させ、その結果：

第6章　実証的研究：スコットランドのエレクトロニクス産業　263

$$\log_e\left[\frac{P_{1/i}}{1-P_{1/i}}\right] = \beta_1 + \beta_2(size) + \beta_3(JITc) + \beta_4(pa) + \beta_5(rdl) + \beta_7(sipa)$$

(6.5)

とすることができることを意味する。この再定式化されたモデルはここで前と同じ部分的当てはまりの良さ法で小さくすることができる。各個別変数(rdl)、($size$)および(pa)の上の方程式からの除去はそれ自体調整済み乖離を生み出すがそれらはわずか1.89, 1.82, および0.86に過ぎない。予想されたように、これらの値のどれも自由度1の増加について有意ではない。従って、われわれはモデルからこれらの変数を除去することができ、きわめて簡素な誘導型モデル：

$$\log_e\left[\frac{P_{1/i}}{1-P_{1/i}}\right] = \beta_1 + \beta_7(sipa) + \beta_3(JITc)$$

(6.6)

に到達する。このモデルはサンプルデータから推定され：

$$\log_e\left[\frac{P_{1/i}}{1-P_{1/i}}\right] = -1.5449 + 0.00001183(sipa) + 1.208(JITc)$$

　　　　　　　　　　(0.3864)　　　　(5.77e.6)　　　　(0.4818)
　　　　　　　　　　(0.8718)　　　　(2.050)　　　　　(2.5072)

$\rho^2 = 0.1247$
scaled deviance = 110.33
d.f. = 95

(6.7)

となる。方程式(6.3)および(6.4)から方程式(6.6)および(6.7)への移行にともなって起る調整済み乖離の全体的増加はわずか9.39であり、それはx^2分布との関連で自由度5について有意ではない。さらに個別説明変数($sipa$)および($JITc$)を方程式(6.7)より個別に除去することは当てはまりの損失4.9および6.4を生み出し、それらの両方とも自由度1の増加について有意である。従って、これら二つの変数を含む方程式(6.6)および(6.7)は[10]、それらだけでスコットランドのエレクトロニクス産業内の企業が地方的に生産された財への総支出の比率としての平均消費性向を1987年と1990年の間に増加させる

---

10. それらはおおむね互いに直交的であり、それらの相関（共分散）はわずか0.2631である。

傾向を説明するのに十分であるということである。ここでのすべてのモデル規定について、JIT投入物政策の適用ははっきりとこの傾向の背後にある単一の最も重要な決定要因である。しかしながら、この傾向は大きくかつまた主としてそれ自身の購入に関する決定作成活動の意味で自主的であるという定性的性格を示している企業によっても高められる。

6.8 結論

調査された企業のサンプルによるここでの統計的発見は1987年および1990年の両方でスコットランドのエレクトロニクス産業の部分であった企業の移入性向の、平均的な部門1987年数字との相対での、観察された大きな低下は、実際局地化のジャスト・イン・タイム経済の発展によって大部分惹き起されたということを強く示唆する。一般にはより慣習的な最小2乗回帰技法ではなくロジットモデルを用いることには一定の欠陥があるとされるけれども、後者の接近法は第3・4章で呈示されたモデルの理論的予測を本研究の目的のために集められた第1次データがどの程度支持するかを知るための最も適切な方法であることが明らかとなった。全変数を当てはめたモデル(方程式6．4)は第1次データに対しよい当てはまり、すなわち$\rho^2 = 0.1992$を示した。かつ最も簡素な誘導型モデル(方程式6．7)は実際、JIT購入政策の採用がSEI企業をしてそれが地方的地域内で購入する投入物の比率を増加させることの主要な理由であったことを示唆した。第5章での議論から、このことはさらにJITの採用に反応して、SEI企業とそれらへの供給者との間の平均的物理距離は、十分に大きな程度で低下し、その結果他の条件にして一定であれば地域内企業間連繋の数を増やすことになる。この漸進的な過程は地域部門乗数の値を時間とともに徐々に増加させることとなった。これはそれ自身純粋に企業間連繋の短縮によって生み出された地域成長の上昇に結果した。この成長効果は自主的移出水準とは独立に決定されるが、しかし明らかにJIT生産政策を採用する企業はそれを結果される生産品質の改善はそれ自体販売の増加を生み出し、さらにもし

第 6 章　実証的研究：スコットランドのエレクトロニクス産業　265

それが移出のための産出の成長率増大に結果するならばそれ自身全体としての地域成長をもたらすという信条によって行うのである。しかしながら、本研究の目的からすれば、そのことはそれ自身の権利において別の問題として扱われるべきである。何故ならば、この議論には明示的に空間的な対応物が存在しないからである。われわれの目的にとっては関連する事項のすべてはここで報告された統計的結果は正確に第 4 章で到達された理論的結論から期待されていたものそのものであるということなのである。第 3・4 章の結論はまたいかに生産量が立地と相関連しているかを示唆するものであった。供給者のJIT局地化の増大は供給者企業当りの産出量の増加と十分結びついていることが示された。従って顧客企業がかかる技法を生み出す能力は顧客企業の規模と関連している。ただしわれわれがここで見たように、このような購入決定を行うための自生的な力はかかる政策の発展のためにも必要なものなのである。

第7章　結論：
ロジスティクス-費用モデルの地域経済学における理論的および実証的問題への貢献

　空間的取引費用の問題は地域経済はそのグループとしての行動において基本的に均衡化に向うものであるか否かというより大きな問題の核心に置かれる。取引費用は市場メカニズムの効率的な機能への主要な障害物となる可能性があると考えられている（ハーン　1971）。空間的経済モデルでは明示的に取引費用分析の伝統的焦点は輸送費用の果す役割であった。しかしながら、産業の大部分の型においては、輸送費用は経験的には総産業費用の微小な比率であるに過ぎないとされてきた。このことは非常に低い価値-重量比率の生産物を生産しかつ交易する企業の場合を除いては、空間に関しての重要な取引費用の存在への説明を提供しようとする試みは一般的には情報獲得と距離の間の関係についての議論、あるいは交代的に立地上の柔軟性を減少させる埋没費用のインパクトの議論という結果になった。

　本書の論点は産業立地行動の問題は多くの既往の分析が示唆したものよりはるかに内容豊富でありより複雑であるということであった。その理由は空間的取引費用の性格は大部分の既存モデルが仮定するものとはかなり異なるということである。埋没費用の問題を考慮した後でも、距離を克服するための費用は単純に輸送費用と情報費用に分解され尽くされるものではない。情報の獲得および伝達の費用以外の距離の費用は単なる輸送費用よりずっと大きく、在庫保有の費用を包含する。われわれは実はこれは同じ問題の異なる側面である、すなわち空間上での取引の頻度の意味で規定される空間と時間の間の関係であることを見た。これは今まで空間的産業経済学においてすべて無視されて来た問題であり、ごく最近に至って、主としてJIT製造および輸入の出現によって明らかにされたものである。

既存の立地および連繋理論はJITのようなトピックを扱うことができない。何故ならそれは配達の流れの性格が空間費用行動におよぼすインパクトを論ずることができないからである。われわれが見たように、このことは生産物価値と生産物付加価値の問題が市場圏モデルの部分的な形以外では立地分析の中に整合的に取り入れられてなかったことを意味している。従って、輸送費用の変化を直接に搬送距離と関連する他のロジスティクス産業費用成分、すなわち調達費用および保有費用等の変化と比較することは明白に除外されている。伝統的な購入哲学からJIT接近法への転換の興味ある側面はそれが実際かかる変化の最も極端な形態であることである。理論的観点からすれば、この現実世界における変化の重要点はそれらが既存の立地理論の主要な弱点を際立たせることにある。しかし、われわれが本書で見るごとく、この弱点は企業を空間的な枠組みで理論的に扱うこと一般に関連しており、この特定の変化に従事する企業にとっての問題だけではない。さらに、この弱点そのものは現在の空間的産業経済学に存在する明らかな実証的パラドックスのあるものの理由となっている。

　われわれの接近法は企業を現実の連続的流れとしての時間枠組みの中で行動するものとして見ることである。この条件の下では任意の一時点において、財は実際移動しているか、発送されるのを待っているかである。いずれの場合も産業費用は財の動くことあるいは動かないこと、すなわち保有によって負担されている。企業は空間上で取引が行われる頻度について決定しなければならず、この設定の中では、企業のロジスティクス費用モデル的性格づけはドーフマン(1959)の浴槽モデルの空間的同等物となる(マッカン　1995 b)。ここで、在庫保有と空間的移動費用の間の関係は企業の'循環資本'の水準を決定する。これは企業の'オーストリア学派'型の記述の中でよく知られたテーマである。この図式の中では投入物要素の理論的性格づけは標準的な新古典派モデルとは異なり、投入物が購入された物材であるか使用されるべき要素サービスであるかを特定することが必要になる。われわれが附録2.1で見たように、このことは正統的な立地‐生産の枠組みの中で、とりわけ本書の中で行われる応用的実証的作業の型と関連して、要素代替的取扱いの大部分を明示的に排除するこ

第 7 章　結論：ロジスティクス-費用モデルの地域経済学における理論的および実証的問題への貢献

ととなる。企業をこのように空間的'浴槽'と見ることにより、拘束された循環資本の水準は企業の投入-産出連繋の空間的構造と強さに関連している。ある特定の投入-産出連繋について、企業は可能なロジスティクス編成の全体的連続体に直面し、この連続体に最適化の原理を適用することにより、われわれは企業が通常直面するすべての距離関連費用の合計が移動される資材の量および資材が移動される距離とともにどのように変化するかを述べることができる。いい換えればロジスティクス距離モデルは、われわれが企業の現実の費用が個別のあるいはグループとしての企業間連繋の強さと空間的な長さとの関連で変化するかを示唆することを可能にする。

この観点から、第3章においてわれわれは企業の最適立地が消費されるあるいは生産される財の価格、数量および立地にいかに関連しているかを再考察した。ロジスティクス費用接近は伝統的モデルよりもはるかに豊富な洞察を生み出す。標準的なウェーバー-モーゼス解はもはや成立しない。とりわけわれわれが第3.6節で見るように企業の最適立地は企業の付加価値能力に関連するので、それは消費され生産される財の価格あるいは数量が相互間で変化するとともに変更される。同じような条件が企業の最適立地がいかに投入物および産出生産物相互間の総体的容積の変化に影響されるか（それは投入物および生産物の在庫空間費用へのインパクトを通じてであるが）という問題についても成立することを示すことはまったく簡単である[1]。いい換えれば、ロジスティクス費用接近法を用いることは、われわれが企業の立地を生産される財の価値-重量比率および容積-重量比率の絶対的および相対的変化双方との関連で論ずることを可能にする。これは発送される生産物の特性と企業間投入-産出連繋の典型的な空間的長さの間の関係について論じるとき、単純なしかも多数の場合間違いを生み易い価値-重量接近法によるよりも理論的に整合したやり方である。

企業の地域間移動性もこの観点から論じることができる。第3.10節でわ

---

[1]. 付録7.1参照。

れわれは企業の空間的要素価格の変動に対する立地上の敏感性は企業の生産階層の中での位置に依存することを見た。従って原則としては企業の立地上の敏感性を企業が位置している投入-産出階層および企業の、その内部化の程度による組織上の構造の視点より論じることは完全に可能である。このことは既存の新古典的立地モデルでは二つの理由により不可能である。第1の理由はその伝統によれば、産出物の市場価格および企業の付加価値役割は企業の最適立地において働かないからである。第2の理由は附録2.1およびマッカン(1995a)で概説された識別性の問題でありそれは多くの理論的モデルの応用研究の基礎としての有用性を制限するものである。ロジスティクス費用モデルを購入された財についての投入-産出関数とともに採用することはこれらの問題のすべてを回避しわれわれをして空間的および非空間的産業構造の間の関係をさらに探究することを可能にする。再びこれらの点の各々について、提出される結論は伝統的モデルによって生み出されるものとはかなり異なる。ロジスティクス費用モデルは立地モデルを市場価格、価値、利子率、物材の諸特性、および産業の投入-産出階層性と統合する新しい方法を提出する。

　この接近法から出て来る第3の論点は輸送費用率および構造の取扱いは、現実には正統的な立地モデルで仮定されるよりはるかに複雑であるということである。第3.4および3.7節においてわれわれは輸送費率はそれ自身ロジスティクス費用最適化手順に依存しており、車輌移動費用の議論と切り離しては適切に議論できないことを見る。これらの条件の下では、附録3.12で見るように、現実のフロー-時間ロジスティクス費用枠組みの中では、われわれは輸送費率が、近似としても固定されていると仮定することは決してできず、実際問題として、現実への通常の近似はロジスティクス費用モデルに内生的な型の平方根関数であるということである。

　ロジスティクス費用の議論から出てくる第4点は物材の空間上の配達操業を組織するとき負担される費用は近代的企業による総付加価値の高いパーセントに典型的に帰せられるということである。この問題の背後にある論点の一つは会計上の慣例の問題である。距離の費用の大部分は典型的に'間接'費用と呼

第7章　結論：ロジスティクス-費用モデルの地域経済学における理論的および実証的問題への貢献　271

ばれるものの中に隠されている。これはまた既存の立地および連繋分析（それは輸送費用の経験的非重要性の中で企業の運命を決定する上での立地の感知された重要性を復活することを試みるときの理論的問題に直面しているのであるが）よりの大きな離脱である。より特定していえば、われわれが付録3.11で見るように、配達発送距離の限界的増大にともなう総ロジスティクス費用の限界的増加は単純に総輸送費用の効果を観察したものよりも大きいということである。すべてのロジスティクス費用成分が企業の目的関数にとって内生的であると扱われたとき、ロジスティクス費用の総産業費用に対する相対的限界貢献は総輸送費用のそれよりも2倍にも達する[2]。しかしながら現実にはこれは企業がそのロジスティクス操業を組織する基盤ではない。企業は土地費用を外生的追加的な制約として扱い、金融的資本費用のみを可変的在庫保有費用として扱う。これらの状況の下では、搬送距離の限界的増加にともなう総ロジスティクス費用の総産業費用への限界的貢献は総輸送費用の2倍よりもはるかに大きくなりうる。とりわけ発送輸送費用に規模の経済性がある場合にはそうである[3]。われわれの発見は従って地域経済学の基本的パラドックスの一つを解決するのにある程度役立っている。

　第3.6～3.11節においてわれわれはロジスティクス費用関数は輸送費用が距離に関して収益一定あるいは収益一定以下である限り距離の凹関数であることを見た。従って、固定空間要素価格の条件の下では投入および産出の交易連繋が地方的空間区域の中の他の企業のものである限り、企業は重要な局地化のロジスティクス費用経済を経験する。いい換えれば、固定された空間要素価格の条件下では、空間的産業パターンが何らかの歴史的理由によって拡散的であるとき、他の条件にして一定として、平均的な企業間接費用は高いという含意である。一方、この枠組みの中で配達頻度が企業の目的関数の中心要素であるならば（マッカン　1995ｃ）、均衡地域間賃金勾配も距離に関して凹であること

---

2. 付録3.11a 参照。
3. 付録3.11b 参照。

を示しうる。これはより一般的な輸送費率構造についても真である。この結果は正統的な付け値地代理論による結果と同じである。しかしそのことの理由は要素-代替行動によるものではなく企業間取引の変動によるものである。ロジスティクス費用の枠組みの中では、凸の要素-価格勾配および凹の距離費用関数は購入された財と生産された産出の間の関係を叙述するものとしてレオンティエフ関数によっても生み出されるのである。

　第4章においてわれわれは伝統的な西欧の購入法がJIT配達の場合と比較されるとき、前者から後者への状況変化にともなう関連する個別のロジスティクス費用成分の各々についての相対費用変化を検証するためにロジスティクス費用モデルを用いることが可能になることを見た。JITを単純に企業が従事しうるロジスティクス操業の一般的な連続体の中の一つのきわめて特異な例であると見做すことができる。相対的ロジスティクス費用成分が、平均配達束の大きさが断続的に低下するとき相互間でいかに変化するかについてのわれわれの分析は、局地化経済は発展されるべきであるとの理論的結論に至った。何故ならばそうしないことによって負担される費用は平均的な配達束の大きさが継続的に低下するとき益々かつ継続的により高くなるからである。しかしながら、この理論的結論が実際の事実として実証的に観察されるというわれわれの示唆は絶対的および限界的総ロジスティクス費用は輸送費用との相対で総産業付加価値の一つの主要な成分であるという、またこれらの費用の任意の増加は産業企業が直面する全体的費用にかなり影響するというわれわれの議論に基づいている。第3・4章の議論からくる最後の論点は空間内の企業の正統的新古典派的叙述、（そこでは輸送費用および資本費用は規模に対して収益一定となるのであるが）実際純粋のJIT政策を用いる企業の費用行動を最もぴったりと叙述するものである。そこでは財は空間上を距離とは無関係に連続した流れの形で移動する。しかし企業の通常の例では財は離散的に発送され、発送と発送の間隔を埋めるために在庫が保有される。

　第5および6章で論じられた実証的データによる統計的分析は、スコットランドのエレクトロニクス産業の特定の例では、個別企業が局地化のJIT経済を

発展させたある種の趨勢があるという議論を支持する証拠を提出した。この行動の効果は彼等の移入性向を、彼等が伝統的な西欧流の購入および生産技術からの一切の変化なしであった場合との相対でいくらか減少させるようなものであった。理論的観点からすれば、この結論の重要性はそれが伝統的な立地理論よりもロジスティクス-距離モデルの理論的予測に対応するという事実の中にある。われわれが第1章、また第2章で見たように、既存の立地および連繋理論は、かかる局地化のJIT経済の発展はいかなる他の産業よりもこのようなきわめて高い価値-重量産業についてはあまり起らないであろうと示唆するであろう。さらにこのような理論はまたかかる発展が、仮に起ったとすればわれわれが観察したものとは定性的に異なると示唆するであろう。そこでは主として低い価値-容積あるいは低い価値-重量比率財の発送を含む連繋にのみ焦点が当てられるであろう。しかしながら、われわれが第3．10節で見たように、この伝統的な種類の理論づけは産業的距離費用のあまりにも狭く焦点を当てられた叙述に基づいている。すなわち何故生産物の価値-重量あるいは価値-容積比率が投入-産出企業間連繋の長さの典型的な指標であるべきかの理論的根拠がないのである。産業的連繋の空間的パターンおよびそれの潜在的変化の叙述は、財の保有と結びついた資本、土地および労働費用を含むまた財の移動に含まれる輸送費用等の距離に関連したすべての費用の考慮を必要とする。

　われわれが見たように、空間的産業グルーピングが平均的企業間連繋が短いことをも意味する場合には、ロジスティクス費用モデルは固定された空間的要素価格の条件下ではこれがきわめて低い個別企業の間接費用の形で表明されることを示唆する。このことはまた均衡において、強い企業間交易関係をも示す空間的産業集中の地区は、平均的な企業間空間的投入-産出連繋が長い空間的に拡散した地域よりもかなりに高い地方的要素価格を維持することができることを含意する。これは何故日本が地方的要素価格が高いにもかかわらず製造業の輸出成長の意味ではきわめて成功して来たのかの理由の一部であり、日本の産業構造の空間的に集中した性格が企業をして生産および購入のJIT法を効率的に採用し、それにより産出生産物の品質を改善しかつ日本の産業的間接費用

を西欧の間接費用よりもはるかに低いことを可能にしている。

　研究が示唆するところでは生産の質が近代においては単一の最も重要な競争条件であり、生産の質を改善するための二つの主要な原理は労働の熟練と柔軟性の改善、およびJITの採用である。しかしながら、多くの高度技術産業工学部門で局地化の経済を発展させようと願う企業が直面する主要な問題は、同じ国に既に立地している利用できる交代的な供給者、それは要請される品質の投入物を生産するのに必要な工学的技術を持っているとともに、それらをJIT局地化経済を可能にするだけの十分な量において生産しうる供給者が欠如していることである。これはこの研究の目的のために実行されたフェイス・トゥ・フェイスのインタビューのほとんどを通じてくり返された主要なテーマであった。このことは個別企業がJITの便益を実現する能力は主としてそのような政策を実行することを可能にする十分な複雑さと能力を持つ地方的供給インフラが既に存在していることに依存している。いい換えれば企業がJITの仮説化された便益を収穫するためには、多くの場合において卸売の空間的連繋の再組織化が行われ、その結果地域的空間的産業購入パターンが地方的産業供給者にとって有利なように重要な変更を示さなければならない。このような過程が自由市場の機能のみによって出現しうるか、そうではなくてそれは公共政策の介入によって大幅に促進される必要があるかはそれ自身探求されるべき別の問題である。

付録7.1　ロジスティクス費用関数の勾配への生産物容積の効果

　われわれは生産物の容積の大きさの空間費用へのインパクトを通じての企業の最適立地へのインパクトの問題を第3.8節で概説された生産物価格の扱いと同様な方法で扱うことができる。

　空間費用が投入物ロジスティクス費用計算において内生的な理論上の場合については、われわれは方程式(3.59)を空間費用に関して微分することにより：

第 7 章　結論：ロジスティクス-費用モデルの地域経済学における理論的および実証的問題への貢献　　275

$$\frac{\partial\left(\frac{\partial(TLC_i)}{\partial d_i}\right)}{\partial s_i} = \frac{a_i(2m_i)^{1/2}}{4\left[I(c_i+b_id_i)+s_i\right]^{1/2}(S_i+a_id_i)^{1/2}} - \frac{Ib_i(2m_i)^{1/2}(S_i+a_id_i)^{1/2}}{4\left[I(c_i+b_id_i)+s_i\right]^{3/2}}$$

（A.7.1.1）

となる。これはもし：

$$\frac{a_i}{(S_i+a_id_i)^{1/2}} \quad \text{が} \quad \frac{Ib_i(S_i+a_id_i)^{1/2}}{I(c_i+b_id_i)} \quad \text{より大きい}$$

ならば正であり、これは b がゼロで a が正であれば常に成り立つ。他方(A.7.1.1)は a がゼロで b が正であれば負である。投入生産物の容積の増加のロジスティクス費用関数の勾配への効果を決定する条件は投入物価格増加の効果と正確に同じである。他方、産出生産物についてはロジスティクス費用関数の空間係数 s_o についての勾配の交叉偏微分の符号は：

$$\frac{\partial\left(\frac{\partial(TLC_o)}{\partial d_o}\right)}{\partial s_o}$$

で与えられ常に正である。いい換えれば、投入あるいは産出生産物の容積変化の投入物あるいは産出物ロジスティクス費用関数の勾配への効果は、空間費用が投入ロジスティクス費用計算にとって内生的なときの、価格変化の効果についてと正確に同じである。いい換えれば、第 3 . 6 ～ 3 . 8 節で述べられたような、産出財あるいは投入財の価格の変化に反応して企業の最適立地が市場へ向って動くかその逆であるかを決める条件の観察はまた産出財あるいは投入財の容積の大小の変化に反応して企業の最適立地が市場へ向って動くかその逆であるかの条件をわれわれに教える。

現実の世界の場合では投入物空間費用は EOQ 計算に対して外生的であると扱われるが、方程式(A.3.10.4)の s_i に関する交叉-偏微分は同質的な平面上では、もし：

$$\frac{w(2m_i)^{1/2}a_i}{2(L_sw+a_id_i)^{1/2}\left[I(c_i+b_id_i)\right]^{1/2}} \quad \text{が} \quad \frac{w(2m_i)^{1/2}(L_sw+a_id_i)^{1/2}Ib_i}{2\left[I(c_i+b_id_i)\right]^{3/2}} \quad \text{より大きい}$$

すなわちもし a_i が $Ib_i(S_i+a_id_i)^{1/2}$ より大きければ正である。これは投入生産物価格の空間費用が EOQ 計算にとって外生的である場合同質的平面上のロジスティクス費用関数の勾配への効果を決定するために(A.3.10.4)の交叉-偏微分をとることによって見出されるものと正確に同じ条件である。

他方、もしわれわれが方程式(A.3.10.5)の産出物空間費用係数 s_0 についての交叉偏微分をとるならばわれわれは

$$\frac{\partial\left(\frac{TLC_o}{\partial d_o}\right)}{\partial s_o}$$

が常に正であることを知る。これを産出生産物価格変化の効果と比較するためにわれわれは単純に方程式(A.3.10.5)の c_o についての交叉偏微分をとることができ、その結果は:

$$\frac{\partial\left(\frac{\partial(TLC_o)}{\partial d_o}\right)}{\partial c_o} = \frac{(2m_o)^{1/2}a_oI}{4\left[I(c_o-b_od_o)\right]^{1/2}(L_sw+a_od_o)^{1/2}} + \frac{(2m_o)^{1/2}(L_sw+a_od_o)^{1/2}Ib_o}{4\left[I(c_o-b_od_o)\right]^{3/2}}$$
$$-\frac{s_ow(2m_o)^{1/2}a_oI}{4\left[I(c_o-b_od_o)\right]^{3/2}(L_sw+a_od_o)^{1/2}} - \frac{s_ow(2m_o)^{1/2}(L_sw+a_od_o)^{1/2}Ib_o}{4\left[I(c_o-b_od_o)\right]^{5/2}}$$

(A.7.1.2)

である。これはもし $I(c_o-b_od_o)$ が s_ow より大きければ常に正である。いい換えれば、産出生産物の価値がごく低いかあるいは搬送距離がきわめて大きければ、生産物の容積の大小の変化の同質的平面上での産出ロジスティクス費用傾斜の勾配への効果は産出生産物の価格の変化についてのそれと同じである。

参照文献

序論

Bache J., Carr R., Parnaby J., Tobias A.M. (1987) "Supplier Development Systems." *International Journal of Technology Management* Vol.2 No.2 pp.219-228.
Best M.H. (1990) *The New Competition: Institutions of Industrial Restructuring* Polity Press Oxford.
Estall R.C. (1985) "Stock control in manufacturing: the just-in-time system and its locational implications." *Area.* Vol.17.2 pp.129-133.
Knibb B. (1989) "Toyota Comes to Derby...Are We Ready?" *Enterprise.* June pp.10-14.
Milne S. (1990) "New forms of manufacturing and their spatial implications: the UK electronic consumer goods industry." *Environment and Planning A* Vol.22 pp.211-232.
Morris J.L. (1988) "New technologies, flexible work practices, and regional sociospatial differentiation: some observations from the United Kingdom." *Environment and Planning D: Society and Space.* Vol.6 pp.301-319.
Nishiguchi T. (1994) *Strategic Industrial Sourcing: The Japanese Advantage* Oxford University Press.
Oliver N. and Wilkinson B. (1989) "Japanese Manufacturing Techniques and Personnel and Industrial Relations Practice in Britain: Evidence and Implications." *British Journal of Industrial Relations* Vol.27.1. March pp.73-91.
Piore M.J. and Sabel C.F. (1984) *The Second Industrial Divide: Possibilities for Prosperity* Harper Collins New York.
Sayer A. (1986) "New developments in manufacturing; the just-in-time system." *Capital & Class* No.30. Winter.
Sheard P. (1983) "Auto-production systems in Japan: organisational and locational features." *Australian Geographical Studies.* Vol.21. No.1. pp.49-68.
Schoenberger E. (1987) "Technological and Organizational Change in Automobile Production: Spatial Implications." *Regional Studies* Vol.21 No.3 pp.199-214.
Schonberger R.J. (1982) *Japanese Manufacturing Techniques: Nine Hidden Lessons in Simplicity.* Free Press: New York.

第1章

Asanuma B.(1985 a) "The Organization of Parts Purchases in the Japanese Automotive Industry." *Japanese Economic Studies.* Vol.13 No.4 pp32-53.

Asanuma B. (1985 b) "The Contractual Framework for Parts Supply in the Japanese Automotive Industry." *Japanese Economic Studies.* Vol.13 No.4 pp54-77.

Baster J. (1980) "Stability of Trade Patterns in Regional Input-Output Tables." *Urban Studies* Vol.17 pp.17-25.

Bloomfield G.T. (1981) "The Changing Spatial Organisation of Multinational Corporations in the World Automotive Industry." In F.E.I. Hamilton and G.J.R. Linge (eds.) *Spatial Analysis, Industry and Industrial Environment Vol.II International Industrial Systems.* John Wiley and Sons. Ltd., London.

Clark R. (1979) *The Japanese Company.* Yale University Press. New Haven.

Glasmier A. (1988) "Factors Governing the Development of High Tech Agglomerations: A Tale of Three Cities." *Regional Studies* Vol.22.4 pp.287-301.

Hague D.C. and Dunning J.H. (1952) *Costs in Alternative Locations.* NIERS National Institute of Economic and Social Research, Cambridge.

Hoare A.G. "Linkage flows, locational evaluation and industrial geography." *Environment and Planning A* 1975 Vol.7 pp.241-58.

Horsley W. and Buckley R. (1990) *Nippon New Superpower. Japan since 1945.* BBC Books London.

Ikeda M. (1979) "The Subcontracting System in the Japanese Electronics Industry." *Engineering Industries of Japan* No.19 pp.43-71.

ILAG (1973) *Inquiry into Location Attitudes Group.* Report in Minutes of Evidence to the Trade and Industry Subcommittee on Regional Development Incentives Select Committee on Expenditure. H.C.327. Session 1972-1973.

Isard W. and Dacey M. (1962) "On the projection of individual behaviour in regional analysis." *Journal of Regional Science* Vo.4 No.1 p.12.

Itoh Y. (1978) "The Upbringing of Toyota's Suppliers". *Papers from the International Conference of Quality Control.* Joseph Juran (ed.) Tokyo.

James B.G.S. (1964) "The incompatibility of industrial and trading cultures." *Journal of Industrial Economics* Vol.13 pp.90-94.

Knibb B. (1989) "Toyota Comes to Derby...Are We Ready?" *Enterprise.* June pp.10-14.

Kobayashi Y. (1983) "Quality Control in Japan: The Case of Fuji Xerox." *Japanese Economic Studies* Spring Vol.XI No.3 pp.75-104.

Latham W.R. (1976) *Locational behaviour in Manufacturing Industries.* Martinus Nijhoff Social Sciences, Leiden.

Lever W.F. (1972) "Industrial movement, spatial association and functional linkages." *Regional Studies* Vol.6 pp.371-384.

Lever W.F. (1974) "Manufacturing Linkages and the Search for Suppliers." In F.E.I. Hamilton (ed.) *Spatial Perspectives on Industrial Organization and Decision-Making.* John Wiley and Sons Ltd., London.

Luttrell W.F. (1962) *Factory Location and Industrial Movement.* NIESR National Institute of Economic and Social Research, London.

Marshall J.N. (1987) "Industrial change, linkages and regional development." In W.F. Lever (ed.) *Industrial Change in the United Kingdom.* Longman: Harlow.

Mondon Y. (1981) "What makes the Toyota production system really tick?" *Industrial Engineering* pp.37-44, January.

Moseley M.J. and Townroe P.M. (1973) *Tijdschrift voor Economische en Sociale Geografie.* Vol.64 No.3. pp.137-144.

Ohno T. (1982) "How the Toyota Production System was Created." *Japanese Economic Studies* Vol.10 pp.83-101, Summer.

Ohno T. *The Toyota Production System.* 1978 Diamond Publishing Co. Tokyo.

Okamura H. (1982) "Interfirm Relations in an Enterprise Group: The case of Mitsubishi." *Japanese Economic Studies* Vol.10 No.4 pp.53-82, Summer.

Richter C.E. (1969) "The impact of industrial linkages on geographical association." *Journal of Regional Science* Vol.9 pp.9-28.

Richter C.E. (1970) "Systematic relationships between industrial linkages and the agglomeration of manufacturing industries." *Review of Regional Studies* Vol.1 pp.37-8.

Sayer A. (1986) "New developments in manufacturing; the just-in-time system." *Capital & Class* No.30. Winter.

Sheard P. (1983) "Auto-production systems in Japan: organisational and locational features." *Australian Geographical Studies.* Vol.21. No.1. pp.49-68.

Shimokawa K. (1982) 'Japan's Keiretsu System: The Case of the Automobile Industry." *Japanese Economic Studies* Vol.13 No.4 pp.3-31, Summer.

Streit M.E. (1969) "Spatial association and economic linkages between industries." *Journal of Regional Science* Vol.9 pp.177-188.

Taylor M.J. and Thrift N.J. (1982) "Industrial linkage and the segmented economy 1; some theoretical proposals." *Environment. and Planning A* Vol.14 pp.1615-1632.

Townroe P.M. "Branch plants and regional development." 1975 *Town Planning Review* Vol.46 pp.47-62.

第2章

Alchian A.A. (1950) "Uncertainty, Evolution and Economic Theory." *Journal of Political Economy* Vol.LVIII. pp.211-221.

Almeida P and Kogut B. (1997) "The Exploration of Technological Diversity and the Geographic Localization of Innovation" *Small Business Economics* Vol.9 pp.21-31.

Anderson S.P. (1989) "Socially Optimal Spatial Pricing." *Regional Science and Urban Economics* Vol. 19 pp.69-86.

Anderson S.P. and Neven D.J. (1990) "Spatial Competition a la Cournot: Price Discrimination by Quantity-Setting Oligopolists." *Journal of Regional Science* Vol.30 No.1 pp.1-14.

Arthur W.B. (1990) "Positive Feedbacks in the Economy" Scientific American Vol.262 pp.92-99 February.

Arthur W.B. (1994) *Increasing Returns and Path dependence in the Economy* University of Michigan Press.

d'Aspremont C., Gabszewicz J.J., and Thisse J.F. "On Hotelling's 'Stability in Competition'." 1979 *Econometrica* Vol.47 No.5 pp.1145-1150.

Baumol W.J. (1959) *"Business Behaviour Value and Growth."* Macmillan, New York.

Beckmann M.J. (1971) "Market Share, Distance and Potential." *Regional and Urban Economics* Vol.1 No.7 pp.3-18.

Ben-Akiva M., dePalma A., Thisse J.F. (1989) "Spatial Competition of Differentiated Products." *Regional Science and Urban Economics* Vol. 19 pp. 5-19.

Blackley P.R. "Urban-Rural Variations in the Structure of Manufacturing Production." *Urban Studies* 1986 Vol.23 pp.471-483.

Blaug M. (1992) *The Methodology of Economics* Cambridge University Press.

Bossert W. (1989) "The Impossibility of an Intermediate Solution in a One-Dimensional Location Model." *Regional Science and Urban Economics*. Vol.19 pp.113-123.

Botham R.W. (1980) "The Regional Development Effects of Road Investment." *Transportation Planning and Technology*. Vol.6 pp.97-108.

Boudeville J.R. *"Problems of Regional Economic Planning."* 1966 Edinburgh University Press

Bradfield M. "A Note on Location and the Theory of Production." *Journal of Regional Science* Vol. 11. No. 2. 1971 pp. 263-266.

Brown A.J. (1969) "Surveys of applied economics: regional economics, with special reference to the United Kingdom." *Economic Journal* LXXIX pp.759-796.

Brown D.M. (1979) "The Location Decision of the Firm: An Overview of Theory and Evidence." *Papers of the Regional Science Association* Vol.43 pp. 23-39.

Caldwell B. (1982) *Beyond Positivism: Economic Methodology in the Twentieth Century* Allen and Unwin, London.

Carlino G.A. "Contrast and Agglomeration: NewYork and Pittsburgh Reconsidered." 1980 *Urban Studies* 17 pp.343-351.

Castells M. and Hall P. (1994) *Technopoles of the World: The Making of the 21st Century Industrial Complexes* Routledge, New York.

Chinitz B. "Contrast and Agglomeration: NewYork and Pittsburgh." 1961 *Papers of the American Economic Review* Vol.51 pp.279-289.

Chisholm M. (1971). "Freight costs, industrial location and regional development." In M. Chisholm and G. Manners (eds). *Spatial Policy Problems of the British Economy.* Cambridge University Press.

Cyert R.M. and March J.G. *A Behavioural Theory of the Firm.* 1963 Prentice-Hall Englewood Cliffs N.J.

Dasgupta P. and Maskin E. (1986) "The Existence of Equilibrium in Discontinuous Economic Games 1." *Review of Economic Studies* LIII pp.1-26.

David P. (1985) "CLIO and the Economics of QWERTY" American economic Review Vol.75 pp.332-337.

Devletoglou N.E. (1965) "A Dissenting View of Duopoly and Spatial Competition." *Economica* Vol.32.

Dicken P. (1977) "A note on location theory and the large business enterprise." *Area* Vol.9 pp.138-143.

Dunning J.H. (eds.) *Multinational Enterprise.* 1971 London. Allen and Unwin.

Eaton B.C. and Lipsey R.G. (1982) "An Economic Theory of Central Places." *Economic Journal* Vol.92. March pp.56-72.

Edwards S.L. (1970). "Transport costs in British Industry." *Journal of Transport Economics and Policy.* Vol.4.

Edwards S.L. (1975). "Regional variations in freight costs." *Journal of Transport Economics and Policy.* Vol. 9. No.2.

Emerson D.L. (1973) "Optimum Firm Location and the Theory of Production. " *Journal of Regional Science* Vol. 13. No.3 pp. 335-347.

Eswaran M., Kanemoto Y., and Ryan D. (1981) "A Dual Approach to the Locational Decision of the Firm." *Journal of Regional Science* Vol. 21. No.4. pp. 469-489.

Fothergill S. and Gudgin G. *Unequal Growth: Urban and Regional Employment Change in the UK.* 1982 Heinemann, London.

Fothergill S., Kitson M., and Monk S. (1985) *Urban Industrial Decline: the Causes of Urban/Rural Contrast in Manufacturing Employment Change.* HMSO, London.

Friedman M. (1953) *Essays in Positive Economics* University of Chicago Press, Chicago

Gabszewicz J.J., and Thisse J.F. (1986) "On the Nature of Competition with Differentiated Products." *Economic Journal* 96 pp.160-172.

Garnick D.H. and Renshaw V. (1980) "Competing Hypotheses on the Outlook for Cities and Regions: What the Data Reveal and Conceal." *Papers of the Regional Science Association* Vol.45 pp. 105-124.

Gillespie A. and Hepworth M. (1986) *"Telecommunications and Regional Development in the Information Society."* CURDS Working Paper No.1., University of Newcastle.

Gilley O., Shieh Y-N, and Williams N.A. (1988) "Transportation Rates and the Location of the Firm: a Comparative Static Analysis." *Journal of Regional Science* Vol.28. No.2. pp. 231-238.
Gilmour J.M. (1974) "External Economies of Scale, Inter-Industrial Linkages and Decision Making in Manufacturing." In F.E.I.Hamilton (ed.) *Spatial Perspectives on Industrial Organisation and Decision-Making.* John Wiley and Sons London.
Goldstein G.S. and Gronberg T.J. (1984) "Economies of Scope and Economies of Agglomeration." *Journal of Urban Economics* Vol.16 pp.91-104.
Gordon I.R. (1978) "Distance deterrence and commodity values." *Environment and Planning A.* Vol 10. pp. 889-900.
Haig R.M. (1926) "Toward an Understanding of the Metropolis." *Quarterly Journal of Economics* Vol.40.
Hamilton J.H., Thisse J.F., Weskamp A. (1989) "Spatial Discrimination." *Regional Science and Urban Economics* Vol. 19 pp.87-102.
Heaps T. (1982) "Location and the Comparative Statics of the Theory of Production." *Journal of Economic Theory* Vol. 28. pp. 102-112.
Hepworth M. (1986) "The Geography of Technological Change in the Information Economy." *Regional Studies* Vol.20 No.5.
Hoover E.M. (1937) *Location Theory and the Shoe and Leather Industries.* Harvard University Press.
Hoover E.M. (1948)*The Location of Economic Activity.* McGraw-Hill New York.
Hoover E.M. and Giarratani F. (1985) *An Introduction to Regional Economics* Alfred A. Knopf, New York.
Hotelling H. (1929) "Stability in Competition." *Economic Journal* Vol. XXXIX.
Hurter A.P and Martinich J.S. (1989) *Facility Location and the Theory of Production* Kluwer Academic Press, Boston Mass.
Hurter A.P., Martinich J.S., and Venta E.P. (1980) "A Note on the Separability of Production and Location." *American Economic Review* Vol.70. pp.l042-1045.
Hwang A. and Mai C-C. (1990) "Market structure and the Production-Location decision." *Regional Science and Urban Economics* Vol. 20. pp. 509-520.
Isard W. (1951). "Distance Inputs and the Space Economy. Part II: The Locational Equilibrium of the Firm." *Quarterly Journal of Economics Vol.* 65. pp. 373-399.
Isard W. (1956) *Location and Space Economy* MIT Press, Cambridge Mass.
Isard W. (1966) "Game Theory, Location Theory, and Industrial Agglomeration." 1966 *Papers and Proceedings of the Regional Science Association* XVIII pp.1-11.
Isard W. (1975) *Introduction to Regional Science* Prentice-Hall, Englewood-Cliffs, New Jersey.
Isard W. and Smith T.E. (1967) "Location Games: with Application to Classic Location Problems." *Papers and Proceedings of the Regional Science Association* Vol.19 pp.45-80.
Jacobs J. (1960) *The Economy of Cities* Random House, New York.
Katz E. (1984) "The Optimum Location of the Competitive Firm under Price Uncertainty." *Journal of Urban Economics* Vol.16 pp.65-75.
Khalili A., Mathur V.K., Bodenhorn D. (1974) "Location and the Theory of Production: A Generalisation." *Journal of Economic Theory* Vol.9. pp. 467-475.
Koopmans T.C. and Beckmann M. (1957) "Assignment Problems and the Location of Economic Activities." *Econometrica* Vol. 25 pp.53-76.
Krugman P. (1991a) *Geography and Trade* MIT Press.
Krugman P. (1991b) "Increasing Returns and Economic Geography" *Journal of Political Economy* Vol. 99 pp.483-499.
Kusumoto S. (1984) "On a Foundation of the Economic Theory of Location-Transport vs. Technological Substitution." *Journal of Regional Science* Vol.24. No.2 pp.249-265.
Launhardt W. (1885) *Mathematische Begrundung der Volkswirtschaftslehre.* Leipzig.

Lancaster K. (1966) "A New Approach to Consumer Theory" *Journal of Political Economy* Vol.74 pp.132-157.

Lichtenberg R.M. (1960) *One-Tenth of a Nation* Harvard University Press.

Logan B. and Y-N. Shieh (1989) "Location and Corporate decisions in a Truly Profit Maximising Model." *Regional Science and Urban Economics* Vol.19. 1989 pp. 125-131.

Losch A. (1954) *The Economics of Location*. Yale University Press.

MacLeod W.B. (1985) "On the Non-Existence of Equilibria in Differentiated Product Models." *Regional Science and Urban Economics* Vol.15 pp.245-262.

Mai C.-C. and Shieh Y-N. (1984) "Transport Rates Structure, Optimum Location, and the Theory of Production: A Reexamination." *Journal of Urban Economics*. Vol.16 pp.225-231.

Marshall A. (1925) *Principles of Economics* (eighth edition) Macmillan, London.

Martinich J.S. and Hurter A.P. (1985) "Price Uncertainty, Factor Substitution, and the Locational Bias of Business Taxes." *Journal of Regional Science* Vol.25 No.2 pp.175-190.

Martinich J.S. and Hurter A.P. (1990) "Generalised Comparative Statics for the Production Location Problem." *Regional Science and Urban Economics* Vol. 20. pp. 275-294.

Massey D. (1984) *Spatial Divisions of Labour*. Macmillan: London.

Mathur. V.K. (1979) "Some Unresolved Issues in the Location Theory of the Firm." *Journal of Urban Economics*. Vol.6 pp.299-318.

McCann P. (1995) "Rethinking the Economics of Location and Agglomeration" *Urban Studies* Vol. 32 No.3 pp.563-577.

Miller S.M. and Jensen O.W. (1978) "Location and the Theory of Production." *Regional Science and Urban Economics* Vol.8. pp. 117-128.

Mills E.S. (1980) *Urban Economics* (2nd ed.) Scott, Foresman and Co. Glenview, Illinois.

Moses L.N. (1958) "Location and the Theory of Production." *Quarterly Journal of Economics* Vol. LXXVIII.

Norman G. (1989) "Monopolistic Competition." *Regional Science and Urban Economics* Vol.19 pp.31-53.

O'Brien J.P. and Shieh Y-N (1989) "Transportation Rates, Production and Location in the Weber Moses Triangle: A Note." *Regional Science and Urban Economics* Vol. 19 pp. 133-142.

Olsen D.O. and Shieh Y-N (1990) "A Note on Transportation Rates and Location of the Firm in a Two-Dimension, n-Input Space." *Journal of Regional Science* Vol. 30. No. 3. pp. 427-434.

Paelinck J.H. and Nijkamp P. (1975) *Operational Theory and Method in Regional Economics* Gower, Aldershot.

Palander T. (1935) *Beitrage Standortstheorie*. Almqvist and Wicksells, Boktryckeri, Uppsala.

PEIDA Planning and Economic Consultants. (1984) "Transport costs in peripheral areas. *ESU Research Paper* No.9. Industry Department for Scotland.

Perroux F. (1950) "Economic Space, Theory and Applications" *Quarterly Journal of Economics* Vol.64 pp.89-104.

Pomfret R. (1991) *International Trade: An Introduction to Theory and Policy* Blackwell, Oxford.

Porter M. (1990) *The Competitive Advantage of Nations* Free Press, New York.

Pred A. (1967) "Behaviour and Location; Foundations for a Geographic and Dynamic Location Theory." Part 1 *Lund Studies in Geography Series B 27*.

Pred A. (1969) "Behaviour and Location; Foundations for a Geographic and Dynamic Location Theory." Part 2 *Lund Studies in Geography Series B 28*.

Predohl A. (1928) "The Theory of Location in its Relation to General Economics." *Journal of Political Economy* Vol.36 pp.371-390.

Rasmussen E.(1989) *"Games and Information."* Basil Blackwell Ltd. Oxford.

Rawstron E.M. (1958) "Three Principles of Industrial Location" *Transactions of the Institute of British Geographers* Vol.25 pp.132-142.

Simon H.A. (1951) "A Behavioural Model of Rational Choice." 1952 *Quarterly Journal of Economics* LXVII pp.99-118.
Sakashita N. (1967) "Production Function, Demand Function and Location Theory of the Firm." *Regional Science Association Papers* XX Hague Congress pp.109-122.
Slowe P.M. (1981) *"The Advance Factory in Regional Development".* 1981 Gower, Aldershot.
Stevens B.H. (1985) "Location of Economic Activities: The JRS Contribution to the Research Literature." *Journal of Regional Science* Vol.25 No.4 pp.663-685.
Stevens B.H and Rydell C.P. (1966) "Spatial demand theory and Monopoly Price Policy" *Papers of the Regional Science Association* Vol.17 pp.195-204.
Stigler G.J. (1951) "The division of labour is limited by the extent of the market." *Journal of Political Economy* pp.185-193.
Storper M. (1988) "Big structures, small events and large processes in economic geography." *Environment and Planning A* Vol.20 pp.165-185.
Thisse J. "Location Theory, Regional Science, and Economics" *Journal of Regional Science* Vol.27 No.4 pp. 519-528.
Thisse J. and Perreur J. (1977) "Relations between the Point of Maximum Profit and the Point of Minimum Total Transportation Cost: A Restatement." *Journal of Regional Science* Vol. 17. No. 2. pp. 227-234.
Townroe P.M. (1971) *Industrial Location Decisions: A Study in Management Behaviour* Centre for Urban and Regional Studies, University of Birmingham Occasional Paper No.15.
Townroe P.M. (1972) "Some Behavioural Considerations in the Industrial Location Decision." *Regional Studies* Vol.6 pp.261-272.
Tyler P., Moore B.C. and Rhodes J. (1988) "Geographical Variations in Industrial Costs." *Scottish Journal of Political Economy* Vol.35 No.1.
Vickerman R. (1994) "Regional Science in Crisis? A European View" *Papers in Regional Science* Vol.33 No.1 pp.33-36.
Vernon R. (1966) "International investment and international trade in the product cycle." *Quarterly Journal of Economics* Vol.80 No.2 pp.190-207.
Wang P. (1990) "Competitive Equilibrium Formation of Market Places with Heterogeneous Consumers." *Regional Science and Urban Economics* Vol.20 pp.295-304.
Webber M. (1982) *The Impact of Uncertainty on a Location.* MIT Press. Cambridge Mass.
Weber A. (1909) *"Theory of the Location of Industries."* Translated by C.J. Friedrich (1929) University of Chicago Press, Chicago, Illinois.
Whitmore Jr. H.W. (1981) "Plant Location and the Demand for Investment: A Theoretical Analysis." *Journal of Regional Science* Vol.21 No.1 pp.89-101.
Williamson O.E. (1970) *Corporate Control and Business Behaviour* Prentice-Hall, Englewood Cliffs N.J.
Williamson O.E. (1975) *Markets and Hierarchies* Free Press, New York.
Ziegler J.A. (1986) "Location, Theory of Production, and Variable Transportation rates" *Journal of Regional Science* Vol.26 No.4 pp.785-791.

第3章

Alonso W. (1964) "Location Theory." In *Regional Development and Planning: A Reader.* John Friedmann and William Alonso (eds.). MIT Press. Cambridge Mass.
Bacon R.W. (1984) *Consumer Spatial Behaviour. A Model of Purchasing Decisions over Space and Time.* Clarendon Press, Oxford.

Ballance R.H. and Sinclair S.W. (1983) *Collapse and Survival: Industry Strategies in a Changing World* George Allen and Unwin, London.
Ballou R.H. (1985) *Business Logistics Management.* Prentice-Hall, Englewood-Cliffs, NJ.
Banker R.D., Potter G. and Schroeder R.G. (1995) "An Empirical Analysis of Manufacturing Overhead Cost Drivers" *Journal of Accounting and Economics* Vol.19 pp.115-137.
Baumol W.J. (1977) *Economic Theory and Operations Analysis.*4th. ed. Prentice Hall., Englewood-Cliffs, NJ.
Bayliss B.T. and Edwards S.L. (1970). *Industrial Demand for Transport.* Ministry of Transport. HMSO, London.
De Borger B. and Nonneman W. (1981) "Statistical Cost functions for Dry Bulk Carriers" *Journal of Transport Economics and Policy* Vol.15 No.2 pp.155-164
Bunn D.W. (1982) *Analysis for Optimal Decisions.* John Wiley and Sons, London.
Chisholm M. (1971). "Freight costs, industrial location and regional development." In M. Chisholm and G. Manners (eds). *Spatial Policy Problems of the British Economy.* Cambridge University Press.
Churchill Jr. G.A. (1967) "Production technology, imperfect competition, and the theory of location: A theoretical approach." *Southern Economic Journal* Vol. XXXIV No.1 July.
Clower R.W. (1965) "The Keynesian Counter-Revolution: A Theoretical Appraisal" in F.H.Hahn and F.Brechling (eds) *The Theory of Interest Rates* Macmillan, London.
Deakin B.M. and Seward T. (1969) *Productivity in transport. A study of employment, capital, output, productivity and technical change.* Dept. of Applied Economics, Cambridge. Occasional Paper No. 17. Cambridge University Press.
Eaton B.C. and Lipsey R.G. (1982) "An Economic Theory of Central Places." *Economic Journal* Vol.92. March pp.56-72.
Edwards S.L. (1970). "Transport costs in British Industry." *Journal of Transport Economics and Policy.* Vol.4.
Edwards S.L. (1975). "Regional variations in freight costs." *Journal of Transport Economics and Policy.* Vol. 9. No.2.
Fujita M. (1989) *Urban Economic Theory* Cambridge University Press.
Fujita M. and Mori T. (1996) "The Role of Ports in the Making of Major Cities: Self Agglomeration and hub-effect" *Journal of Development Economics* Vol.49 pp.93-120.
Garrod P. and Miklius W. (1985) "The Optimal Ship Size: A Comment" *Journal of Transport Economics and Policy* Vol.19 No.1 pp.83-90
Gilley O., Shieh Y-N, and Williams N.A. (1988) "Transportation Rates and the Location of the Firm: a Comparative Static Analysis." *Journal of Regional Science* Vol.28. No.2. pp. 231-238.
Heaver T.D. and Studer K.R. (1972) "Ship Size and Turnaround Time" *Journal of Transport Economics and Policy* Vol.6 No.1 pp.33-50
Heijman W.J.M. (1990) "The Neoclassical Location Model of Firms: A Solution Procedure" in Dietz F., Heijman W. and Shefer D. (eds) *Location and Labor Considerations for Regional Development* Avebury, Aldershot.
Isard W. (1951). "Distance Inputs and the Space Economy. Part II: The Locational Equilibrium of the Firm." *Quarterly Journal of Economics Vol.* 65. pp. 373-399.
Jansson J.O. and Shneerson D. (1982) "The Optimal Ship Size" *Journal of Transport Economics and Policy* Vol.16 No.3 pp.217-238
Johnson H.T. and Kaplan R. (1987) *Relevance Lost: The Rise and Fall of Management Accounting.* Harvard Business School Press, Cambridge Mass.
Khalili A., Mathur V.K., Bodenhorn D. (1974) "Location and the Theory of Production: A Generalisation." *Journal of Economic Theory* Vol.9. pp. 467-475.
Lentnek B., Harwitz M., and Narula S.C. (1981) "Spatial Choice in Consumer Behaviour: Towards a Contextual Theory of Demand." *Economic Geography* Vol. 57 No.4.

Lever W.F. (1974) "Manufacturing Linkages and the Search for Suppliers." In F.E.I. Hamilton (ed.) *Spatial Perspectives on Industrial Organization and Decision-Making.* John Wiley and Sons Ltd., London.
Love S. (1979) *Inventory Control* McGraw-Hill Inc., New York.
McCann P. (1993) "The Logistics-Costs Location-Production Problem" *Journal of Regional Science* Vol.33 No.4 pp.503-516.
McCann P. (1995a) "Rethinking the Economics of Location and Agglomeration" *Urban Studies* Vol. 32 No.3 pp.563-577.
McCann P. (1995b) "Journey and Transactions Frequency: An Alternative Explanation of Rent Gradient Convexity" *Urban Studies* Vol.32 No.9 pp.1549-1557.
McCann P. (1996) "Logistics-Costs and the Location of the Firm: A One-Dimensional Comparative Static Approach" *Location Science* Vol.4 pp.101-116.
Miller S.M. and Jensen O.W. (1978) "Location and the Theory of Production." *Regional Science and Urban Economics* Vol.8. pp. 117-128.
Miller J.G. and Vollmann T.E. (1985) *The Hidden Factory.* Harvard Business Review No.143. Sept-Oct.
Morroni M. (1992) *Production Process and Technical Change* Cambridge University Press.
Moses L.N. (1958) "Location and the Theory of Production." *Quarterly Journal of Economics* Vol. LXXVIII.
Paelinck J.H. and Nijkamp P. (1975) *Operational Theory and Method in Regional Economics* Gower.
Porter M. (1990) *The Competitive Advantage of Nations* Free Press, New York.
Robinson R. (1978) "Size of Vessels and Turnaround Time" *Journal of Transport Economics and Policy* Vol.12 No.2 pp.161-178
Sayer A. (1986) "New developments in manufacturing; the just-in-time system." *Capital & Class* No.30. Winter.
Shneerson D. (1976) "The Structure of Liner freight Rates " *Journal of Transport Economics and Policy* Vol.10 No.1 pp.53-67
Schonberger R.J. (1982) *"Japanese Manufacturing Techniques: Nine Hidden Lessons in Simplicity."* Free Press: New York.
Smith T.E. (1994) "Comments on Factor Prices and Product Prices: Further Logistics-Costs Locational Conclusions" University of Pennsylvania Discussion Paper.
Tiebout C.M. (1957) "Location Theory, Empirical Evidence, and Economic Evolution." *Papers and Proceedings of the Regional Science Association* Vol. III.
Thirlwall A.P. (1983) "Foreign Trade Elasticities in Centre-Periphery Models of Growth and Development." *Banca Nazionale del Lavoro Review* Vol.36 No.146 pp.249-261.
Tyler P. and Kitson M. (1987) "Geographical Variations in Transport Costs of Manufacturing Firms in Great Britain." *Urban Studies* Vol. 24. pp. 61-73. (1987).
Vernon R. (1966) "International investment and international trade in the product cycle." *Quarterly Journal of Economics* Vol.80 No.2 pp.190-207.

第4章

Ballou R.H. (1985) *Business Logistics Management.* Prentice-Hall, Englewood-Cliffs, NJ.
Bunn D.W. (1982) *Analysis for Optimal Decisions* John Wiley and Sons, London.
Financial Times. 20.5.89. "Profiting from the pain of Endaka".
Koutsoyiannis A. (1982) *Non-Price Decisions: The Firm in a Modern Context* Macmillan, London.
Love S. (1979) *Inventory Control* McGraw-Hill Inc., New York.

第5章

Ballou R.H. (1985) *Business Logistics Management* Prentice-Hall, Englewood-Cliffs, NJ.
Baster J. (1980) "Stability of Trade Patterns in Regional Input-Output Tables." *Urban Studies* Vol.17 pp.17-25.
Black P.A. (1981) Injection Leakages, Trade Repercussions and the Regional Income Multiplier" *Scottish Journal of Political Economy* Vol.28 No.3 pp.227-235.
Brownrigg M. (1971) "The Regional Income Multiplier: An Attempt to Complete the Model." *Scottish Journal of Political Economy* Vol.18 pp.281-297.
Brownrigg M. (1973) "The Economic Impact of a New University." *Scottish Journal of Political Economy* Vol.20 pp.123-139.
Chisholm M. (1985) "Britain, the European Community, and the centralisation of production: theory and evidence, freight movements" *Environment and Planning A* Vol.24 pp.551-570.
Compton H.K. (1979) *Supplies and Materials Management. A Textbook for Purchasing and Supply* Macdonald and Evans, London.
Cox J. (1988) "Contemporary stockless systems." *Purchasing and Supply Management.*" pp.23-27.
Garnick D.R. (1970) "Differential regional multiplier models." *Journal of Regional Science* Vol.10 pp.35-47.
Golledge R.G. and Brown L.A. (1967) "Search, learning and the market decision process." *Geografiska Ann.* Vol.49(B) pp.116-124.
Greig M. (1971) "The Regional Income and Employment Multiplier Effects of a Pulp Mill and Paper Mill." *Scottish Journal of Political Economy* Vol.18 pp.31-48.
Hoare A.G. "Linkage flows, locational evaluation and industrial geography." *Environment and Planning A* 1975 Vol.7 pp.241-58.
Johnson H.T. and Kaplan R. (1987) *Relevance Lost: The Rise and Fall of Management Accounting.* Harvard Business School Press, Cambridge Mass.
Kennedy C. and Thirlwall A.P. (1979) "Import and export ratios and the dynamic Harrod foreign trade multiplier." *Oxford Economic Papers* Vol.31 pp.303-322.
Lever W.F. (1974a) "Regional Multipliers and Demand Leakages at Establishment Level." *Scottish Journal of Political Economy* Vol.21 pp.111-121.
Lever W.F. (1974b) "Changes in Local Income Multipliers over Time.*" Journal of Economic Studies* Vol.1 No.2 pp.98-112.
Lever W.F. (1974c) "Manufacturing Linkages and the Search for Suppliers." In F.E.I. Hamilton (ed.) *Spatial Perspectives on Industrial Organization and Decision-Making.* John Wiley and Sons Ltd., London.
Love S. (1979) *Inventory Control* McGraw-Hill Inc., New York.
McCann P. (1997) "How Deeply Embedded is Silicon Glen? A Cautionary Note" *Regional Studies* Vol.31 No.7 pp. 697-705.
McCombie J.S.L. (1985) "Economic growth, the Harrod foreign trade multiplier and the Hicks' super-multiplier" *Applied Economics* Vol.17 pp.55-72.
McDowall S. (1975) "Regional Multipliers and Demand Leakages at Establishment Level." *Scottish Journal of Political Economy* Vol.22 pp.99-101.
Nijkamp P. (ed.) (1986) *Handbook of Regional and Urban Economics Vol.1 Regional Economics."* North-Holland, Amsterdam.
Reid N. (1995) "Just-In-Time Inventory Control and the Economic Integration of Japanese-owned Manufacturing Plants with the County, State and National Economies of the United States" *Regional Studies* Vol.29 No.4 pp.345-355.
Richardson H.W. (1978) *Regional Economics.* Univ. of Illinois Press.

Richardson H.W. (1985) "Input-Output and Economic Base Multipliers: Looking Backward and Forward." *Journal of Regional Science* Vol.25 No.4 pp.607-661.

Sinclair M.T. and Sutcliffe C.M.S. (1978) "The First Round of the Keynesian Regional Income Multiplier." *Scottish Journal of Political Economy* Vol.25 ppl77-186.

Steele D.B. (1969) "Regional Multipliers in Great Britain." *Oxford Economic Papers* Vol.21 pp.268-292.

Swales J.K. (1975) "Regional Multipliers and Demand Leakages at Establishment Level." *Scottish Journal of Political Economy* Vol.22 pp.101-103.

Tilanus C.B. (1967) "Marginal versus average input coefficients in input-output forecasting." *Quarterly Journal of Economics* Vol.81 pp.140-145.

Turok I. (1993) "Inward Investment and Local Linkages: How Deeply Embedded is Silicon Glen?" *Regional Studies* Vol.27 pp.401-417.

West G.R. and Jensen R.C. (1980) "Some reflections on input-output multipliers." *Annals of Regional Science* Vol.14 No.2 pp.77-89.

Wilson J.H. (1977) "Impacts Analysis and Multiplier Specification." *Growth and Change* Vol.8 pp.43-46.

Wood P.A. (1978) "Industrial organization, location and planning." *Regional Studies* Vol.12 pp.143-152.

第6章

Alexander J.M. and Whyte T.R. (1994/95) "Output, income and employment multipliers" *Scottish Economic Bulletin* Vol.50 pp.25-40.

Ashcroft B. and Taylor J. (1977) "The Movement of Manufacturing Industry and the Effect of Regional Policy." *Oxford Economic Papers* Vol.29 pp.84-101.

Begg H., Lythe C., and Macdonald D. (1976) "The Impact of Regional Policy on Investment in Manufacturing Industry; Scotland 1960-71." *Urban Studies* Vol.13 pp.171-179.

Burns T., and Stalker G.H. (1961) *The Management of Innovation.* 1961 Tavistock; London.

Castells M. and Hall P. (1994) *Technopoles of the World: The Making of the 21st Century Industrial Complexes* Routledge, New York.

Diamond D.R. and Spence N. (1983) *Regional Policy Evaluation: A methodological review and the Scottish example.* Gower, Aldershot.

Fingleton B. (1984) *Models of Category Counts* Cambridge University Press.

Gulliver S. (1984) "The area projects of the Scottish Development Agency." *Town Planning Review* Vol.55 No.3 pp.322-334.

Haug P. (1986) "US high technology multinationals and Silicon Glen" *Regional Studies* Vol.20 No.103-116.

Haug P., Hood N. and Young S. (1983) "R&D Intensity in the affiliates of US owned electronics companies manufacturing in Scotland" *Regional Studies* Vol.17 pp.383-392.

Hood N. (1991) "Inward Investment and the Scottish Economy: Quo Vadis?" *Royal Bank of Scotland Review.* No.169 pp.17-32.

Hood N., Reeves A., and Young S. (1981) "Foreign Direct Investment in Scotland: The European Dimension." *Scottish Journal of Political Economy.* Vol.28 No.2.

Hood N. and Young S. (1976) "U.S. Investment in Scotland - Aspects of the Branch Factory Syndrome." *Scottish Journal of Political Economy.* Vol.23 No.3. pp.279-294.

Kmenta J. (1986) *Elements of Econometrics* (2nd.ed) Macmillan, New York.

Lever W.F. (1974) "Regional Multipliers and Demand Leakages at Establishment Level." *Scottish Journal of Political Economy* Vol.21 pp.111-121.

McCann P. (1997) "How Deeply Embedded is Silicon Glen? A Cautionary Note" *Regional Studies* Vol.31 No.7 pp.695-703.

McCann P. and Fingleton B. (1996) "The Regional Agglomeration Impact of Just-In-Time Input Linkages: Evidence from the Scottish Electronics Industry" *Scottish Journal of Political Economy* Vol.43 No.5 pp.493-518.

McDermott P. (1979) "Multinational manufacturing firms and regional development: External control in the Scottish Electronics Industry." *Scottish Journal of Political Economy.* Vol.26 No.3. pp.287-306.

McFadden D. (1979) "Quantitative methods for analysing travel behaviour of individuals: some recent developments" in Hensher D.A. and Storper P.R. (eds) *Behavioural Travel Modelling* Croom Helm, London.

McNie W.M. (1984) "Input-output tables for Scotland for 1979: further results" *Scottish Economic Bulletin* Vol.30 pp.20-24.

Milne S. (1990) "New forms of manufacturing and their spatial implications: the UK electronic consumer goods industry." *Environment and Planning A* Vol.22 pp.211-232.

Moore B.C. and Rhodes J.(1973) "Evaluating the Effects of British Regional Economic Policy." *Economic Journal* Vol.83 pp.87-110.

Moore B.C. and Rhodes J. (1974) "Regional Policy and the Scottish Economy." *Scottish Journal of Political Economy* Vol.21 pp.215-235.

Moore B.C. and Rhodes J. (1975) "The Economic and Exchequer Implications of British Regional Economic Policy." in Vaizey J. (ed.) *Economic Sovereignty and Regional Policy.* Gill and McMillan. Dublin.

Moore B.C. and Rhodes J. (1976) "Regional Economic Policy and the Movement of Manufacturing Firms to Development Areas." *Economica* Vol.43 pp.17-31.

Moore B.C., Rhodes J. and Tyler P.(1977) "The Impact of Regional Policy in the 1970s." *Centre for Environmental Studies Review* Vol.1.1 pp.67-77.

Morris J. et al (1983) "Flexible internationalisation in the electronics industry: implications for regional economies" *Environment and Planning C* Vol.10 pp.407-421.

Nelson F.D. (1990) "Logit, probit and tobit." In Eatwel J., Milgate M., Newman P. (eds.) *The New Palgrave Econometrics.* (2nd. ed.).

Phelps N.A. (1997) *Multinationals and European Integration* Jessica Kingsley, London.

Reid N. (1995) "Just-In-Time Inventory Control and the Economic Integration of Japanese-owned Manufacturing Plants with the County, State and National Economies of the United States" *Regional Studies* Vol.29 No.4 pp.345-355.

Saxenian A. (1994) *Regional Advantage* Harvard University Press.

Scott A.J. (1988) *New Industrial Spaces* Pion, London.

SDA (1986) Scottish Development Agency *Electronics Industry Survey 1986.*

SDA (1988) Scottish Development Agency *Electronics Industry Survey 1988.*

SDA (1989) Scottish Development Agency *Overseas and European Companies Manufacturing in Scotland.* September.

SDA (1989) Scottish Development Agency *North American Companies Manufacturing in Scotland.* September.

SDA (1989) Scottish Development Agency and the Industry Department for Scotland. *Locate in Scotland: Review 1988-89.*

SDA (1990) Scottish Development Agency and the Industry Department for Scotland. *Locate in Scotland: Review 1989-90.*

SE (1991) Scottish Enterprise *Overseas and European Companies Manufacturing in Scotland.* September.

SE (1991) Scottish Enterprise *North American Companies Manufacturing in Scotland.* September.

SE (1991) Scottish Enterprise and the Industry Department for Scotland. *Locate in Scotland: Review 1990-91.*

Scottish Office (1986) Scottish Statistical Bulletin A3.1 *Overseas Ownership in Scottish Manufacturing Industry: An Overview.* HMSO., June.

Scottish Office (1988) Scottish Statistical Bulletin A3.2 *Overseas Ownership in Scottish Manufacturing Industry.* HMSO., November.

Scottish Office (1990) Scottish Statistical Bulletin A3.3 *Overseas Ownership in Scottish Manufacturing Industry* .HMSO., August.

Sinclair M.T. and Sutcliffe C.M.S. (1983) "Injection Leakages, Trade Repercussions and the Regional Income Multiplier: An Extension" *Scottish Journal of Political Economy* Vol.30 No.3 pp.275-286.

Swales J.K. (1975) "Regional Multipliers and Demand Leakages at Establishment Level." *Scottish Journal of Political Economy* Vol.22 pp.101-103.

Turok I. (1993) "Inward Investment and Local Linkages: How Deeply Embedded is Silicon Glen?" *Regional Studies* Vol.27 pp.401-417.

Turok I. (1997) "Linkages in the Scottish Electronics Industry" *Regional Studies* Vol.31 No.7 pp.705-711.

Upton G.J.G and Fingleton B. (1989) *Spatial Data Analysis by Example. Vol.2.* John Wiley and Sons, London.

Wannop U. (1984) "The evolution and roles of the Scottish Development Agency." *Town Planning Review* Vol.55 No.3 pp.313-321.

Wrigley N. (1984) *Categorical data analysis for geographers and environmental scientists* Longman. London.

Young S., Hood N. and Dunlop S.(1988) "Global Strategies, Multinational Subsidiary Roles and Economic Impact in Scotland." *Regional Studies* Vol.26.6 pp.487-497.

第 7 章

Dorfman R. (1959) "Waiting and the Period of Production" *Quarterly Journal of Economics* Vol. 73 pp.351-372.

Hahn F.H. (1971) "Equilibrium with Transactions Costs." *Econometrica* Vol.39 No.3 pp.417-439.

McCann P. (1995a) "Rethinking the Economics of Location and Agglomeration" *Urban Studies* Vol.32 No.3 pp.563-577.

McCann P. (1995b) "On Regional Science: Some Thoughts from a Recent Observer" *International Regional Science Review* Vol.18 No.2 pp.249-252.

McCann P. (1995c) "Journey and Transactions Frequency: An Alternative Explanation of Rent Gradient Convexity" *Urban Studies* Vol.32 No.9 pp.1549-1557.

McCann P. and Dewhurst J. H. L. (1998) "Regional Size, Industrial Location and Input-Output Coefficients" *Regional Studies* Vol.32 No.5 pp.435-444.

訳者略歴

坂下 昇（さかした のぼる）

1933年生まれ。東京大学経済学部卒。同大学院修了。経済学博士。北海道大学助手・講師，東北大学助教授，大阪大学助教授・教授，筑波大学教授を経て，1996年より流通経済大学教授。2001年より同大学学長。ペンシルバニア，バーミンガム，オックスフォード，グラスゴーの各大学で研究。専門は，地域経済学・都市経済学。近著 *Optimum and Equilibrium for Regional Economies*, Springer, Germany, 1996。翻訳『地域経済学と地域政策』（H・アームストロング，J・テイラー共著, 流通経済大学出版会, 1998）。

・

産業立地の経済学

発行日	2002年3月31日　初版発行
著者	フィリップ　マッカン
訳者	坂下　　昇
発行者	佐伯　弘治
発行所	流通経済大学出版会
	〒301-8555　茨城県龍ケ崎市平畑120
	電話　0297-64-0001　FAX　0297-64-0011

ⓒ Ryutsu Keizai University Press 2002　　Printed in Japan/桐原コム
ISBN4-947553-23-5 C3033 ¥3500E

出版案内　流通経済大学出版会

地域経済学と地域政策

H・アームストロング、J・テイラー 共著
坂下　昇　監訳　●A5判　544頁　4,000円(税別)

現在望みうる最良の「地域経済学テキスト」
イギリスおよびヨーロッパ連合の実例を豊富に引用しつつ、地域経済分析および地域経済政策のわかりやすい解説を展開した、万人向きの「地域経済学」テキストである。

交通学の視点

生田保夫　著　●A5判　282頁　3,500円(税別)

交通の本質を明らかにしつつ、それが社会の中にどう位置づけられ、評価、発展されていくべきかを理解する上での新たな視点を提供する。

上海──開放性と公共性

根橋正一　著　●A5判　258頁　4,000円(税別)

中国における市民社会の研究。特に権力に抗する市民社会の形成と発展が上海を舞台として存在していたことを実証的に示した労作。

インターネット経済・エネルギー・環境
―電子商取り引き(EC)がエネルギー・環境に及ぼす影響のシナリオ分析―

ジョセフ・ロム　著
若林宏明訳　●A5判　203頁　3,000円(税別)

本書は、インターネット経済の発展が経済構造を一新し、エネルギー消費と炭酸ガス放出を削減しつつ、経済成長を促進するという歴史上例のない新しい世界、新しい経済の物語である。